一般社団法人
**地域デザイン学会** 監修

原田　　保
西田小百合 編著

地域デザイン学会叢書 **10**

# 地域デザイン研究の
# イノベーション戦略

フィードバック装置としての多様なメソドロジーの開発

学文社

## 編著者プロフィール

＊原田　　保（はらだ　たもつ）
　　（一社）地域デザイン学会理事長，ソーシャルデザイナー，地域プロデューサー，
　　現代批評家（序章，第1章，終章）

＊西田小百合（にしだ　さゆり）
　　東海大学観光学部准教授（序章，第1章，終章）

　石川　和男（いしかわ　かずお）
　　専修大学商学部教授（第2章）

　諸上　茂光（もろかみ　しげみつ）
　　法政大学社会学部教授（第3章）

　木暮　美菜（こぐれ　みな）
　　淑徳大学地域創生学部助教（第3章）

　宮本　文宏（みやもと　ふみひろ）
　　BIPROGY 株式会社（第4章）

　齋藤　典晃（さいとう　のりあき）
　　高千穂大学商学部准教授（第5章）

　大室　健治（おおむろ　けんじ）
　　農業・食品産業技術総合研究機構農業経営戦略部上級研究員（第6章）

　藤田　直哉（ふじた　なおや）
　　日本映画大学映画学部准教授（第7章）

　吉田　賢一（よしだ　けんいち）
　　株式会社産学共同システム研究所主席研究員（第8章）

　福田　康典（ふくた　やすのり）
　　明治大学商学部教授（第9章）

　佐藤　正弘（さとう　まさひろ）
　　日本大学法学部教授（第10章）

（執筆順，＊は編者）

# はしがき

　本書は，地域デザイン学会が刊行した地域デザイン叢書の 10 号であるが，特にデザインメソドロジーにフォーカスした著作になっている。実際に地域デザインを行う際には，まずは国家などが進める地域政策を踏まえながら，各地域にふさわしい地域デザインが何らかのモデルなどを活用して展開されることになる。そして，このモデルの実装化へ向けたデザインメソドロジーが活用される。つまり，本書は地域デザイン学会の公式モデルの精度を上げ，実装への活用を指向して構想されるデザインメソドロジーに関する議論に関するものである。

　地域デザイン学会では ZTCA デザインモデルが公式モデルになっているが，これを支えるための方法論としてメソドロジーがポジショニングされる。これらの多くは，モデルの諸要素を捉えた関係編集と境界融合を指向した対応になっている。

◇　実装化のためのメソドロジーの方向性　◇
①境界融合による価値発現
②関係編集による価値発現

　このような展開は多くの異なる研究分野で行われることになるが，それは地域デザイン研究が多くの異なる研究分野のコラボレーションから生まれると考えるからである。異なる価値観の創出は新たなる第三項を現出させることが多くあり，これによって新たな可能性が追求されることになる。ただし，それには多様な強力なメソドロジーの使用が必要となるため，本書において初めてメソドロジーに関する総合的な考察が行われることになったのである。

　もちろん，このような対応を行うのには理由がある。それは，実際に地域価値を発現することは困難であり，また成功事例もそう多くは見出せないからで

ある。地域においてメソドロジーやモデルの活用がなされないのは，これら自体にも問題があるかもしれないが，より大きな理由としては地方創生という地域政策に問題があり，デザイン思想の活用がなされていないことが挙げられるだろう。そこで，メソドロジーの展開が可能になるような政策と手法に対する修正が不可欠になってなるわけである。

　まず政策であるが，これは地域政策ではなく地方政策として国家政策が打ち出されているものであり，地域ではなく地方を強化しようという考え方に依拠している。また，その方法は，中央である東京圏からリソースの移転に依拠している。これは，生産性の低い地域へ生産性の高い地域のリソースを移管しようというものである。しかし，これでは中央のパワーが弱まってしまうことになる。

　現在のようなグローバルな競争が成否を決めるといわれている時代に，東京などのクリエイティブシティの力を削いではならないことは，いうまでもない。こう考えれば，地域政策のコンテクスト転換が不可欠であることは明白である。そこで，著者は大都市から地方へのリソースの移転ではなく，大都市と地方の連携による連携価値の発現を指向すべきであると考えるようになった。

　リソースを生産性の低い地方に移すことが地方創生であるならば，地方創生という政策が国を亡ぼすことになってしまう。そこで，コンテクスト転換が必要になるわけである。今行うべきは，地方創生から地域デザインへのコンテクスト転換であり，移転から連携へのコンテクスト転換である。つまり，連携指向の地域デザインが求められるのである。

#### ◇　地方創生の誤謬からの脱却　◇

①デザイン対象⇒地方から地域へのコンテクスト転換

②デザイン目的⇒価値の移転から価値の創造へのコンテクスト転換

　グローバル競争においてポジションを低下させている我が国にまずもって期待されるのは，グローバルなポジションを回復することである。つまり，我々

に求められているのは反転攻勢戦略の構築による競争力の回復のための努力である。そのために，まずは東京を世界3大都市から外れないようにするとともに，クリエイティブシティの多拠点化に向けた大阪，名古屋，そして札幌，仙台，広島，福岡の強化である。このようなクリエイティブシティには生産性の高いクリエイティブビジネスや給与の高いクリエイティブクラスが集まるため，これらの背景にある市区町村に対する支援体制が充実することになる。

　こう考えると，改めてネットワーク組織論に期待が寄せられることになる。ネットワーク組織論は，切り分けることから結び付けることへのコンテクスト転換を迫るものであるが，ゾーンやトポスをこの視点から言及することにより，地域デザインにおいても効果が期待できるようになるだろう。それには，これを構成するノードとリンクの戦略的展開が不可欠になる。本書における各章の執筆は，このような観点からなされている。

　繰り返しになるが，我々の研究対象は地方ではなく地域であり，そのための方法は価値移転ではなく価値創造である。つまり，我々は地域の価値発現に向けた研究を行い，境界融合や関係編集に依って立つようなネットワークの構築を指向することになる。

　最後になるが，本年もまた学文社の田中千津子社長のご尽力で学会叢書の刊行がなされた。心より御礼を申し上げる次第である。

2023 年 8 月

編者　原田　　保

西田小百合

# 目　次

# 序章

# 地域デザインモデルのコンテクスト転換

原田　　保
西田小百合

## はじめに

　地域デザイン学会は設立後10年を超過し，今後は新たな展開が期待されている。この10年の間にZTCA（zone, topos, constellation, actors network）デザインモデル（原田，2020；原田ら編著，2014；原田・古賀，2016）を皮切りにいくつかのモデルの提示が行われ，また空間概念の拡張を捉えたモデルの進化も多方面に推進されてきた。今後においては，これまでの路線を継続しながら，同時に地域デザイン研究が遂行されることになる。

　これは具体的には，第1が活用すべき研究分野の拡大であり，第2が理論の実際の地域へのフィードバックである。これらのコンテクスト転換により，今後の地域デザインモデルの実践的方向性への転換とモデルの現実への対応に向けた実践的な修正が指向されることになる。そこで，本章では今後の活用に向けた考え方の整理が行われる。こう考えると，多様な地域の確立という目的を実現するためには，多様な領域からの多様な手法の獲得が手段になるわけである（図表序-1）。

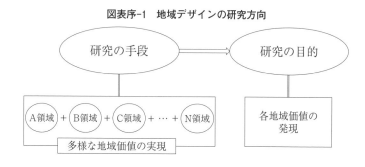

図表序-1　地域デザインの研究方向

◇ **本書で主張される基本的な考え方** ◇
①多様な研究分野への接近
②地域価値発現のための研究促進

　著者が ZTCA デザインモデルを構想した際にも，数多の研究分野への接近を行ったが，これらの中で特に大きな影響を受けた分野がいくつか存在している。これらは，Z，T，C，A の性格を規定することになった以下の研究分野であった。まず，Z は都市工学や地理学，T には哲学と歴史学，C には天文学と心理学，A には情報科学と人類学から多くを想起している。また，地域に価値を発現することが研究の目的になることから経済学や統計学も不可欠になるし，また手法としてのデザイン科学や力学なども含まれることになる。

　こう考えると，地域デザイン研究には多くの研究分野が活用できることになるため，これはまさに応用科学ということになる。また，論理構築にあたって考慮すべきものとしては，コンテンツ(contents)ではなくコンテクスト(context)に依拠した戦略論，異端と正統の両軸から捉えた分析，シナジー効果やレバレッジ効果などの影響力等を捉えたアプローチが重視される。これらは，第 1 がコンテクストの転換(寺本・原田，2006；原田ら編，2012)，第 2 が異端と正統の追求(原田ら，2001)，第 3 が影響力の行使である(原田，2001；原田ら，2022a)。

◇　研究の背景にある方法　◇

①コンテクストの重視＝コンテクストドリブン

②正統に加えて異端も対象

③影響力の行使

## 第1節　コンテクストドリブン＝コンテクストの転換により地域価値発現を指向する地域デザインの構築

　地域デザインにおいて大事なのは，地域の価値を発現することである。そのために，著者は地域はエリア（area）からゾーン（zone）への転換を提唱したが，これこそが地域デザインモデルである ZTCA デザインモデルにとって最も大事なコンテクストの転換である。デザイン対象に対するコンテクスト転換については，以下の3点について議論が行われる。

◇　デザイン対象に対するコンテクスト転換　◇

①行政の組織単位を超えた自由なデザイン対象の設定

②個人的な心象空間やフェイク空間までをデザイン対象に設定

③リアルとバーチャルが統合されたハイブリッド空間もデザイン対象に設定

### (1)　行政における組織単位を超えた自由なデザイン対象の設定

　地域デザインの骨格は，程度の差はあるものの，政府の基本政策が最大の影響力を保持しており，またこれとの関係で都道府県や市区町村などの行政組織が多大なパワーを行使している。それゆえ，このような組織単位を捉えた地域デザインが効果を発揮することが多い。それは，莫大な資金がセットされており，多彩な専門家の力を容易に利用できるからである。

　しかし，世界のさまざまな地域においては，このような組織に依拠した対応では地域が繁栄するような状況が現出しないことが明白になってきた。そこで，このような体制での対応の限界を超えるために，行政組織とは異なるアプロー

チが展開されることになり，またこれらの活動が大きな成功を遂げることになった。その結果，民間ベース，あるいは公民連携，公私連携での地域振興策の推進が加速することになった。

　これはすなわち，地域デザインの対象が公的な地域単位と異なる範囲で展開される事例が増大していることを示している。こうして，デザインの対象が行政組織の単位であるエリアからゾーンに転換すべきであるという考えをもとに，地域はゾーンであるという構想が10年ほど前に提唱されることになった（原田・三浦編，2011）。

　その後，著者がゾーンとしての地域を起点にした地域デザインモデルであるZTCAデザインモデルを構築し，このモデルをベースにした地域デザイン学会が創立されることになった。つまり，ゾーン起点の地域デザインは新たな戦略の展開を可能にすることになり，よりダイナミックかつスマートな対応が可能になった。その意味では，ゾーンは地域デザインのパラダイムスイッチャーであるといえるだろう。

　このようにして，ゾーンがデザインの起点になることで，デザインの方法論が拡大し，T，C，Aという要素がZ起点の地域デザインには不可欠な要素として多くの候補の中から選択されることになった。つまり，これらの3つの要素はZの価値をあげるためのデザインに不可欠なものとして存在しているわけである。このように，ZTCAデザインモデルの要素はZとの関係において最適な要素として選択されたのである。

　こう考えると，このような地域デザインモデルの深化に関しては，時代の様相が変わったり，新たな要素が追加されたりすることは容認できるが，Zを他の要素に代えることはできないことになる。つまり，地域デザイン学会の公式モデルであるZTCAデザインモデルは，あくまでもゾーンオリエンティッドであるということなのである。だからこそ，学会名でもある地域デザインの英語表記はzone designになっているわけである（原田，2020）。

　こうして，地域デザインでは，その対象がエリアではなくゾーンであるということになった。そのため，行政組織単位がデザインの対象として最適である

場合には，これ自体をゾーンであると捉えることとし，これに対して ZTCA デザインモデルを利用するという考え方をとることになった。こうして，ゾーンという概念に対してフレキシビリティが付与されることになっていった(原田ら，2022a 等)。これらの進化方向について，ここでは以下のような 4 点に要約することにした(図表序-2)。

◇ ゾーン概念のフレキシブルな進化方向 ◇

①ゾーンとしてのエリアの認定による行政との連携の推進

②空間概念の拡張による対象ゾーンの多様化現象の進展

③負の価値を現出させるゾーンの登場と正の価値への転換

④ハイブリッド空間の多様な現出と異次元編集の戦略展開

　これらから理解できるのは，地域価値は，拡張された空間の価値がゾーンとしての価値として現出されるということである。そして，このような戦略的な対応をリアルな地域，すなわち都道府県や市区町村の価値へと還元させることである。つまり，デザインによって創造された多様な価値をリアルな空間の価値へと移転させていくことが期待される。このようにして，価値付与の対象のコンテクスト転換が追求されることになる。

**図表序-2　ゾーン概念のフレキシブルな進化方向**

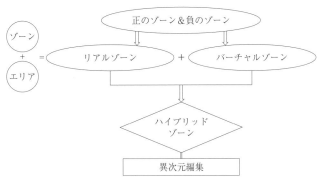

　さて，近年とみに留意すべきは SNS（social networking service）という空間に現出されるフェイク（fake）情報の蔓延であり，これが多様な犯罪を生み出しているという現実である。昨今のコロナ禍においては偽のショッピングモールのサイトが流行しており，多くの被害者が現出している。フェイクは必ずしもすべてが悪であるとは考えられないが，これを活用した犯罪を容認してはならないことは明白である。

　また，ゾーンのみならずゾーンを構成するトポスにおいても，規制の対象が混在しながら展開されるため，これらに接触する顧客の常識などへの理解力が試されることになり，発信者サイドにおいてはモデルへの対応力が問われることになる。負のゾーンやトポスから地域に正の価値を発現することは地域デザインの大事な課題であるから，これへの適切な対応が期待されている。特に，外交問題や差別問題への配慮は大事な課題になるし，負のイメージの価値へのマイナス効果は，例えば水俣や四日市，そして近年の福島の苦戦をみれば明白であろう。そこで，負の遺産を効果的に活用するための世界遺産への登録や，これらをはじめとしたトポスに対するダークツーリズムの推進には十分な配慮が必要になる。

　さらに，デザインの対象になる空間が複合的なものになり，そこでの人間同士の関係が断片的なものになることから，これによってハイブリッド化することになる。つまり，複雑な空間は活用するには高度なセキュリティ（security）が欠かせないことから，個人の能力で対応するためには限界があることも理解する必要がある。

　これはすなわち，空間概念の多様な拡張やハイブリッド空間の定着については，リスクの概念の理解と対応が不可欠になってくるということである。つまり，空間の拡張に伴う多様なゾーンの登場はリスクの観点から，特に地域においては地域リスクの観点からの十分な対策が講じられることが必須の課題になってくる（原田・片岡，2009）（図表序-3）。

図表序-3　ハイブリッド空間の登場

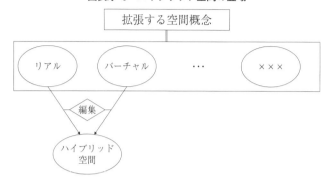

## ⑵　行政の組織単位を超えた自由なデザイン対象の設定

　そもそも，ゾーンは多様な行政の壁を乗り越えるために導入された概念であるために，地域デザインには，行政の壁が立ちふさがることになる。そこで，ゾーンがエリアと異なる範囲でのデザインを模索するためには，何らかの調整が不可欠になってくる。つまり，地域に展開されたデザインを推進するためには，可能な限りエリアをゾーンに設定することが大事な対応になってくる。

　ゾーンが複数の市町村にまたがる場合には，エリアを捉えたデザインの主体と，これらの複数の行政組織や住民との調整が不可欠になる。このような方法において成功している事例としては，瀬戸内国際芸術祭や越後妻有(大地の芸術祭)の展開ゾーンが想起される。前者は瀬戸内の直島を中心にした島しょ部と沿岸の都市からゾーンが構成されており，後者は複数の農村の田畑がゾーンに選定されている。これらが地域アートによる地域振興の成功事例として海外からも多大な評価を獲得していることは，周知のとおりである。

　これに加えて，遠く離れた海外の地域と連携することにより，ゾーン連携やトポス連携などにみられるような国境を越えた場合もある。このような場合は，トポスがある都市間連携とトポスとの連携の双方が見出されている。トポス連携では姫路市の姫路城とドイツ・ロマンチック街道のノイシュバンシュタイン城(バイエルン州)の連携や，ノルマン半島，サン・マロ湾上にあるモン＝サン・

ミシェル（Mont Saint-Michel）と広島の厳島神社（宮島）の連携なども展開されている。

　また，近年では特徴的な対応として，広域に，そして隣接していない地域にまたがったトポスをネットワークする動きも有効なゾーン形成であると考えられる。我が国においては，例えば「明治日本の産業革命遺産 製鉄・製鋼，造船，石炭産業」がこれにあたる。これは，まさにトポスの経済的環境層や文化的環境層，そして自然的環境層を捉えたコンテクストベースのゾーン形成であると考えられる。

　こう考えると，近年はコンテンツからコンテクストを読み取って，これに適合するゾーンの設定が行われることになり，これらは行政組織の単位を超えたゾーン形成になっていると考えられる。つまり，トポス連携のコンテクストゾーンとしての，しかも広域点在トポス連携指向のある種のネットワークゾーンが形成されているとも理解できるわけである。こうして，面としてのゾーンとともに，ネットワークとしてのゾーンが展開されることになる（図表序-4）。

図表序-4　エリアを越えたトポス結合ゾーン

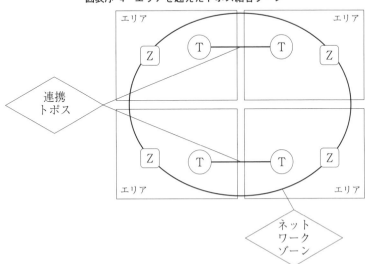

◇　エリアを捉えたトポス結合ゾーン　◇
①トポス間の連携によるトポス連携ゾーン
②複数のトポス連携によるネットワークゾーン

　さらに，SNS空間自体やこれの地域デザインへの活用が活況を呈するようになると，地域デザインの在り様が大きく変化することになる。例えば，フェイク情報が峻別できないような状況が現出すると，そのようなリスク空間の影響を地域が受けることになる。また，地域や地域のアクターが発信する情報に関する信憑性が不安になってくる。さらに，これらの影響を受けながら，提示される空間情報がハイブリッド化するとともに，これらのハイブリッド空間の価値がリアルな地域の価値に対する多大な影響の要因になっている。現時点では，国家構想でもあるスマートシティやデジタル田園都市国家構想は実現可能性が高い対応であると思われる（原田ら，2022b）。

◇　ハイブリッド空間の地域デザインへの地域活用　◇
①スマートシティを活用したハイブリッドゾーン化の推進
②デジタル田園都市国家構想を活用したハイブリッド空間の創造

## (3)　リアルとバーチャルが統合されたハイブリッド空間のデザインの対象化

　今後は，リアル空間やSNSなどバーチャル空間に対する価値発現のための対応が期待される。そこで，そのためのゾーンの設定が必要となる。ところが，ハイブリッド空間はこれらの次元空間がある種の編集行為によって生じるものであるから，複数の異次元にある空間を捉えた空間編集が不可欠になってくる。このように，次元が異なる空間が複合的に編集される空間，つまり次元突破型の新たな空間がデザイン対象として浮上してくることになる。

　これは，価値を地域に現出させる空間が無限にデザインできることを意味しており，つまり編集行為によって新たな時空間が描かれることになる。こうな

ると，異次元空間を対象にしたデザイン行為によって，価値発現のためのハイブリッド空間は無限に存在することになる。ここに滞在するアクターは，過去のみえない断片的な主体であり，人格がなく顔がない主体が無限に創出され，すべてが人工物化するワールドが現出することになる。

　こう考えれば，空間自体は無限に増幅するが，大切なことはこのようなハイブリッド空間から現出された価値をリアルな地域に対してフィードバックすることが期待されるということである。つまり，デザイン方法は無限化するが，大切なことはリアルな空間にもフィードバックさせることである。ハイブリッド空間は新たな価値を現出させることから，これをいかにリアルな空間に付与するかが問題である。

　そこで必要になるのは，ハイブリッド空間の価値のリアル空間へのフィードバックである。つまり，異次元空間創造能力とそこからリアル空間への次元突破指向のフィードバックである。これはすなわち，価値発現ゾーンとその空間移転能力が必要となることを示している。このように，新たな空間デザインによる価値発現と空間の壁を超える価値のフィードバックが，今後の地域デザインには不可欠になってくる（図表序-5）。

**図表序-5　複合されたハイブリッド空間の登場**

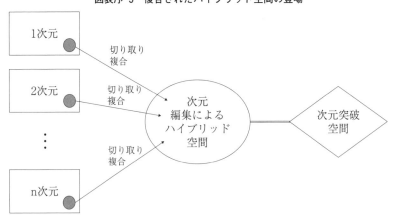

## ⑷　メタバースを契機としたアーバントライブ型の断片結合の多様な現出

近年登場したメタバース（metaverse：インターネット上の仮想空間）などのバーチャル空間をはじめとする，異次元空間に対してもデザインの対象を拡大する技術革新は，これらの異次元空間を編集の対象にすることによって，地域の異次元突破型の固有な空間を無限に作り上げることになる。これが，著者が捉える異次元変種型の独自空間になっている。

こうなると，この空間の創造者は独占的にこの空間を支配できることになり，ここに顧客などの関係者を取り込むことで，独占的な他者からは存在が確認できない新たな空間が現出されるようになる。これは，企業戦略の側面からみれば，競争優位なオリジナルな空間を他者からみえない状態で構築することができるということである。これにより，断片によって活動する主体がそれぞれの事情から関与する空間が構築されるようになる。そうなると，主体は断片として存在することになり，客体との関係は断片関与の形態になってくる。

このように，顧客戦略は根本的に転換され，都市部族が参加するハイブリッドなブラックホール型の編集空間になっている。これは，すなわちブラックホール型結合指向のアーバントライブ空間というハイブリッド空間が閉鎖空間として現出することになる。また，これは無限に創造できる。管理空間が無限に拡大することになり，断片化されて顧客の組織が他者にみえることなく無限に拡大することになる。他方，無限に増大する他者内はみえることから，価値発現装置として，編集空間におけるアーバントライブ集団という書き込みをされた顧客組織といえるわけである。

このような編集された時空間は無限に拡大するのだから，ビジネスにおいては新たな機会の獲得は容易になる。これは，顧客の断片を取り込むことにより可能になっている。こうして，隠された無限に拡大する時空間が背景にあることによって，プロセス的な側面においてはそれぞれの展開時期を明確にすることなく追求できるようになる。

## 第2節　異端と正統の理論のスパイラル循環によるパワー創造を捉えた地域デザイン

　まったく手の打ちようがない地域が数多く存在していることは，我が国に過疎地が多く存在しており，またこれが年々増大していることからも分かる。人口密度が高く，人が暮らせる平地が少ない我が国において，山間部のみならず平地の農業ゾーンにおいても過疎が進行していることは，多大な枷になっている。

　これは農業政策の失敗であり，農村に対する地域デザインの失敗である。農地解放によって農地が狭小化してしまったのだから，これは避けられない結果であったといわざるをえない。つまり，農地解放が小作への土地の供与であると考えれば，産業としての農業が小規模になり，規模の生産性向上によるグローバル競争下における競争戦略に対する対応力が弱くなるのは明白である。こう考えると，農地解放により大地主から小作への土地の移転を行うのではなく，集落の共有財産にするといった規模拡大を指向すべきであったのである。

　これには，農地を与えることが農地解放であるというような考え方からの脱却が必要であることを示している。このような農地解放を分配で実現するのではなく，農地の集約によって実現すべきであったわけである。つまり，農地解放による農業従事者の育成ではなく，サラリーマン農業従事者を指向することによるグローバルビジネスを指向すべきであった。そこで，従来の考え方とは異なる考え方の導入が必要になる。

　こう考えると，もっぱら農家を食わせる農業ではなく，農家が都市を食わせるモデルへの転換が急務の課題になってくる。つまり，農業はアグリカルチャーではなく，例えばアグリテクノロジーであると考えることが大事である。農業は6次産業化するのではなく，ハイテクビジネスであると考えるべきなのである。農業は土を耕すのではなく，技術を耕すというような，いわばハイテクビジネスとしての農業というアイデンティティの獲得が不可欠である。

　農業は人的集約産業から超ハイテクビジネスへの転換が不可欠であり，人が

耕されるビジネスへのコンテクスト転換が不可欠になる。ここまで落ちてしまった産業を立て直すには発想の転換が欠かせない。このような考え方に依拠した対応はすでに行われている。例えば，農地を利用しない農業を行っている事例などがこれに当てはまる。

　今後の農業はデジタルテックとバイオテックビジネスになり，最先端技術に依拠したビジネスという，つまり土地に縛られない，また農民がいないビジネスを考えるべきである。土地との関わりは，AI（Artificial Intelligence）やロボット，ドローンを使用すれば，これまでの農夫の存在は必須ではなくなる。土地との関係がない，そして農夫がいない産業としての農業という異端の発想が必要になってくる。このように，異端ともいえる考え方，つまり農民や農村が必須であると考えることなく農業を捉えることも大事になってくる。

　また，このことは，異端の対応策を組み込むことによって，正統な対応がパワーを発揮することを示している。そこで，モデルとしての異端と正統に関する基本的な考え方を提示することにした（原田ら，2001）。

　正統は空間の中心に存在しており，異端は辺境に位置する概念である。当然ながら，空間の支配者は正統であるが，この正統は異端があることでそのパワーを発揮する。また，異端も正統がパワーを保持するために存在価値がある。その意味では，正統と異端とは対抗概念であるがゆえに，ともに存在価値が見出せるのである。このように，両者は相互関係にもあるといえる（原田，2001）。

◇　正統と異端の関係　◇

A．　対抗関係

&

B．　相互関係

　こう考えると，科学技術と農業，あるいは大都市と田舎についてはある種の対抗関係になるが，これらは相互関係にあるともいえる。これらのことから，科学技術立国と農業立国というワンセットの戦略的対応は大いに有効であると

考えられる。対抗概念こそが、連携対象として有意義であることが理解できることになる。

　異端と正統は正と負という2重の対抗関係に規定されるのだから、両者の関係は全面的なものになる。時代の流れは、異端が正統になって覇権が変わることが継続的に各所で起こり、これによって時代を切り開くための真価が現出するわけである。これは、太古以来の世界史の流れをみても、また資本主義以降の企業の興亡をみても明白である（相互関係）。

## おわりに

　このように、地域デザインに関する議論の発展は、現実に存在する地域へのフィードバックと空間の多次元的転換がもたらしたハイブリッド空間の創出の実現によるものである。これは、新たな空間の発見を既存の空間に結び付けることであり、新たな空間も含め、すべての空間を対象にした空間編集能力の獲得である。その意味では、空間から価値を獲得する際の他者に対する差別化戦略であると考えることができる。

　大事なことは、地域デザイン研究において永遠のイノベーションを可能にするエンジンを搭載することである。これは永遠の今を訴求することであり、常に今ここにおける最大限の努力を行うことである。その意味で、著者はこの行為をエターナル・ナウ・ベースド（eternal now based）研究の展開を指向することにした。これらの行為は常に原点回帰を意識するためのリターン・トゥ・フォーエバーという思想である。

　これは、著者が長く構想していたZTCAデザインモデルの構築に多大な影響を与えている。これは、未来はいまにあるということと、原点を直視するということを表す概念として使われることになった。その意味で、現在、原点を意識した日々の活動においてコンテクストに依拠した研究が指向されているのである。

　なお、前者はドン・チェリー（Don Cherry）のエターナル・ナウ、後者はチッ

ク・コリア(Chick Corea)のリターン・トゥ・フォーエバーから想起されている。

### ◇　著者＆地域デザイン学会のデザインスタンス　◇
①エターナル・ナウ
②リターン・トゥ・フォーエバー

　こう考えると，著者が構想した ZTCA デザインモデルがエターナル・ナウであり，この起点であるゾーンはリターン・トゥ・フォーエバーということになる。ここで主張したいことは，ゾーンという概念は，都市工学や商学で使用されていた概念を地域デザインに活用したということである。つまり，アイデアの源泉は多用な他学問分野に数多に見出されるということである。その意味で，他の学問領域からの地域デザインへのアプローチは大いに意味があるといえるわけである。

**参考文献**

寺本義也・原田保（2006）『無形資産価値経営―コンテクスト・イノベーションの原理と実践』生産性出版。

原田保（2001）『場と関係の経営学―組織と人材のパワー研究』白桃書房。

原田保（2020）「地域デザイン理論のコンテクスト転換―ZTCA デザインモデルの提言」地域デザイン学会誌『地域デザイン』第 4 号改訂版，pp. 11-27。

原田保・石川和男・諸上茂光（2022a）「コンステレーションを捉えた地域デザインモデルの進化方向―空間（「固定」vs.「流動」）と起点（「主体」vs.「客体」）によるコンステレーションデザインの諸相」地域デザイン学会誌『地域デザイン』第 19 号，pp. 11-50。

原田保・片岡裕司（2009）『顧客が部族化する時代のブランディング』芙蓉書房出版。

原田保・古賀広志（2016）「地域デザイン研究の定義とその理論フレームの骨子―地域デザイン学会における地域研究に関する認識の共有」地域デザイン学会誌『地域デザイン』第 7 号，pp. 9-29。

原田保・古賀広志・西田小百合編著（2014）『海と島のブランドデザイン―海洋国家の地域戦略』芙蓉書房出版。

原田保・高井透・三浦俊彦編著（2012）『コンテクストデザイン戦略―価値発現のための理論と実践』芙蓉書房出版。

原田保・寺本卓史・中西晶・小松陽一（2001）『知の異端と正統』新評論。

原田保・西田小百合・宮本文宏（2022b）「デジタルトランスフォーメーションによる地域価値の創造と地域ブランディング—デジタル田園都市国家構想を捉えた地域ブランディングに関する研究」地域デザイン学会誌『地域デザイン』第 19 号，pp. 171-205。

原田保・三浦俊彦編著（2011）『地域ブランドのコンテクストデザイン』同文館出版。

# 第1章

# 地域デザインモデルのリアルな地域への
# フィードバック装置としてのメソドロジー開発

原田　保
西田小百合

## はじめに

　多くの学問分野で共通であろうが，他の分野の研究からブレイクスルーが現出することがある。これは，広く他分野の研究に関心を払うことが大切であるということである。もちろん，ここでの提唱が有効に機能するかどうかは今後の課題になるが，本書では3つのアプローチが紹介されることになる。

　本書において展開される3つのアプローチは，第1が次元突破装置によるコンテクスト転換指向の解の獲得，第2が浸透変容装置によるコンテクスト転換指向の解の獲得，そして第3が連結培養装置によるコンテクスト転換指向の解の獲得である。本書では，これに基づいて地域の価値発現に向けたモデルに影響を与えるメソドロジー（methodology：方法論）の開発が行われる。

　これは，モデルの価値はメソドロジーに依拠するという考え方に基づいている。それゆえ，地域デザイン学会のオフィシャルモデルである ZTCA（zone, topos, constellation, actors network）デザインモデル（原田，2020）の効果を高めるためには，的確なメソドロジーの付与が欠かせない。現在では ZTCA デザインモデルの実装化に向けた試みは急務の課題であるため，本章に続く各章においては多様で有益なメソドロジーの提示が予定されている。これらを踏まえて，

上述した次元突破装置・浸透変容装置・連結培養装置によるコンテクスト転換指向の解の導出が指向されることになる。

◇ コアメソドロジーとしての3つの概念 ◇

①次元突破装置

②浸透変容装置

③連結培養装置

## 第1節　次元突破装置によるコンテクスト転換指向の解の獲得

　本節では，第1の次元突破装置によるコンテクスト転換指向の解の獲得に関する考察を行う。具体的には，議論の主題，次元突破装置の導入，次元突破装置から捉えた ZTCA デザインモデル誕生の解釈である。

### (1)　議論の主題

　昨今においては，我々が接触するあるいは操作する対象はバーチャル(virtual)な時空間をはじめとした多次元の時空間にまで広がっており，またこれらの相互関係についてはそれこそ次元を超えた形態になっている。これは，ZTCAデザインモデルの適用範囲が無限に拡張していることを示している。当然ながら，これらの時空間を捉えたデザイン行為を展開するためには，先進的かつ高度なスキルを保持する必要がある。

　このような時代になってくると，政治や経済，あるいは企業活動や生活行動をより充実したレベルに引き上げる科学技術をグローバルな競争に打ち勝つまでに引き上げられることが求められる。その際，これまでの人工物に関する議論では限界が見出されるため，地域のためのデザインや研究の水準を向上することが大いに期待される。これについては，以前から著者の使用している概念によって解釈できるが，特に異次元を自在に行き来できるような能力の獲得が必要になる(原田，2000)。

## ⑵ 次元突破装置の導入

　そこで，まず獲得すべきは次元突破装置である。ここでは，時間や空間の時限間の移動をルーティンとして展開できるような装置である次元突破装置が構想される。これは，時間を対象にしたことからもわかるように，実際には未だにある種の SF（science fiction）的なレベルのものだが，近い将来には現実になると推察できる。なお，空間レベルについては，アバター（avatar）等の登場によってすでに容易に達成できているが，今後は時間軸での対応が急がれることになる。

　この次元突破装置のある種のエージェントは多様に考えられるが，ここではこれをスーパーエージェント（super agent）ということにしたい（原田編，2000）。空間の壁を超えるためのツールがアバターであるとするならば，時空間を超えるツールがスーパーエージェントであることになる。つまり，スーパーエージェントはアバターを包摂することになる。

◇　**次元突破装置の概念**　◇

①空間の次元突破のためのツール⇒アバター

＋

②時空間の次元突破のためのツール⇒スーパーエージェント

　ただし，アバターやスーパーエージェントが増大すると，これらは無限に拡大することができるため，時空間移動に伴う主体のアイデンティティ（identity）の維持が大きな課題になってくる。つまり，わたしという主体をしっかりと固めておかないと，時空間を移動している間に自身が喪失してしまったり，迷子になってしまったりするという懸念が生まれることになる。したがって，わたしという主体の保全と複数の作られた私たちをしっかりとマネジメントすることが大いに求められるようになってくる（Mogura VR News, 2022）。

　Mogura VR News（2022）によれば，大事なことは自己がいかに増大しても決してぶれないような主語を，すなわちリアルな自己をしっかりと確立するこ

図表 1-1　時空間移動に伴う主体のアイデンティティの維持

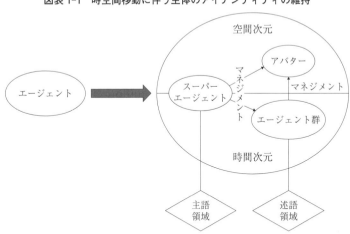

とであり，アバターやエージェント等によって創造されるもう1つのわたしは，まさに主語ではなく述語であるというような認識をずっと保持し続けることである。こうして，主語としてのわたしをしっかりと維持することが大いに期待されることになるわけである（図表1-1）。

　さて，異次元の空間に入る際にはある種のアバターのようなものが必要だが，異次元の時間に入るためにもアバターやスーパーエージェントのようなものが不可欠である。実際には，多くの場合両者がワンセットになっている場合が多いことから，これらの2つの機能をあわせ持つことが急務の課題になっている。

　しかし，概念上これらは異なるために，次元の異なる空間の壁を超えるための装置としては例えばトランス（trans）が，そして時間と空間の双方の壁を超えるためにはワープ（warp）を可能にすることが必要である。つまり，ワープにはトランスの機能が含まれるということになる。また，宇宙空間に見られるように，時間と空間の双方の壁を超える必要がある場合には，もっぱらワープが望ましいだろう（図表1-2）。

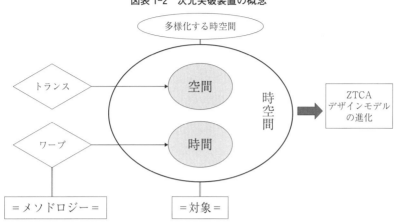

図表 1-2　次元突破装置の概念

## ⑶　次元突破装置から捉えた ZTCA デザインモデル誕生の解釈

　空間的にも時間的にも異次元への越境移動が可能になると，当然ながら ZTCA デザインモデルの活用範囲は拡大することになる。また，デザイン対象が多様に複雑化する前に，これを制御することが不可欠になってくる。つまり，ここで紹介したようなメソドロジーの適用内においては，ZTCA デザインモデルの適用が難しくなることも考えられる。

　デザイン対象のゾーンは無限の可能性を保持するのだから，それこそ時空間の編集が不可欠になってくる。また，このようなゾーンに何らかの意味を持たせる場合には，カテゴリー(category)としての圏の活用も大事であるし，両者を捉えたデザインも必要になってくる。

　さらに，これらの次元突破によってトポスは無限に発見できるであろうし，編集行為によって無限に創造することができる。こうして，トポスは発見から創造へとその設定方法のコンテクスト転換が行われるわけである。つまり，デザイン行為によって人工物は無限に創造できることになるが，問題は価値あるトポスとしての人工物をいかに構築するかになってくる。

　続くコンステレーションデザインについては，多様な主体が創造されること

を捉えた多様な視角からの接近が可能になり，あたかも自分であるかのような錯覚を戦略的に活用することによって，市場に対して影響力を行使するような方法を用いることが可能になってくる。これは，いずれも主体になりうるという錯覚を活用したデザインであるといえる。これらの関係においては，客体は多様に存在することになり，主体サイドは多くの客体を的確に制御・統制することが求められる。

このように，主体も客体も相互に多様に接近し，しかもリアルな連結が可能になる，つまり膨大な客体もそれぞれがもう１つの主体になれるのだから，主体は主語の位置を喪失しないようにしっかりとアバターやエージェント，およびスーパーエージェントを統制する必要が生じてくる。したがって，We の主体化が進行する過程において，私以外の主体は自己の統制下から逸脱させてはならないわけである（原田編，2000）。

### ⑷　本節の結論

以上のように，次元を突破することによって多様な可能性が現出する。これらを適切に活用するのと併せて，これがもたらすマイナス要素をいかに克服するかが重要になる。そのため，デザイン主体もデザイン客体も，それぞれにアイデンティティを確固たるものにしておくことが不可欠である。多様な次元突破の先にあるもう１つの存在は，それぞれにアイデンティティを保持していることから，それらを互いに十分に説明することが求められる。

## 第２節　浸透変容装置によるコンテクスト転換指向の解の獲得

本節では，第２のメソドロジーである浸透変容装置によるコンテクスト転換指向の解の獲得に関する議論が展開される。具体的には，議論の主題，浸透変容装置の導入，浸透変容装置から捉えた ZTCA デザインモデル誕生の解釈である。

## (1)　議論の主題

　昨今では，デジタルトランスフォーメーション（digital transformation：DX）が現状打破に効果的な手法であるとされているため，ここでは地域の苦境を克服するためのトランスフォーメーションを実現するための方法を考えることにする。なお，このトランスフォーメーションはまさにコンテクスト転換であると考えられるが，これを可能にするためのメソドロジーの1つとして，ここでは浸透変容というメソドロジーを構想したわけである。これは，例えば点滴による薬品が体内に直接的に入ることで，血管からこの医薬品が体内に入り，体調が回復するように，DXを地域再生に活用するために構想されたメソドロジーである。

## (2)　浸透変容装置の導入

　浸透は，内部や自身では用意できない価値発現のための即効薬を事故なく有効に自組織に注入することによって，治療方法としてのモデル（model）の効果を上げようとする仕掛けである。これはすなわち，外部のリソース（resource）

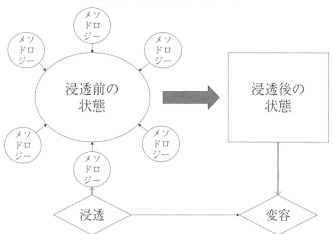

図表 1-3　浸透変容装置のイメージ

の内部への取り込みを効果的に行うのに不可欠なメソドロジーであり，外部からの薬品の投与によって自身の良い方向への変容を指向するものである(図表1-3)。

◇ **浸透変容メソドロジー** ◇

外部からのリソースの投入

＋

内部でのリソースの吸収

　当然ながら，まずは投入されるリソースが信頼できるものであり，課題とのミスマッチがないことが前提になる。また，複数のリソースが投入される際には，それらの相性も勘案することが不可欠になる。あわせて，投入の順番や量が適切であることはいうまでもない。

　このメソドロジーは，主体が脆弱である場合にモデルの効果を発揮するためのものであるが，効果を発揮するには主体の地域自体の情況を支えるための多面多岐な対応も欠かすことはできない。地域自体の特性に関する詳細な情報が入手できれば，それだけメソドロジーの効果は大きくなってくる。その意味では，複数の対応策の的確な併用が大いに期待されることになる。

　まず大事なことは，可能な限り早く地域が自身の力でモデルの推進ができるようになることである。それは，いつまでも外部の力に依存していると自立性が損なわれてしまうからである。その意味では，可能な限り早期にこのメソドロジーへの依存から脱却することが期待されてくる。

　他地域との競争上の優位性の構築が可能になった段階では，他の2つのメソドロジーへのスイッチも現実的な対応になってくる。他方で，あまりに衰退してしまった地域には，この活用自体に限界があるわけで，これによる延命が効かなくなれば地域は終焉を迎えることになる。このような事例としては，財政破綻した夕張市がある。衰退する地域を救うことはハードルが高い課題なのである。なお，現時点ではこのようなメソドロジーは全国の過疎地や小さな離島，コア産業が喪失した地域に対する最後の対応として期待できる。また，地域の

拠点となる大都市が存在している場合には，この大都市との連携によって広域
圏が創造し得るメリットを享受することが大事になっている。

## ⑶　浸透変容装置から捉えた ZTCA デザインモデル誕生の解釈

　この浸透変容メソドロジーは，多くは夕張のような財政破綻した地域や消滅
可能性の高い地域で活用されることになるだろう。そのため，ゾーンは市町村
単位になり，また企業の進出もほとんど期待できない地域が対象になる。ここ
では地域デザインは意味をなさないので，結果としてエリア(area)がゾーンと
いうことになる。また，このような地域ではトポスがあまり機能しないことが
地域全体の衰退要因になっていると考えられるため，新たに魅力的なトポスを
構築するには高いハードルが存在している。

　そうなると，リアルなトポスに期待することは困難であることから，これと
は異なるアプローチが必要になる。例えば，アニメや映画，各種の小説等の活
用によって，フィクション(fiction)の統制される場所としてのトポスを指向す
ることが有効になってくる。このように，リアルの効果が期待できない場合に
はフィクションに期待することもできるだろう。

　コンステレーションの展開には，存在するトポスを効果的に現出するフィク
ションへの感度を高めることや，アニメファンなどが惹きつけられる環境整備
が不可欠であり，コンステレーションオリエンティッドなデザインが欠かせな
い。ここでは，トポスの欠落というマイナスの状態からフェイク空間の創造と
いう状況へのコンテクスト転換が期待されるのである。

◇　コンステレーションデザインのコンテクスト転換　◇

リアルなトポスの欠落というマイナス評価

＋

アニメなどのフェイクなトポスによるプラス評価

　この場合，アクターは地域の住民とアニメなどのファンということになる。

ここでは，アクターにとって望ましいキャンバス(canvas)になれるかどうかが課題となる。ほとんど何もない場所が多くの人々に深く刺さり込むこともあり，実際これによって多くのトポスやゾーンか生まれている。例えば，江ノ島電鉄(江ノ電)の鎌倉高校前駅[1]は，外国人を含めて多くの人々を吸引している。

## ⑷　本節の結論

　現在，我が国にはなんらの政策も適用できない衰退傾向にある地域が，特に過疎地域には多く見出される。このような場合には，ZTCA デザインモデルを適用しても，地域価値の発現を行うことは困難であろう。そこで，モデルを支えるためのメソドロジーの投入が必要になってくる。

　本節では，その1つとして浸透変容を可能にするためのメソドロジーが構想された。これは，最後の対応方法といえるものであるが，それでもコンテクスト転換を図ることによって，これが地域再生の鍵になることもある。ただ無為に消滅を待つのではなく，このメソドロジーの活用によって悪あがきするのも1つの策であるといえよう。


## 第3節　連結培養装置によるコンテクスト転換指向の解の獲得

　本節では，連結培養装置によるコンテクスト転換指向の解の獲得が提唱される。具体的には，議論の主題，連結培養装置の導入，連結培養装置から捉えたZTCA デザインモデル誕生の解釈である。

## ⑴　議論の主題

　多様な外部との連結領域から影響を受けることにより，イノベーションが誘発され，コンテクスト転換を現出させることがある。そうでなければ，他者にすりよったり恭順の姿勢をとったりする必要はない。また，自身の専門領域の殻にこもっていると，予定調和の解が導出されてしまう。

　多くの場合にはこれで通用するのかもしれないし，多くの凡人にはこれでよ

いのかもしれない。しかし，それではうまく回らない地域もあるだろう。そこで，ここでは著者が思考する活動の基礎となる考え方の提示を行うことにする。

## (2)　連結培養装置の導入

　連結培養装置の導入により，要素間の多様な連結によって要素は変容し，これまでと異なる姿に変容できる。これは，この装置の中にある他の要素との連結により，各要素の新たな価値発現が行われる装置である。これは，価値創造は主体の意欲が必要な行為であり，そのような意欲があれば，主体間に相互関係が見出され，これが主体の価値を培養する関係になっている。これは，関係価値増幅のための装置であるが，この概念は著者が会社員時代に考案したものであり，仕事と研究の追求局面で新たな戦略の構想が必要になった際に活用し，その都度進化させてきたものである，

　さて，連結の英語表記はリンケージ(linkage)であり，コネクション(connection)ではない。これは，主体が相互に複雑に絡み合うことによってある種の化学反応を引き起こし，解の導出を指向するための装置である。概念の絡み合いが繰り返されることによって，本来のものとは異なる解が生まれてくる。これは，次元突破に向けた関係編集に関するデザインメソドロジーになっている。つまり，概念の関係編集のエソドロジーが関係編集の効果を変えてしまうことになる。換言すれば，コネクションはハードな結合であり，リンケージは柔らかな結合である。

◇　**関係編集のコンテクスト転換**　◇

①コネクション

↓

②リンケージ

　それでは，ここでコネクションとリンケージの差異について考えてみよう。ちなみに，それぞれの動詞形はコネクト(connect)とリンク(link)である。前者

のコネクションは関係の状態や関係の形態などを示していると考えられるが，これに対して後者のリンケージはネットワーク論から見出せる関係性の概念であるノード（node）とリンクが見せる関係における特徴から，ノード間の関係を捉えるのが適当であると考えられる。

　こう考えると，リンクはコネクトとは異なる概念であることが理解できる。そこで，理論構築にあたっては，あくまでもそれぞれが独立に自立した主体という状態を維持しながら，他のノードとの関係を追求することが望ましい。また，ここではノードの独立性や自立性を前提にした関係編集が期待される。これによって，理論構築のためのイノベーションを追求し，遂行することができるわけである（図表 1-4）。

　ノード同士がリンクされることによって新たなパワーを保持できるが，これによりノード対ノードの関係が導出される次元を超えた解を獲得できる。つまり，解の価値がネットワークによって多方面かつ多様に培養されることになる。これによって，連結培養装置の解が導出されていくことになる。このように，リンクによって獲得されたコンテクストが自身の思考方法に適合するように培養されることになる。つまり，リンケージは企業家や結婚などにみられる全面的な統合指向の結合ではなく，部分的で自由な流動的な結合であることになる。

　次に，柔らかな結合によって現出される培養という概念の考察を行うことに

図表 1-4　連結培養装置のイメージ

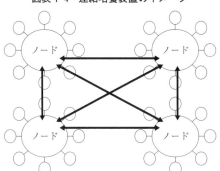

する。ここでみる培養は，生物学の概念であるが，関係編集の1つの形態であると考えられる。これは，生命が生き続けるために不可欠な概念であるが，研究においてはモデルやメソドロジーの育成を可能にする。その意味では，培養とは研究価値の連結による培養というある種のジャンピングボードであるといえる。

　ここで大事になるのは，ノード間の相互浸透によるネットワークの重視である。接触による養分の摂取のように，自身が進化するような影響を与えることが培養には期待される。これは，単なる物理的な影響力の行使を指向するのではなく，むしろ思考や精神の培養を図る機能であると捉える必要がある。それは，相互に自身の遺伝子に則って自ら成長することを促す機能が培養であるからである。

　このように，培養とは思想や理論のコンテクスト転換を外部の力を借りて自律的に展開する進化に向けた自助努力であるため，それぞれに内包されるノードの能力や意思に依拠することになる。そうなると，新たな理論の構築やモデルの提供に加えて，自身の進化に向けた意思と努力が不可欠である。すなわち，研究の深化に向けたコンテクスト転換は，良いネットワーク，言い換えれば高質なノードとリンクが前提になってくる。これは，良い客体から成果を獲得できる良い主体の存在が不可欠であると考えられるわけである。

◇　連結培養が可能になる条件としてのネットワーク　◇

①自立した主体が保持する独自性

②影響を行使する客体の存在

### (3)　連結培養装置から捉えた ZTCA デザインモデル誕生の解釈

　地域デザイン学会のオフィシャルモデルとして ZTCA デザインモデルがあるが，これは連結培養装置が具体化した原田自身の身体から現出されたものである。その意味では，これはこの連結培養装置としての原田という固有の研究装置が現出させたオリジナルで，自然発生した感覚指向性が強いパーソナルな

アウトプットとしてのモデルである。これは，多くの研究者が批判的に関わることからパブリックモデルに転換することが期待された柔らかな連結を指向するオリジナルノードとのリンクによって進化する永遠のプロセスモデルとして構想されたものである。すなわち，永遠に完成しない構造物であるかのサグラダファミリア(Sagrada Familia)[2]のような終わりのないモデルであるといえる。

　このZTCAデザインモデルは原田という固有の人工物のようなものであるために，このモデルに関するランドスケープ(landscape)については，他者が多様に展開することが期待できる開かれたものになっている。つまり，このモデルは著者の手から離れて多様な進化が現出することが容認されている[3]。

　さて，このような特徴を保持するZTCAデザインモデルの特徴を連結培養装置の観点から要約しておく。一般的には，地域価値はトポスに見出されるとして，著名な自然や人工物がクローズアップされることが多いようである。つまり，強いコンテンツがデザインの起点になっているわけである。

　代表的なコンテンツは，世界遺産であろう。世界遺産は，元来はトポスの探索から始まり，これに対して何らかの適切なコンテクストで読み解くことによって価値が現出するものである。我が国において近年はコンテクストドリブンの提案がなされているが，今まさにその価値が問われていると考えられる。

　このように，コンテクストはコンテンツに価値を付与するが，これは誰も足を踏み入れない厳しい自然が，あるコンテクストで説明されたり，単に厳しい自然現象が意味や価値を保持する風景や景観に転換されたりすることから，われわれはデザインを感じ取れるわけである。トポスは単なる場所ではなく，特別な意味が付与されている場所であり，そこにコンテクストを付与することによって人工物化が行われ，コンテクスト内包型のコンテンツが現出されてくる。

◇ 世界遺産のコンテクスト転換 ◇

①コンテンツとしてのトポス

↓

②コンテクストとしてのトポス

　さて，ゾーンデザインの設定は地域デザインの起点であり，まずこのゾーンがデザイン主体であるアクター自身の頭の中で構想される。こう考えると，地域デザインの醍醐味はゾーンデザインにあるといえる。このように，ZがZTCAデザインモデルの起点になっていることには正当性がある。

◇　ゾーンの意義　◇

①モデルの構成要素

&

②ZTCAデザインモデルの起点

　コンステレーションデザインは，ZとTの価値を上げるものであると構想されていることから，これはある種の戦術レベルの概念であると考えられる。つまり，CはZとTから地域価値を引き出すための戦術としての性格を保持する要素になっている。

◇　コンステレーションの意義　◇

戦略次元の構成要素としてのZとT

VS

戦術レベルの概念としてのC

　なお，このコンステレーション(C)の適用範囲は拡大しているので，この優劣が地域デザインの成否を決める大事な要素になっている。リアルな次元で適切な対象が見出しにくい場合には，フェイクやバーチャルなども有効になるだろう。特に，アニメや伝説の活用やIT(information technology)を使用したコンテンツの創造はリアルな人工物の創造を前提にしないため，今後重視すべき分野になっている。

　さて，最後の要素であるアクター(A)は，元来は演劇などから想起した要素であるが，それは特定の空間や場を捉えるためには不可欠な要素である(原田

ら編，2014）。演劇とは，ある特定の空間における芸術価値を発現するためのデザイン行為であると考えられている。演劇空間は，シナリオ，舞台，俳優から構成されるが，これらが現出するドラマツルギー（dramaturgy）は，観客が存在することによって表出することになる。特定の空間においては，ディレクター（director），プロデューサー（producer），そして俳優，さらには観客の存在とこれらの共振化が不可欠になる。こう考えると，地域デザインにおいても，このようなアクターの存在は不可欠であると考えられる（原田，2001b）。

　また，トポスに付与される価値は多様であり，新たなコンテクストを創造することによって新たな経済的価値を付与できるジャンピングボードになる可能性は多大である。トポスの効果的な選定とこれを捉えた新たなゾーンの形成は，地域デザインそのものやこれに関与するアクターに対して新たな価値を提供することになる。

　こう考えると，トポスデザインは地域デザインのファクターとして大事な要素になっている。また，観光客などの関係人口の増大はトポスの価値を高めることになるが，これに見出されるパワーは見逃すことはできない。例えば，アニメの聖地などはアクター化したヘビーユーザーによって展開されることになっていることは周知であろう。

## ⑷　本節の結論

　ZTCA デザインモデルは1つの連結培養装置である原田から現出したものであるため，モデル自体に他者が関与する局面はアプリケーションに限定されている。それは，このモデルは原田という特殊な連結培養装置の中で錬金術的に構築されたものだからである。

　なお，このモデルについては，提唱者である原田によって，第1にZ，T，C，Aという4つの要素から構成されること，第2にZが起点になっていること，第3に要素の順番は変更できないことを遵守することが求められている。それゆえ，これらから逸脱したモデルはZTCA デザインモデルとしては認められない。

　しかし，このモデルに対する批評や評論は大いに歓迎されるし，これによって連結培養装置が新たな方向を指向する可能性は大いにあると思われる。著者としてはこのようなリアクションが著者のコンテクスト転換を誘発することを大いに期待している。つまり，地域デザインという行為はアクターがコンテクストとしての役割を保持することによって，行為主体としての役割が転換されるのである。人工物は，すべて人の存在が前提になっているのだから，デザイン行為としての地域デザインにおいてアクターやアクターズネットワークの存在は欠かせないわけである。

## おわりに

　これまでに，他の領域からの学びと，地域デザインに効果的に活用するための方法論としてのメソドロジーに対する関心が大事であることが主張されてきた。我々の研究方法は自由で開かれているが，それでも効果が高いほうが望ましいことは明白である。著者が期待する領域としては，モデルの構築とこれに価値を与えるメソドロジーの開発，モデルを使用した事例研究があげられる。
　これに対して，著者がおすすめできないのはオリジナルなモデルに追加をしたり，一部を修正したりするような対応である。このような対応はある程度の知力があればさほど困難な仕事にはならないと思えるが，このようなことを継続するとオリジナリティやクリエイティビティが育成されなくなるからである。もちろん，オリジナリティやクリエイティビティのみが評価されるものではないが，著者としては少なくとも問いや解はオリジナリティやクリエイティビティを指向すべきであると考える（図表1-5）。
　本章では，地域デザインのためのメソドロジーに関する議論が展開されてきた。デザインにおけるメソドロジーに関してはすでに安定期に入った概念であるため，長い期間の使用が可能なツールである。したがって，ある種の安全パイとしての役割が期待できる。それゆえ，地域デザインにおいてはデザインメソドロジーから理論研究に入ることが推奨される。

図表 1-5　地域デザインとメソドロジーとの関係

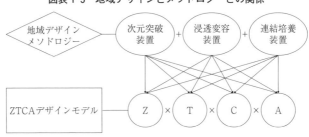

　今後は，モデルの実装が喫緊の課題になるが，それにはこれができる研究体制の構築が必要である。そのためには，アプリケーションやプラットフォームの構築が大いに期待されることになる。また，研究成果が効果的に現出するためには，成果の効果的な現出が可能になるメソドロジーが必要になる。著者が提示した連結培養という概念は，まさにそのようなものとして期待できるデザインメソドロジーであると考えられる。次章以降においては，これらを踏まえた各領域からの議論が多様に展開されることになる。

**注**
1）鎌倉高校前駅は，スラムダンクなどの舞台として人気のある地域である。
2）スペイン北東部のカタルーニャ州の州都バルセロナ（Barcelona）旧市街アシャンプラ地区に残る，アントニオ・ガウディ（Antonio Plácido Guillermo Gaudíy Cornet）の作品群の１つである。
3）著者も，効果が大きいと考えられるコンステレーションのために，補助的なモデルとして ISET デザインモデルと SSR モデルの構築を行っている。

**参考文献**
原田保（1998a）『コラボレーション経営―次世代流通戦略への情報システム活用』一世出版。
原田保（1998b）『コーディネートパワー――プロデュース企業の経営戦略』白桃書房。
原田保（2000）『関係編集―知識社会構築と組織革新』日科技連出版社。
原田保（2001a）『場と関係の経営学―組織と人材のパワー研究』白桃書房。
原田保（2001b）『ビジネスプロデューサー入門　時代の風をつかむ』中経出版。
原田保（2020）「地域デザイン理論のコンテクスト転換―ZTCA デザインモデルの提言」

地域デザイン学会誌『地域デザイン』第 4 号改訂版，pp. 11-27。

原田保編著（2000）『スーパーエージェント―相互浸透の組織モデル』文眞堂。

原田保・浅野清彦・庄司真人編著（2014）『世界遺産の地域価値創造戦略：地域デザインのコンテクスト転換』芙蓉書房出版。

原田保・古賀広志編著（2002）『境界融合―経営戦略のパラダイム革新』同友館。

Mogura VR News（2022）「【特集】わたしとアバターと自己と：メタバース時代の『自己』とは何か考える　京大教授・出口康夫×東大准教授・鳴海拓志対談」，https://www.moguravr.com/metaverse-special-with-me-my-avatar-and-myself/（2023.6.4 アクセス）。

# 第2章
# マーケティング論研究の地域デザインへの戦略的活用

石川　和男

## はじめに

　本章は，マーケティング論の視点から，地域デザインモデルの理論的道具を揃えるだけではなく，実際の課題解決に援用可能なモデルとしての活用可能性を探ることを目的としている。しかし，課題解決が主目的ではなく，明確な理論の裏付けがあっての課題解決である。多くの研究分野では，このような場合「学」や「論」「研究」が付される。時には，「学」が付されるのに違和感があるものもある。それは独立した研究分野や学問的レベルに到達していないと認識されるためだろう。著者の専攻するマーケティング論は，19世紀後半の米国にルーツがあり，150年近くの歴史を刻んできた。しかし，未だ「マーケティング論」である。

　地域デザイン研究では，原田ら編(2019)において，マーケティングモデルとして「コンステレーション・マーケティング」を地域デザインに活用するため，SSRモデルが提示された。これは地域デザイン研究をより発展させるためである。本章では，マーケティングが「論」「研究」から「学」と認識され，またSSRモデルを地域デザイン研究に援用することで新たな地域価値発現へとつながる事例を取り上げ，考察したい。

なお，本章の構成は，第1節が膨張するマーケティング，第2節がマーケティング研究の独自性，第3節がZTCAデザインモデルへの4Psマーケティング論の影響，第4節が事例研究―栃木県日光市である。

## 第1節　膨張するマーケティング

マーケティングは学問としての研究の歴史が短く，当初からそのメソドロジー確立が目指されていた。しかし，その方向性がみえないまま今日に至っている状況を本節で振り返る。

### (1)　マーケティングにおけるメソドロジー

メソドロジー(方法論)は，筋道立った方法の体系とされる。これには多様な意味があるが，特定学問や分野に関連する概念で形成される。理論，概念，理念の収集などである。また，多様な手法比較や個別方法の批評も含まれる。そして，方法論は，一連の方法よりは特定の研究根拠を形成する原理や哲学的前提を扱う(今福，2019：54-55)。そのため，学術的文献は，研究者の方法論の部分を対象とする。さらに，方法論は，研究者の存在論や認識論の観点も扱うため，研究や一連の過程，活動，課題を包括するすべてが対象となる(阿部，2013：217)。研究分野の形成過程を文書化する場合，方法論はどこに方法あるいは過程があるかを記述する。これは「標準，方針，規則」などの確認や利用と同様，方法論の一部である。一連の方法から構成される多くの科学は，独自の方法で成立し，その方法の妥当性を支持する「方法論」により基礎づけられる(黒田，2013：124-125)。この関係を示したのが図表2-1である。

マーケティング論の方法論では，調査研究，事例研究，統計分析，その他マーケティングモデル構築を含んだ質的方法と量的方法が利用される。その方法論は，やはり一連の体系化された方法である。ここでは単に「方法」であるが，「方法論」と呼ばれる。狭義の方法論は，方法についての研究である。通常は特定分野内のそれを指し，経済の方法論，経営の方法論，マーケティングの方

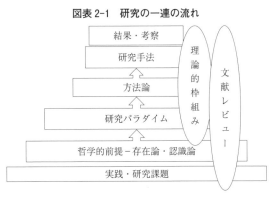

図表 2-1　研究の一連の流れ

出所）今福（2019：54）を著者一部改編

法論のように用いられる。○○主義，××ism と呼ばれるものは，その一部に方法論を含んでいる。広義には「誰々の方法」についての議論を「誰々の方法論」と呼ぶ。メソドロジーは，方法論と訳されるように，メソッドを含む論理体系という意味である。

　方法論は，具体的命題に対してどうしたのかというより，1つ上のメタレベルで把握する。マーケティング活動の目標達成は一定の手順で進める必要があるが，それが必要であることの判断，その手順をどうすればよいかを考えるのが方法論である。マーケティング研究でもメタレベルでの研究が志向されていた時期があったが，現在はそうした動きは低調になった。

## (2)　当初のマーケティング論におけるメソドロジー

　新研究分野や研究課題が生成すると，その概念は何かや，隣接研究分野との相違などが議論される。マーケティング論の教科書で取り上げられる「マーケティング概念」の変遷は，製品(商品)志向→販売志向→顧客志向→社会志向である。マーケティング概念は，マーケティング活動を行う主体が，その働きかけをする対象(市場)に対し，どのような考え方で個別対象や対象全体を把握しているかを表現したものである(石川，2020：12)。マーケティング活動におけ

るこうした各志向もメソドロジーと捉えられるだろう。

　19世紀後半の米国においてマーケティング活動が開始された当初，過剰農産物の販売（流通）に悩んだ農業従事者は，いかに自ら生産した農産物を市場に受容させられるかに腐心していた。その場面では，市場に生産物をいかに受容してもらうかを考えること自体が，当時のマーケティング概念，つまり方法を明確化する第一歩であった（石川，2020：12）。特に，製品志向は，「よいモノをつくればよい」という言葉で表現される。これは現在のわが国でも散見される。わが国は，資源に乏しく，原材料を他国から調達してきたため，「ものづくり」に傾注することを奨励したのは無理からぬことであった。

　生産者や流通業者は，需要が供給を上回る市場では特段の努力をしなくても販売可能とされる。しかし，供給が需要を上回ると，生産者や流通業者はいかに販売するかに腐心する。こうして製品志向から販売志向へ移行したという。マーケターは，顧客に販売するために信用を供与し，プロモーションを強化するなど，マーケティング活動として想起される活動がみられるようになった。

　しかし，こうした市場への商品の押し込みはすぐ限界を迎えた。そこでマーケターは，顧客が何を欲しているかを調査し，それを商品に反映するようになった。そこでは市場ニーズを探索し，そこで得た情報から商品を開発する顧客志向が明確になった。さらに経済が豊かになり，消費生活の物質的な豊かさが達成されると，自らの生活を顧み，社会に対する関心が増した。他方，企業には，利潤獲得だけではなく，倫理性や社会貢献活動への期待が高まった（石川，2020：13-16）。このように150年の歴史しかないマーケティング論でも，その時代（時期）において中心的な方法論は変化した。

　マーケティング概念の変遷は，各時代・時期で主に製造企業（生産者）が市場に対応してきた方法が4つの志向となっている。製品志向，販売志向，顧客志向，社会志向は，市場対応方法である。ただし，マーケティング概念の変遷，すなわち各時代・時期はこれら方法が終わりを迎えると次の方法が主流となり，過去の方法は，役に立たないものとされる。したがって，マーケティング活動では，方法の集合体あるいは構築物としての方法論は，マーケティング概念の

変遷の概観からは生まれにくい。つまり，マーケティング活動の方法として製品志向をはじめ方法は誕生したが，それらをつなぎ合わせる方法論とはなっていない。

そこにマーケティング論が「論」にとどまる理由があるのかもしれない。そもそも，マーケティングは，先にあげたように米国での過剰農産物問題の解決手段として誕生した。欧州からの貧しい移民が，東海岸から西海岸へと開拓地を漸増し，不毛の土地を農地へと変貌させた。20世紀になると，前世紀に農業現場で起こった問題が，製造工場（生産現場）でも起きた。余剰農産物をいかに市場に押し込むか，いかに流通させるかという，現在は流通論分野で扱われる課題が，当初のマーケティング課題であった。これらはマクロマーケティングとして，社会経済的視角によるマーケティングに位置づけられる。20世紀に入ると工場では大量生産が行われ，大量流通とともにまさに米国的生産活動が展開され，個別企業が製品をいかに効率よく生産し，市場に押し込む製品志向，販売志向が主流となった。このように1世紀以上のマーケティング状況を概観すると，それは課題解決のための方法として生成し，拡大していったことがわかる。

## (3) マーケティング論におけるメソドロジーの変化

各時代や時期において社会や個別企業が抱えていた問題や課題解決手段としてのマーケティングは，その後経営者視点のマーケティングである「マネジリアル・マーケティング」に結実した。これはマッカーシー（McCarthy）が1960年に *Basic Marketing* で示したいわゆる4Ps に代表される。マーケティングは，20世紀初頭には1つの新たな研究分野として形成されつつあったが，次第に研究分野や学問としての位置づけが放置され，個別企業の課題解決の「道具」として重宝された。わが国では，この道具を学ぶため（習得するため），1955年にマーケティング視察団を米国へと送り込んだ。

わが国においてマーケティングを導入しようとした時期には，マーケティング論は「学」への志向が頓挫し，「論」として独立した一研究分野であること

さえも放棄したようにもみえる。わが国の大学では，1960年前後に「配給論」として講じられた科目があった。配給は戦時中に少ない物資を切符制などで分け与える意味ではなく，生産と消費の懸隔を社会的に架橋する意味である。したがって，現在の流通論的色彩が強かった。当初のマーケティングは，余剰農産物の市場課題解決を志向するマクロマーケティングの色彩が強かったため，配給論は次第に「マーケティング論」へと名称変更が進んだ。昨今は「論」がとられ，「マーケティング」となり，「○○マーケティング」のように方法や方法論にはほど遠く，手法・技術のみを講じる科目に堕した向きもある。

　そうなると，マーケティング論は，既に方法ではなく技術となっているといわざるをえない。誰がこの状況に貶めたのだろうか。それは社会や企業がマーケティングに課題解決を求めたため，一独立研究分野ではなく，課題解決技術と認識され，それにより課題解決を図ろうとしたところに原因があろう。かつて，商業や経営をめぐり「学なりや論なりや」の論争があった。それは次第に「学なりや術なりや」に変化し，最近はこの結論をみずに論争自体が消えた。こうした学問論争が起きなくなった分野は，果たして研究分野といえるのだろうか。

　マーケティング論では，1960年代後半から70年代にかけて「境界論争」があった。コトラー・レヴィ（Kotler and Levy, 1969）が，マーケティングの研究対象を市場交換から交換一般に拡張すべきと主張し，戦後すぐのマーケティング・サイエンス論争に次ぐメタレベルでの論争が起こった。これがマーケティング概念拡張論争であった。コトラーの概念拡張論は，その後約10年にわたる一連の論文や著書により補強された。そこでは，コトラーの概念拡張論はマーケティング技術の適用領域拡大の意義に関する主張と，概念拡張のマーケティング理論への影響という研究上の意義に関する主張の2つで補強された（堀越，2022：103-104）。マーケティングを営利企業の範疇のみとする研究者と，非営利企業にもマーケティング手法を拡大すべきとする研究者間の論争は，わが国でもいつの間にかマーケティング研究者を名乗る当該分野の研究者間でも行われるようになった。他方，同時期には，マーケティングが独立した学問，研究

分野であるためには，どのような方法論で研究すべきかという研究もみられた。

　マーケティング技術の適用領域拡大の受容は，1971 年の *Journal of Marketing* の 7 月号で確定的になった。そこでは「マーケティングの変わりゆく社会的・環境的役割」という特集により，コトラー・ザルトマン（Kotler and Zaltman, 1971）がレーザー（W. Lazer）とは異なる意味での「ソーシャル・マーケティング」という新領域を示し，コトラーらの拡張の結果，応用研究として募金活動，医療サービス，人口問題，固形廃棄物のリサイクルへのマーケティング技術の適用が示された。

　米国の学会動向がマーケティングの拡張を示したため，これまでのマーケティングの定義が対応しなくなった。そこで，1985 年には American Marketing Association（AMA）のマーケティングの定義が変更された（堀越，2017b：224-225）。その後，マーケティングの定義がしばしば変更されるようになったのは，マーケティングの拡張が進んだことと符合している。こうしてマーケティングの教科書に非営利組織のマーケティング活動が導入されているのをみると，マーケティングの境界は営利企業だけでなく，非営利組織もその範疇に入ったといえる。さらに営利企業の経営活動でも，営利活動とは距離のある活動が重視されるようになった。ただ，そこに他の学問分野とは異なる独自の方法や方法論が存在するのかという疑問が残る。

## 第 2 節　マーケティング研究の独自性

　マーケティングは，しばしば経済学や経営学の下位分野として位置づけられる。しかし，マーケティング研究として位置づけるためには，研究の独自性がなければならない。本節では，その独自性をめぐる状況を取り上げる。

### (1)　マーケティング研究の位置づけ

　前節では，マーケティングが多様な課題解決の道具として重宝される状況を取り上げた。しかし，マーケティングを研究対象とすると，マーケティング研

究には3つの問題がある。1つ目の問題は，マーケティングという学問がいかなる方法論に根ざすかである。これがマーケティング研究の本質を論理的に不明確にさせ，マーケティング研究が誤解や不当評価を与えられている（上沼，2020：2）。これはマーケティングを他の学問分野と異なる独立した一研究分野と捉える視角からの指摘である。

　マーケティングという名称も，それが「論」「研究（分野）」「学」かが不明確である。「論」とする立場は，マーケティング論は上位の学の下位分野との理解による。マーケティング事象は，経済事象と認められるため，「経済学」の一部としてのマーケティング論とする立場である。そこでは，マーケティング論が依拠する認識論や方法論は，経済学のそれに依拠する理解である。そのため，マーケティング論の領域は，経済・経営事象として知覚・認識されてきた対象を扱うものとして区分される。マーケティング機能が企業（経営組織）の諸機能の1つであるため，マーケティング論は「経営学」を構成する一下位分野とする立場である。そこでは，経営組織の諸機能である財務管理，生産管理，人事・労務管理という意味で「マーケティング管理」として把握される。この場合，経営組織としての企業を経済主体と認識すると，それは経済学の対象となり，マーケティング管理論は経営学の一部，経営学は経済学の一部に包含さ

図表 2-2　研究の階層

れる(上沼, 2020：2-3)。いずれの場合も最上位に経済学が鎮座している(図表2-2参照)。

　マーケティングを「論」とする立場は, どの学問分野に位置づけられるかを明確にせず,「マーケティング」と知覚または認識される事象を多様な角度で論じる意味から単にマーケティング「論」とする。マーケティング「研究」という場合, 中庸で漠然とした意味となる。あるいは「マーケティング」という名の下にある研究と, そこで蓄積されたマーケティング知識全体を指す場合が多い。講義科目の「マーケティング」には, マーケティングを固有の論理と方法を備える独立した学問分野, つまり「マーケティング学」と理解する姿勢はない。多くのマーケティング研究者にとっては, マーケティングが「論」「研究」「学」のどれでもよい。それは学問方法論や形而上学的論議での問題であり, 日常の研究や作業とは次元が異なるからである(上沼, 2020：3)。つまり, マーケティング研究者を名乗る者は, 自らのマーケティング「研究」や「授業」が継続できれば, その位置づけを問題としない面が多々ある。

## (2)　マーケティング研究の科学志向

　マーケティング研究に関する2つ目の問題は, その課題解決方法にある。マーケティング研究への問題認識は同様でも, その多くがその解消方向をマーケティング研究の「科学思考」に求める(堀田, 1980：1981など)。科学志向は, 実際には主流派経済学思考や行動科学思考となり現れる。これに対し,「社会科学の分野でその意義が問われ始めている『科学』の方向をなぜ志向しなければならないか」「物理化学に心を奪われそのやり方を真似たことが自らの存在を危うくした経済学の失敗をなぜマーケティング研究に繰り返せというのか」, むしろ「科学的方法や経済学のやり方では解決できない諸問題に対してマーケティング学は意義づけられるべき」(上沼, 2020：3-4)ではないかという疑問が起こる。

　科学主義の立場では,「科学」はその対象によらず, 実証性と合理性の認識方法を柱とし, 人間の認識形態では最高とされる。したがって, 諸学は科学(的

方法)の下に統一されなければならない。この意味で，マーケティングは，固有の論理構造をもつ独立した学問分野ではなく，科学的方法による知識獲得を目指す「マーケティング科学」を志向すべきという指摘がある。社会科学では，社会諸学の研究から「科学(的方法)」による統一過程で特徴づけられる。現在のマーケティング研究の大勢はこの方向を認め，疑問の余地はない。ただし，マーケティングの学問的独自性は科学志向では達成されず，むしろ科学的方法には問題もある。そのため，人間と社会が抱える諸問題は科学的方法で必ずしも解決されなければ，新たなパラダイムとしてマーケティング研究の方法が代替案の1つとして浮上する。これまでのマーケティング研究は，経験的マーケティング事象に関する諸知識の集積であり，探求すべき論理構造が明示されていない。明示的論理構造があっても，それらは科学主義的パラダイムであり，マーケティング研究固有ではない。そのため科学主義や歴史法則主義を相対視し，マーケティング研究の論理構造を探すしかない。マーケティング研究での欠落はこうした試みの積み重ねである(上沼，2020：4-5)。マーケティング研究においてこうした試行錯誤の経験がどう活かされているかは不明確である。

　研究を単なる個別経験的・規範的知識の集積のまま放置し，「思惟する」論理構造を見出さなければ，百科事典や判例集を引くように，それらしき「答え」を経験的知識の集積にみつけ，事例として1つひとつ提示するしかない。経験的知識にはない新しい疑問や事態に直面すると，なすべき論理的手段がない。そのため研究者は，生起する新たな問題に対し，自らの知識と勘を頼りにアイデアが尽きるまで対処するしかない。

　他方，その論理構造を明示し，その依拠する認識論や方法論があれば，どのような疑問にもその立場から無限に回答できる。マーケティング研究は，諸科学の中で自らの居所をどこに探し求めてよいか不安に駆られず，社会科学が抱える諸問題にも意見を表明できる。あるいは，既存の社会科学が解決できない問題に対し，意外な視角から「解」を提示できるかもしれない(上沼，2020：6)。

　「学」を認知することは，マーケティング学の依拠する「哲学」の明示である。学にとっての哲学は，それを学とする論理構造と方法論の探求過程で具現化さ

れる。そこでは，対象の確定や方法論を問う必要がない。すでに，実証性と合理性の認識方法が提示されているためである。ある知識体系の論理構造を探求するため，何の枠も事前に当てはめない。それが知識獲得方法で正当とされる「科学（的方法）」でさえ，それを前提にあるいはその枠内で議論しない。「学」は「科学」と同一ではなく，学的知識は体系化された知識であるため，知識の扱い方（方法論的規則）を定めるとき科学となるが，それ以前に哲学である。そこには知識自体や知識獲得方法自体を根底から批判的に議論する場がある。学の論理構造の認知は，科学を超えたこうした次元で論じられるべきである（上沼，2020：7-8）。

　経済学の父マーシャル（A. Marshall）は，「経済学とは何か。それは経済学者と称する人々が研究している物事」（永安，1983：110；上沼，2020：8）とする。学として認知する方法は，その学を学とする論理構造の認知—学の方法論の発見・論理化と認識対象の確定であり，もう1つはその学の社会文脈的かつ経験的意味合いにおける認知—を「歴史的認知」と呼ぶ（上沼，2020：8-9）。主流派経済学（新古典派および新古典派総合）が，実際世界への説明力の欠落を指摘され，何度か危機に瀕しても今日まで隆盛してきたのは，その理論体系のもつ説明力よりもそれが学問として米国社会に根を下ろしていたためである。その理論体系が「教科書」化され，さらには研究者集団やエコノミスト集団が形成され，大学と学会はそれらの再生産機関として機能し，新古典派の経済理論体系が，主流派経済学として君臨し続ける状況を「経済学の制度化」といった視角から説明づけようとした（佐和，1982；上沼，2020：28）。

## (3)　マーケティングの中心理論探求

　3つ目の問題としてマーケティング研究の対象領域は広く拡大し，多様な理論がある。4Ps（Product, Price, Place, Promotion）中心の企業活動に関する戦略的諸理論を中心に，その効果を安定的とする場づくりとしての戦略的対応に関する諸理論，その帰結としてのマクロ的なマーケティング現象に関する諸理論がある。そこには，ミクロ的レベルとマクロ的レベル各諸相での処理論はある

が，それらをまとめる中心的視点や理論が見当たらない（堀越，2017a：i）。

　拡散した諸理論の中心的焦点は，売り手としての企業行動，買い手としての消費者行動，これらが連結した結果である交換現象である。特に，交換は，ミクロ的マーケティング行動とマクロ的マーケティング現象をつなぐ結節点である。交換の連鎖でチャネル現象やさらには流通現象というマクロマーケティング現象が生成され，そこでの関係性が固定化して制度が出現し，ミクロ的次元がマクロ的次元につながる。そのため，理論化での方法論的個人主義の優位性を信じると，マクロ的マーケティング現象を理解する上でも，企業行動，消費者行動，交換の3つは理論化の焦点となる（堀越，2017a：i）。

　資源ベース論に基礎をおき，競争の一般理論として提唱したハント（S. D. Hunt）の資源―優位理論を結びつけるのが交換理論である。そのためマーケティングの一般理論は交換に関わる理論である。しかし，マーケティング論での交換理論は，ミクロ経済学での一般均衡論のように明確な1点均衡への収束を描かず，現実的な異質需要と異質供給間の多様な部分均衡への動向に関する幅を持ったパターンの指摘と，それが新たな差別化で変化する動態を描くことが理論化目標となる。そこでは，消費者行動や企業行動をパターン化する制度の発生と展開が焦点となる（堀越，2017a：iii）。

　ショー（A. W. Shaw）はミクロマーケティング論の父とされる。それは，1910年代に戦後の体系的マーケティング・マネジメントの内容を示唆したためである。ショー（1915）をミクロマーケティング論のパイオニア的著作とするのは，その論理一貫性にある。基礎には主観的効用に基づく主流派の経済学から現実的にシフトした独占的競争理論の考え方があり，それを本格的に展開したチェンバリン（Chamberlin, 1933）に影響を与えた。ショーは，需要創造に向ける企業活動に関心があり，需要創造→差別化→アイデアの伝達→その手段としての中間業者・販売員・広告の選択と結合の合理的管理，という論理展開が明確である（堀越，2017b：217）。

　ショー（1915）は，主流の新古典派経済学理論とは異なり，差別化よりも現実的情況を想定し，異質な需要に対し異質な供給を行う重要性を指摘した。これ

はその後も主流派経済学と異なるマーケティング論独自の研究伝統である。ショーのマーケティング理論は，外部の顧客を中心とする市場に差別化のアイデアを伝達し，需要創造する企業の戦術的外的対応活動のため，企業の内部活動を統制し，より広い外部環境を戦略的に安定化させる戦術的構想をもつ研究プログラムである。それゆえ，テイラー（F. W. Taylor）を始祖としてほぼ同時期に出現し，企業内部の活動の統合に焦点をおき展開する経営学とは異なり，大規模製造業者の活動全般の管理を提示した。そのため，マーケティング論は経営学の下位理論でなく，経営学と異なる企業活動のマネジメントの代替的研究プログラムとして登場した（堀越，2017b：218-219）。

マーケティング研究は，発生当初からミクロ的研究とマクロ的研究が並列して展開してきた。戦前はマクロマーケティング研究が主流であり，そのパイオニアがウェルド（L. D. H. Weld）であった。彼は農産物におけるマーケティング・システムの構造を明示し，そこでのコストの出現状況を調査した。マーケティング・システムの構造は，マーケティング活動が商品別専門化と機能別専門化の2つの方向で形成されてきたが，後者の理解が不十分とした。ショー（1915）は，大規模製造業者の流通段階への進出や専門業者の出現で商業排除傾向が現れ，それによりマクロ的流通も合理化されるとしたが，ウェルド（1915）は商業排除傾向に疑問を抱いた。ウェルドは中間商人の5つの機能（危険負担，商品の運送，経営金融，販売＝商品についての観念の伝達，取り揃え・再発送）を7つの機能（収集，保管，危険負担，金融，再整理，販売，運送）に組み替え，これらをマーケティング機能とし，依然として承認が果たされるべき機能として存在するとした（堀越，2017b：220-221）。

ショー（1915）は，ミクロ的関心の下でも，そのミクロ的合理化がマクロ的流通の合理化につながるとした。大規模製造業者のマーケティング活動は，需要創造のための活動であり，それに向かい企業外のチャネル行動も組織化される。そこでは，最終消費者の反応を仮定して行われる交換連鎖があり，大規模製造業者のチャネルへの介入がその交換連鎖を合理化に導き，その結果としてマクロ的流通全体の合理化が考えられる。ウェルド（1915）は，機能的分化の結果と

して段階的分業における商人の重要性を認め，商人排除による垂直方向でのマクロ的流通の合理化よりも各段階での統合的合理化が考えられ，ショーとは異なり，合理化の方法としてマクロ的政策による制度設計が提案された。ウェルドは，各段階での行為主体によるマネジメント的合理化も考察した。マクロ的研究でのこうしたミクロ的考察の混入状況は，戦前のマクロマーケティング研究の展開でみられた特徴であった。そのため，マクロ的研究は，その当時は非主流であったミクロ的研究にも大きな影響を与えた(堀越，2017b：222-223)。

　ただし，これはマクロ的研究成果がミクロ的マネジメントに影響を与える環境要因と前提されていたに過ぎず，戦後のミクロマーケティング論の展開でも同様である。こうした研究動向を生み出すために重要な研究焦点が「交換」である。ウェルドのようにマクロ的マーケティング・システムの構成要素である交換の合理化を通してこそ，各主体の活動合理化に言及でき，逆にショーの発想のように各活動の合理化が交換を通してその連鎖としてのマクロ的マーケティング・システムの合理化につながる。ミクロ的活動とマクロ的マーケティング・システムは，個々の活動を超えた交換の発生によって語られる。パイオニアの研究をみる限り，2つの研究プログラムを結びつけるための研究の焦点は「交換」である(堀越，2017b：223-224)。ここにマーケティング研究の独自性を見出すことができる。

## 第3節　ZTCA デザインモデルへの 4Ps マーケティング論の影響

　通常のマーケティングでは，4Ps を中心として語られることが多い。しかし，地域デザインにおけるマーケティングを考えるためには，独自の視角が必要である。本節では，SSR モデルとして提示する。

### (1)　4Ps マーケティングを超越する SSR モデルの提示

　2019 年に提示された SSR モデル(原田ら編，2019)は，伝統的マーケティング

研究者が頑なにこだわるいわゆる4Psベースの地域マーケティングとは根本的に異なっている。SSRモデルは，エピソードメイクを可能とするコンステレーション・マーケティングを志向する。SSRモデルの提示は，コンステレーション・マーケティングを地域研究に活用するため構想された。SSRとは，S（sign create），S（story select），R（resonance act）の頭文字である（原田，2019：i）。そして，マーケティング論の領域拡張志向の1つといえる地域を対象とした「マーケティング論ベースド地域戦略」ではなく，「デザイン論ベースド地域戦略」を展開すべきであるとし，地域戦略に対するコンテクスト転換の必要性が強調される。また，地域マーケティングをマーケティング論の中心モデルである4Psを活用した「4Ps型地域マーケティングモデル」ではなく，地域デザイン論による地域マーケティングへの援用モデルである「ZTCA型地域マーケティングモデル」により行うべきとする地域マーケティングにおけるコンテクスト転換に関わるものである（原田・石川，2019：2）。

　4Psマーケティングでは価値発現は主にその頂点にあるプロダクトによるが，ZTCAデザインモデルでは地域（zone）による。つまり，価値発現は，プロダクトかゾーンかによるのである。しかし，ともにある種の財と考えるとそれほど差異はない（原田・石川，2019：3）。4Psマーケティングは，そのプロダクトをいかに拡販すべきかをもとに構想された。一方，ZTCAデザインモデルは，ゾーンの設定自体がモデル全体の価値を決定することを前提としている。前者は，コンテンツ前提の価値発現が期待され，後者はプロダクトが価値発現のレバレッジにはならず，ゾーンが価値発現のレバレッジとなる。そのため，モデル自体がコンテクスト起点で拡張が行われる。そこで，地域を対象とするマーケティングでは，4PsモデルよりもZTCAデザインモデルの方が，価値発現の戦略における柔軟性や飛躍が期待できる。これはコンテンツには限界があるが，コンテクストには限界がないためである（原田・石川，2019：4）。つまり，地域デザイン学会の底流にあるコンテンツよりもコンテクストが重要であるという解釈が裏付けられる。

　一般に，コンステレーションは，長期的にほとんど消失しない長期記憶であ

る。それは，一旦記憶されると長期間消失しない記憶として心に刻まれる。それゆえ，コンステレーション・マーケティングは，記憶の掘り起こしを顧客が自律的に行える状況を構築し，顧客がいつでも記憶対象に誘引されるトポスやゾーンを表出させる試みである。コンステレーションを地域マーケティングのコア要素に位置づけることは，効果的な地域マーケティングの方法といえる。そこで，これを可能とするマーケティング方法としてのコンステレーションと個人のためのファクターであるエピソードとの関係を考察する（原田・石川，2019：8-9）。エピソードは，個人的な体験に焦点を当てた特殊なイベントに関する概念であり，これはマーケティング視点から捉えると，ある種の個別解としての対応が必要になる（大塚，2010）。それは，エピソードが個々人により異なるためである。

　ただ，コンステレーション・マーケティングは，多くの人における固有の記憶に対して個別に対応する方法ではなく，多くの人が有する個人的記憶が結果として統合的なシステムに集約し，結果的に個別対応を可能にする。これにより，個別対応のエピソードメイクが可能なコンステレーションが提供できる。つまり，コンステレーションが長期記憶のある種の標準となれば，多様なエピソードが唯一の標準としてのコンステレーションで統合される方法として機能する。そのため，マーケティングの方法は，エピソードメイクよりもコンステレーションメイクの方が適当である。長期記憶によるマーケティングの展開では，エピソードからコンステレーションのコンテクスト転換の必要がある。つまり，エピソードについてはある種の個別解となる個人の課題であるが，コンステレーションはマーケティング主体のある種の方法論としての一般解である（原田・石川，2019：9）。

　マーケティングを地域の対象として行うには，それ自体のコンテクスト転換が必要である。マーケティングは販売の限界を克服するためのものである。ただ，これまで取り上げてきたように各時代で多様な進化を遂げたが，現時点では地域に対するアプローチは未だ的確な方法や方法論が確立していない。とはいえ，4Ps を基盤とした伝統的マーケティングは地域マーケティングには不向

きなことは推測できる。ZTCA 型のマーケティングでも，地域マーケティングに適切なモデルへの進化のためには，さらなるモデルの洗練化が今後必要になるだろう（原田・石川，2019：10-11）。

## ⑵　コンステレーション・マーケティングの方法論

　長期記憶であるエピソードを各自の心に定着させるのが，コンステレーションである。統合化されたコンステレーション・マーケティングは，エピソードメイクを可能にする方法である。そこでは，多様な地域に活用するためのモデル化が試みられる。コンステレーション・マーケティングは，エピソードメイクの実現を可能にするため，これはある種の方法論モデルである。そのため，コンステレーション・マーケティングにおける新たなモデルである SSR モデルが構想された（原田ら，2019：19-20）。SSR は，① 記号創造（sign create）＝ユーザー注目度高伸化のための方法，② 物語選定（story select）＝ユーザーとの認識共有化のための方法，③ 共鳴行使（resonance act）＝ユーザーへの影響力増大化のための方法である。

　① 記号創造は，他社よりもユニークな記号創造である。この記号は，他のゾーンやトポスと比較し，自身の注目度を向上できるサインであり，広くアイコンやブランドなどを含んでいる。② 物語選定は，新たな独創的なコンテンツとしての物語創作ではなく，できる限り容易に誰もが想起できる既存のコンテンツであり，ゾーンやトポスとの親密性を確立できるコンテンツであることが望ましい。重要なのは，③ 共鳴行使であり，人の心に長期記憶として完全に埋め込まれるまでの対応である（原田ら，2019：20-22）。こうした地域マーケティングの重要な方法論であるコンステレーション・マーケティングは，ZTCA デザインモデルのマーケティングへの概念拡張として位置づけられる（原田ら，2019：40）。ZTCA デザインモデルにおけるトポスやゾーンは，各々リンケージし，結果的にコンテンツやコンテクストとリンクする。こうしたリンケージの強いコンステレーションが地域マーケティングを強固なものとしている。次節では，その強固なリンケージを構築し，コンステレーション・マーケ

ティングを行っている事例を取り上げる。

## 第4節　事例研究―栃木県日光市

　本節では，地域デザインにおけるマーケティングの有効性をみるにあたり，これまでのとは異なる視角により，栃木県日光市を事例として取り上げる。

### (1)　日光市の地域資源によるマーケティング

### 1)　日光の観光資源

　現在の日光市は，いわゆる「平成の大合併」で誕生した。同市は関東地方の市町村で最も面積の広い自治体であり，栃木県の県土の4分の1を占めている。日光市観光協会(2020)による「ぐるり日光：日光市周遊観光ガイドマップ」は，日光市を日光・足尾・鬼怒川・川治・湯西川・川俣・奥鬼怒・今市の8ゾーンに区分している(図表2-3参照)。また，同ゾーンへの訪問者に対し，歴史，自然，温泉，食(グルメ)という要素により，「何度来ても楽しめる」をキャッチフレーズに訴求している。つまり，複数のゾーンとテーマを重ね合わせることで訪問者や潜在訪問者に多様な訴求方法が可能となっている。

図表2-3　日光市の8ゾーン

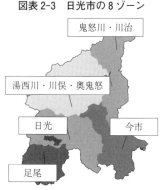

出所) 日光市観光協会 HP「日光旅ナビ　観光スポット」，http://www.nikko-kankou.org/spot/ (2023.1.10 アクセス)。

　日光ゾーンには，世界遺産に登録されている日光東照宮，日光山輪王寺，日光二荒山神社の建造物があり，国宝や重要文化財に指定されているものが100以上も存在している。足尾ゾーンでは，近世から近代にかけて足尾銅山を中心に「銅山のまち」として繁栄したが，一方では鉱山から出る煤煙や鉱毒により環境汚染が問題となった。この環境改善には，田中正造という人物の存在が大きくクローズアップされる。そして，鬼怒川・川治，湯西川・川俣・奥鬼怒という5ゾーンでは，その渓谷にかかる人工物である「橋」とともに，雄大な自然や川の流れがつくり出す大小の滝を中心とした渓谷美が有名である。さらに，鬼怒川沿いには多くの旅館が建ち並び，かつては湯治客，現在は温泉を楽しむ観光客を癒やしている。特に，湯西川ゾーンには，源平合戦に敗れた平家一門が隠棲したとされる伝説の残るトポスが複数存在している。最後に，今市ゾーンは，かつては「今市市」として日光の玄関の役割を果たしていた。日光に至るまでの長い杉並木は，そこを通過することにより，日光に近づいていることを訪問者に感じさせてくれるプロセスでもある。さらに，日光江戸村や東武ワールドスクエアなど新たな顧客層をターゲットとした施設も存在している。

　このように，主な日光市の観光資源（地域資源）を簡単に取り上げただけでも非常に豊富に存在することが確認できる。これら資源は，人工物や自然のトポス，またそれらトポスの集合を8ゾーンにまとめている。さらに，先にあげた田中正造というアクターだけではなく，日光の場合，非常に大きな役割を果たしたアクターとして「外国人」の存在がある。わが国が近代を迎え，海外との交流が復活すると，多くの外交官や外国人旅行者が入国するようになった。中禅寺湖にはイギリスやフランスの外交官の別荘（現在は再建され整備されている）があり，また外国人旅行者専用ホテルであった「日光金谷ホテル」は外国人旅行作家により見出され，世界にその情報が発信された。そして，足尾銅山では，外国人技師や教会建設が交流するきっかけをつくった。日光は，東京から約2時間でアクセスが可能という利便性の高さから，現在も外国人旅行者やハイカーの姿が多く見られる。こうした外国人の訪問者が，日光に新たな価値を付与している面があろう。特に，日本人の場合，外国人（海外）から受容されること

が非常に重要な面もある。

## 2) 訪問者におけるコンテクストの形成からメモリーへ

　これまで取り上げてきたように，日光市は地域資源が豊富である。単純に他地域との数の上での比較や質的な比較は不可能であるが，関東に住む多くの人は日帰りや1泊2日の土日旅行などといえばすぐに同市が思い浮かび，ゾーンやトポスを組み合わせ，各訪問者なりの「旅行」が編集可能な地域である。

　しかし，これまで日光の訪問者は，深くその歴史や自然，食にコミットしてきたであろうか。訪問者の多くは，おそらく有名なトポスを訪問し，教科書やガイドブックに掲載されている事物を確認するだけで終始したのではないだろうか。そのような訪問はもったいないものである。コンテクストは，コンテンツに価値を付与するものとされる。しかし，コンテンツの確認だけで終われば，訪問者の中に記憶は形成されない。当然，それを長期記憶として訪問者自身にとどめ，何らかの機会にそれらを引き出し，新たなコンテクスト形成に至ることもない。スマートフォンを取り出し，簡単に目の前の事物を記録するだけの所作でしかない。

　それでは，単に記録をすることを優先する訪問者に対して，いかに当該ゾーンを記憶にとどめ，再訪を促し，さらにその記憶が訪問者の人生を豊かなものにしていくことにつなげればよいだろうか。そこではコンステレーションデザインが必要となる。これはゾーンとトポスの価値を向上させるものでもある。日光は，地域資源が豊富なため，これまでそのコンテクスト形成やストーリー形成には傾注してこなかった面がある。しかし，他地域（ゾーン）との顧客を奪い合う競争となった場合，単にトポスやコンテンツを単独で示すだけでは訴求力に欠ける。やはり，そこではマーケティングのメソドロジーが必要となる。明確なターゲットを確定し，ターゲットを深く理解し，当該ターゲットに向けてのマーケティング活動が基本となる。

## ⑵ 3つの装置による日光におけるマーケティング

### 1) フィードバック装置としての次元突破装置

　日光市は，徳川家康を祀る日光東照宮があまりにも有名であるが，奈良時代には勝道上人が日光山を開祖し，四本龍寺の交流が開始されたと伝えられる。平安時代には空海などの高僧が来山し，関東の一大霊場となったともいわれている（日光市観光協会，2020）。したがって，その歴史は千百年以上も遡ることができる。こうした歴史的空間を把握するには，第1章で取り上げたようにゾーンのバーチャル空間，宇宙空間，フェイク空間，真理空間などへの広がりを捉えたリアルな空間へフィードバックするため，次元を突破するメソドロジーが不可欠となる。同時に，コンテクスト転換指向のメソドロジーとしての次元突破装置が必要になる。さらにデザイン対象が，1つの時空間ではなく，複数の異なる対象へ拡大させることも欠かせない。時空の境界を越えるには，次元突破装置から捉えた ZTCA デザインモデルの解釈が行われる。

　日光市に観光客を誘客し，観光や宿泊をしてもらい，経済的恩恵を受ける状況は，① 経済的環境層で行われていることである。そのためには近世を中心に建築された寺社など，② 文化的環境層や鬼怒川や中禅寺湖を中心とした，③ 自然的環境層の果たす役割が大きい。日光が，春夏秋冬いつ訪問してもその自然の美しさを楽しめるのは，④ 気候的環境層の影響がある。さらに，至るところで温泉を楽しめるのは，⑤ 地球的環境層によるものである。このように，日光市では5つの環境層すべてを観察することができる。

### 2) フィードバック装置としての浸透変容装置

　日光というゾーンは，徳川家康を祀る日光東照宮が所在し，周辺の建築物がその存在を際立たせている。それら建築物には多様な仕掛けが施されていることを見逃してはならない。陽明門の随所には，故事逸話や聖人賢人，君子などの彫刻が500以上あり，1日中眺めていても飽きがこないことから「日暮れの門」ともいわれる。神厩舎の長押に刻まれた「三猿」，家康が眠る奥社に通じる東側の門の上に据えられた「眠り猫」は，関東地方の小学生であれば修学旅行で訪れ，遠方の生徒は中学や高校時代の修学旅行で訪れることが多い。

　彼らが何らかの機会で再度訪れた際には，子どもの頃の記憶とシンクロしたり，新たな発見をしたりという経験をする。訪問し，確認した事物が，時を超え新たな発見や考え方の修正を行える装置の役割を果たしていることになる。そこではコンテクスト転換が行われる。訪問者の内部や自身では用意できない価値発現のための即効薬を有効に自組織に注入し，モデルの効果を上げる仕掛けともなっている。特に，日光の建造物は，世界遺産登録を目指す過程，登録後には修繕・修理が施され，新要素の注入が行われ，浸透変容を起こしている。

### 3）フィードバック装置としての連結培養装置

　取り上げてきたように，日光は他地域と比べても地域資源が豊富である。日光市を8ゾーンに区分した上で，各々の魅力を訪問者に訴求しようとしても，全体としての価値は向上しない。そこでは各ゾーンを有機的につなげる必要がある。もちろん，ただ単につなげるだけでは価値は発現しない。そこでは，多様な外部の連結領域から影響を受け，イノベーションを発現し，コンテクスト転換を現出させる必要がある。日光の建造物や産業遺産，自然が織りなす渓谷美や温泉など要素間の多様な連結により，それらは変容する。それにより，これまでとは異なる姿に変容することもある。

　連結とは，リンケージ（ノード間の関係），コネクション（関係の状態や関係の形態）ではなく，主体が相互に複雑に絡みあい，ある種の化学反応を起こすことである。そのため，単につなげただけでは価値発現はない。そこでは，次元突破に向けた関係編集に関するデザインメソドロジーが必要となり，概念の関係編集のメソドロジーによりその効果を変化させることにもある。そして，リンケージにより，全面的な統合志向の結合ではなく，部分的で自由な流動的な結合が実現する可能性もある。そうした連結を培養させる装置が日光においても期待される。したがって，日光ではその地域資源の豊富さにより，多様な連結が期待でき，培養することにより，地域価値の発現に繋がることが期待される。

## おわりに

　どのような研究分野でも当該研究分野が形成される過程では，方法論が議論されることが多い。また確固たる学問として認知されるためには，方法論が必須とされる。マーケティング論研究は，その歴史は1世紀半しかないが，やはりこの間には方法論が盛んに議論された時期もあった。しかし，何らかの課題解決を中心として研究する分野にありがちなことであり，マーケティングもその例に漏れないが，課題解決を主目的とするとその方法論が蔑ろにされる面がある。まさにマーケティングは，そのような側面が非常に強いといえる。

　地域デザイン研究は，マーケティング論研究と同様に非常に学際的に展開されている。もちろん，両研究が相互に影響し合っている分野や面が多い。特に，地域（ゾーン）の課題を解決するためには，マーケティングの方法論が使用される面がある。本章で取り上げた日光市は豊富な地域資源を有するため，これまで大きな努力をしなくても観光客の誘客が行われてきた。しかし，同市の目標を観光客誘致ではなく，地域価値の向上や新たな地域デザインということに昇華させる際には，マーケティングの方法論を活かせる点が示唆される。

**参考文献**

Chamberlin, E. H. (1933) *The Theory of Monopolistic Competition: A Re-orientation of the Theory of Value*, Harvard University Press.（青山秀夫訳（1966）『独占的競争の理論―価値論の新しい方向』至誠堂）

Kotler, P. and S. J. Levy (1969) "Broadening the Concept of Marketing", *Journal of Marketing*, 33, pp. 10-15.

Kotler, P. and G. Zaltman (1971) "Social Marketing : An Approach to Planned Social Change", *Journal of Marketing*, 35(3), pp. 3-12.

Shaw, A. W. (1915) *Some Problems in Market Distribution*, Harvard University Press.（丹下博文訳（1998）『市場流通に関する諸問題―基本的な企業経営原理の応用について（増補改訂版）』白桃書房）

Weld, L. D. H. (1915) "Market Distribution", *The American Economic Review*, vol. 5, No. 1, pp. 125-139.

阿部周造（2013）『消費者行動研究と方法』千倉書房。

石川和男（2020）『現代マーケティング論―モノもコトも一緒に考える』同文舘出版。

今福輪太郎（2019）「理論的貢献ができる研究をデザインする―研究パラダイムの理解の重要性」日本医学教育学会『医学教育』第50巻第1号，pp. 53-60。

大塚信一（2010）『河合隼雄―物語をいきる』トランスビュー。

KMS研究会監修，堀越比呂志・松尾洋治編（2017）『マーケティング理論の焦点―企業・消費者・交換』中央経済社。

上沼克徳（2020）『学としてのマーケティング―マーケティング学の理論と方法』同文舘出版。

黒田重雄（2013）「マーケティングを学問にする一考察」北海学園大学経営学会『北海学園大学経営論集』第10巻第4号，pp. 101-138。

佐和隆光（1982）『経済学とは何だろうか』岩波新書。

永安幸正（1983）「社会科学の多相理論―社会科学と人間諸科学の交渉」早稲田大学社会科学部学会編『新しい社会科学を求めて―社会科学の過去・現在・未来（新訂版）』行人社。

日光市観光協会（2020）「ぐるり日光：日光市周遊観光ガイドマップ」，http://www.nikko-kankou.org/pamphlet/pdf/all_gururinikkou.pdf?v20220225（2023.7.30 アクセス）。

原田保（2019）「はしがき」原田保・石川和男・小川雅司編著『地域マーケティングのコンテクスト転換―コンステレーションのための SSR モデル』学文社，pp. i-iii。

原田保・石川和男（2019）「地域デザインから捉えた地域マーケティングの展開―「4Ps」から「ZTCA」へのコンテクスト転換」原田保・石川和男・小川雅司編著『地域マーケティングのコンテクスト転換―コンステレーションのための SSR モデル』学文社，pp. 1-12。

原田保・石川和男・小川雅司（2019）「新機軸型地域マーケティングによる地域価値創造」原田保・石川和男・小川雅司編著『地域マーケティングのコンテクスト転換―コンステレーションのための SSR モデル』学文社，pp. 13-43。

原田保・石川和男・小川雅司編著（2019）『地域マーケティングのコンテクスト転換―コンステレーションのための SSR モデル』学文社。

堀田一善（1980）「マーケティング研究における方法論的問題情況―初期諸発言の批判的検討（その1）」『三田商学研究』第23巻第3号，pp. 99-119。

堀田一善（1981）「マーケティング研究における方法論的問題情況：初期諸発言の批判的検討（2）」『三田商学研究』第23巻第6号，pp. 34-45。

堀越比呂志（2017a）「はしがき」KMS研究会監修，堀越比呂志・松尾洋治編『マーケティング理論の焦点―企業・消費者・交換』中央経済社，pp. i-v。

堀越比呂志（2017b）「マーケティングの一般理論と交換」KMS研究会監修，堀越比呂志・松尾洋治編『マーケティング理論の焦点―企業・消費者・交換』中央経済社，pp. 216-243。

堀越比呂志（2022）『アメリカ・マーケティング研究史15講―対象と方法の変遷』慶應義塾大学出版会。

# 第3章
## 外部リソースの投入による主体の変容とトポスの生起

諸上　茂光
木暮　美菜

## はじめに

　本章では，著者らが提唱している「客体の地域認識メカニズム」に基づいて，「浸透変容装置」のメカニズムを論じる。また，そのような浸透変容装置の効果について，沼津市の事例を成功例として取り上げながら，浸透変容の効果と限界についても指摘する。

　第1節では，これまでの著者らの議論に基づいてトポス，ゾーン，コンステレーションの各概念を整理し，客体の地域認識メカニズムの理論を確認する。そのうえで，第2節では客体の地域認識メカニズムに基づいて，浸透変容装置のメカニズムを論じる。浸透変容装置は，外部リソースが投入されてから，地域内の主体がそれぞれ点のトポスを掲げ，しだいに点のトポス同士が連携して「面のトポス」が醸成されるに至るまで5段階の過程を経て機能すると考えられる。そこで，5つの段階ごとに地域内部がどのように変容していくのかを仮説的に説明する。そして第3節では，浸透変容装置が成功した事例としてアニメ「ラブライブ！サンシャイン‼」の聖地となった沼津市の事例を取り上げて，浸透変容の過程をさらに具体的に示す。最後に，第4節では，浸透変容装置の効果と限界を指摘し，今後の課題を提示して結ぶ。

　以上の議論から，本章では第 1 章でメソドロジーとして仮説的に提示されている浸透変容装置について，外部リソース投入による新たな地域トポスの生起と醸成の過程を動態的に捉えることによって，より精緻な議論を展開する。

## 第 1 節　客体の地域認識メカニズム

　第 1 章で提案された 3 つのフィードバック装置のうち，本章では浸透変容装置による地域デザインのメカニズムについて考察を加える。そこで，フィードバック装置について具体的な議論をする前に，第 1 節では著者らの考えの基幹をなす客体の地域認識メカニズムについて整理したい。

　地域の価値を発現するための地域デザイン手法を巡っては，Z（ゾーン），T（トポス），C（コンステレーション），A（アクターズネットワーク）の 4 要素が重要であるとされ（原田，2020），各要素に着目した地域デザイン手法について議論が重ねられてきた。著者らは消費者心理学の視座を地域デザイン研究に援用し，客体[1]が地域を認識する過程について Z（ゾーン），T（トポス），C（コンステレーション）の定義を整理し，以下の 5 つの特徴から客体の地域認識メカニズムを説明している。

①　地域は複数の客体が抱く地域の感覚が重なった共同主観的な「プレイス」である。

②　客体は，プレイスが「コンテクスト」に修飾され「コンステレート」した「コンステレーション」を認識している。コンテクストが異なると客体が認識するプレイスのコンステレーションも異なる。

③　客体が認識するコンステレーションに対応する地域空間が「ゾーン」である。

④　地域の複数の主体が象徴的な空間で特別な意味（コンテクスト）を持つとして認識している場が「トポス」である。客体は「トポス」が持つ象徴的意味（コンテクスト）にコンステレートされたコンステレーションを地域イメ

ージとして認識する。

⑤　客体が地域を消費するコンテクストに地域のコンステレーションが合致すれば，客体は地域を高く評価するが，合致しなければ評価は低くなる。

　上記の5つの特徴は，地域を「プレイス」と捉えるプレイス・ブランド論（電通 abic project 編，2018）を前提にしている。個々の客体が認識している地域の像はそれぞれ異なるが，地域空間は複数の客体が抱く地域空間の感覚が重なった共同主観的なプレイスとして存在しているというのがプレイス・ブランド論の主張である。たとえば，「湘南はどの辺りにある，どのようなまちを指すか」という問いに対して，回答者によって葉山，茅ヶ崎，小田原，湯河原が含まれたり含まれなかったりするなど，客体によって認識する地域空間の範囲が異なり[2]，また「優雅なヨット・ハーバーのまち」，「元気なサーファーのまち」など，認識するまちのイメージも異なる。そうした複数の客体の湘南という地域空間の像が重なりあって，共同主観的な感覚である「湘南のプレイス」が存在するのである。

　客体によって認識が異なる曖昧なプレイスは，個々の客体の脳内で，コンテクストに意味づけられてコンステレートされたコンステレーションとして認識されているというのが2つ目の特徴である（図表3-1）。コンステレーションとは，ユング心理学をもとに原田・古賀（2013）が発展させた概念である。C. G. Jung（1936）は，人間が認識するコンプレックスの背後には人類が共通して持つ集合的無意識としての元型（アーキタイプ）があるが，元型そのものを捉えることはできず，元型が意味づけられコンステレートしたものとしてしか認識できないと指摘している。この情報処理の過程を，選択的不感化理論（森田ら，2002）をもとにより実証的に説明すると，客体はプレイスについて認識する際に，あるコンテクスト（文脈）に対応する地域空間が「ゾーン」と呼ばれる。たとえば，あるコンテクストのもとで「優雅なヨット・ハーバーのまち」という湘南のコンステレーションを認識している客体にとっては，ヨット以外の湘南の側面（インスタ映えするデートスポットや海水浴場としての湘南のイメージ等）は抜け落ち

図表 3-1　客体の地域認識メカニズム

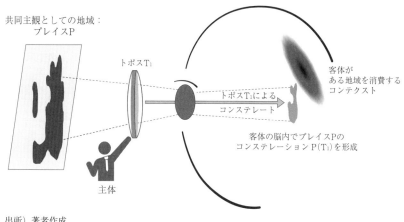

出所）著者作成

て認識されている。そして、「優雅なヨット・ハーバーのまち」という湘南の
コンステレーションに対応するような、ヨットに関係するお店やヨット・ハー
バーなどの地域空間が湘南の「ゾーン」として認識されるのである。

　そして、客体が脳内にコンステレーションを描く際に客体の心的表象に働き
かけ、客体の地域の認識に重要な役割を果たすのがトポスである。トポスは、
象徴的な空間として他の空間と識別され、特別な意味（コンテクスト）を持つ場
であるため、客体が地域を認識する際のコンテクストに影響する。上述した湘
南の例では、葉山のヨット・ハーバー脇に建てられている「日本ヨット発祥の
地」の碑が象徴的な意味を持つトポスである。碑の存在を知った客体は、葉山
の港や相模湾がヨット発祥の地であるというコンテクストを認識し、ヨット発
祥の地というコンテクストによってコンステレートされたイメージを持ち、ヨ
ットに関係するゾーンを認識する。トポスは「色付き度ありのレンズ」[3]のよ
うなものであり、客体はトポスというレンズを通してプレイスを眺めることに
よって、トポスの持つコンテクストに意味づけられたコンステレーションを、
地域の像として認識している。なお、地域デザインにおけるトポスは、単に個
人的に特別な意味を持つ思い出の場とは異なり、地域にいる複数の主体が象徴

的な意味(コンテクスト)を持つ場として認識し，客体に対して意味のある場所として提示する場を指す。このとき，トポスというレンズを主体が掲げていると捉えることが重要である。

したがって，主体がトポスというレンズを提示し，客体はトポスが持つコンテクストに影響されたコンステレーションを地域の像として認識するというのが客体の地域認識メカニズムである。地域が好意的に評価されるためには，地域のコンステレーションが，客体のニーズ，すなわち客体が地域を消費する[4]コンテクストに合致することが必要だ。そのため，トポスというレンズを新しくしたり，レンズの傾きやピントを調整したりすることで，客体が地域を消費するコンテクストに合致する地域のコンステレーションを描く戦略が地域の評価を高める。

## 第2節　外部リソースの投入による主体の変容とトポスの醸成メカニズム

では，客体の地域認識メカニズムの理論に基づくと，第1章で提案された浸透変容装置による地域デザイン手法のメカニズムはどのように説明できるだろうか。

第1章の記述によると，浸透変容装置は，病気を患う人に対して点滴によって薬品を投入し回復するような地域デザインの仕組みであるとされる。つまり，地域内にあるトポスが地域価値を発現する力が弱く地域全体が衰退している地域が，外部リソースを点滴のように吸収し，地域価値を発現するようになるという。ただし，薬品に頼るだけでなく投与された薬品が体内の細胞に働きかけて患者自身の治癒力が発揮されることで元気になるのと同様に，外部リソースが投入されるだけで地域が活性化するわけではない。地域が外部リソースを吸収し，「自身の良い方向への変容を指向する」ようになることが肝心であるとされる。さらに，第1章では，地域の変容を促す外部リソースの例として，アニメや各種小説等の「フィクション」が挙げられている。したがって，浸透変

容装置とは，トポスやトポスを客体に対して提示する主体が弱まり「病気」の状態である場合に，フィクションなどの外部リソースを「投入」し，地域内部が「変容」することによって，客体に評価されるような地域になる地域デザイン手法といえる。

　しかし，第1章では地域の変容の過程について詳細な説明が割愛されており，なぜ地域はフィクションという薬品を投与されることで治癒力を発揮し病気から回復するのか不明である。外部リソースの投与が直接的に地域に影響するというよりも，地域の内在的な活性力を促進するという第1章の主張を踏まえると，外部リソースは地域内の主体に働きかけることによって，主体を活性化し，最終的に地域の価値を発現する行動を引き起こしていると考えられる。主体が地域の価値を高めるためにできる施策はいくつかあるが，客体の地域認識メカニズムに基づけば，トポスのレンズを新しくしたり，トポスの見せ方を工夫したりする地域デザインの施策で，主体自身がトポスの認識を変え，行動を起こす必要がある。したがって，浸透変容装置による地域デザイン施策は，外部リソースの投入を契機に主体がトポスを醸成することを促進していると仮定できよう。そこで，著者らは第1章の点滴の例を手がかりに，地域という患者の体内にある細胞，すなわち主体や主体が提示するトポスに着目し，客体の地域認識メカニズムの理論に基づいて浸透変容装置のメカニズムを論じる。著者らは，外部リソースが投入されてから連続的な5段階を経て地域の価値が発現されるようになると考え，図表3-2には第1段階から第3段階の「新しいトポスの醸成と主体の活性化」，図表3-3には第4段階から第5段階の「点のトポスから面のトポスへの変容」を示す。

　地域という患者の体内にある細胞，すなわち主体や主体が維持するトポスの力が弱まり病気になっているところへ，外部リソースが投入されることが浸透変容装置のはじまりである。この病気の状態を客体の地域認識メカニズムの理論から説明すると，主体がトポスというレンズを形成・維持したり客体に向けて提示したりする力が弱まっている状態と説明できる。弱体化する理由は1つではないが，トポスが持つ象徴的な意味が客体のコンテクストに合致するコン

図表 3-2　新しいトポスの醸成と主体の活性化

第1段階：弱体化した主体やトポスに対する外部リソースの投入

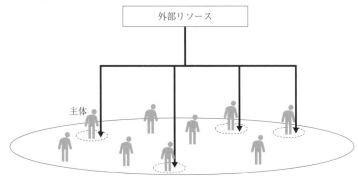

第2段階：外部リソースと関係する主体による点トポスの生起

第3段階：主体同士の緩やかな繋がりによる点トポス同士の連携

出所）著者作成

ステレーションを結像できずに寂れた観光地となり，金銭的な利益を生まず，地元の主体も次第にトポスの象徴的意味を重視しなくなるといった状態が考えられる。

　このような病気の状態の地域に，外部リソースとしてフィクションなどが投

**図表 3-3　点のトポスから面のトポスへの変容**

第4段階：点トポスの焦点調整による面トポスの醸成

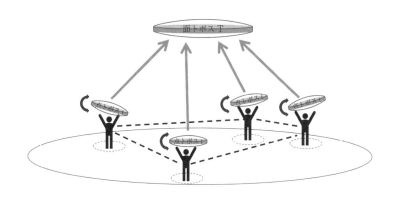

第5段階：面トポスに関係する新たな点トポスの生起

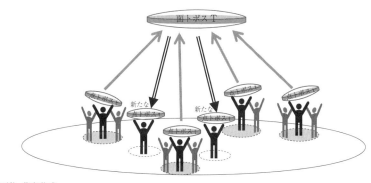

出所）著者作成

入されるのが第1段階である。第1段階では，地域の主体が外部リソースを拒
否したり，積極的に地域に取り込もうとしたりしない場合もある。その場合に
は浸透変容は生じないが，投入された外部リソースを主体が受け入れた場合に
は，浸透変容装置の第2段階として，フィクションの持つコンテクストによっ

て新たな意味が付与されたトポスが単発で生起する。たとえば，アニメ「らき☆すた」の舞台になった埼玉県鷲宮町では，観光資源が乏しく昼夜間人口比率も低かったところへ[5]，「らき☆すた」という外部リソースが投入され，鷲宮神社に「登場人物の実家」という新たな意味が付けられ新たなトポスとなった（伊藤，2023）。もともとは歴史ある閑静な神社であった鷲宮神社も，アニメのコンテクストに合わせてキャラクターの絵を境内に掲示するなど，主体として新しいトポスのレンズを掲げる努力をした。その結果，アニメ放送後には初詣参拝客が17万人も増加し（山村，2012），らき☆すたファンの客体から評価されるトポスになった。ただし，この段階では地域全体ではなく一部の場が外部リソースに関係のある場所として新たな「点のトポス」になり，弱体化していた主体の一部が点のトポスのレンズを掲げるようになっただけである。

　外部リソースに関係するトポスやその関係者が活性化し，地域内部にいくつかの点のトポスが点在しはじめると，第3段階では点のトポスのレンズを掲げる複数の主体が緩やかに連携するようになる。たとえば，アニメ「らき☆すた」のモデルとなった鷲宮町は，アニメに関連して鷲宮神社や，宮前橋などいくつかのスポットが注目されたことをきっかけに，鷲宮町商工会がアニメとのコラボグッズの販売やイベントの実施を企画した（山村，2008）。それぞれに異なる主体が掲げているトポス同士が，外部リソースのコンテクストによって緩やかに連携する仲間となっていくのである。

　このように，第3段階までは，それぞれの主体が点のトポスのレンズを掲げて，それぞれのレンズによる結像を客体に示す動きが行われていた。なぜなら，投入された外部リソースは直接的にはごく一部のトポスに対して意味を与えるのみで，点のトポスの担い手は自身の掲げる点のトポスのレンズが地域全体の活性化に影響するという自覚は必要ないのである。実際に，「らき☆すた」の作中に登場する店や風景は鷲宮町のなかでも限られており，はじめは登場人物の実家である鷲宮神社が単体で注目されていた。しかし，第4段階にはいると，点のトポスを掲げる主体が互いに連携することで1つの大きな面のトポスを醸成し始める。面のトポスは地域内に点在する複数の点のトポス同士を1つのコ

ンテクストによって結びつけ，どのトポスのレンズを覗いても同じような地域イメージをコンステレートするような大きなレンズである。そのため，点のトポスのレンズでは，それぞれの地域空間の意味づけが行われていたのに対して，面のトポスのレンズは地域全体のイメージを統一して意味づけ，客体に対して提示することが可能である。

「らき☆すた」の例では，登場人物の実家という点のトポスや登場人物が通う高校という点のトポスが連携して大きな面のトポスが醸成されると，鷲宮町が「らき☆すたのみんなが暮らすまち」であるという地域全体の像を結ぶことができる。点のトポスから面のトポスへの変容は，トポスを掲げる主体が他の主体と連携してより大きな地域空間を照らすメリットを感じることが必要であろう。たとえば，商店主がトポスを掲げる場合には，複数の店舗のスタンプラリーマップを作成したり，商工会の単位で大きなイベントを企画したりするなど，単独の主体がトポスの意味づけを伝えるよりも効果的に客体を集客できる状況であれば連携を検討するだろう。このように，第4段階で面のトポスという大きなレンズになることで，レンズを支える主体が増え，トポスが持つコンテクストが一時的なものではなく，より確かなものになる。ただし，複数の主体の間で面のトポスがコンステレートするコンステレーション像を共有し合意しておくことが必要である。

主体同士が連携し，大きな面のトポスが醸成されると，第5段階では，地域のさまざまな主体が，面のトポスによってコンステレートされる地域全体のイメージに合うように新たなトポスが生起したり，面のトポスを支援したりするようになる。この段階まで到達することができれば，地域はもはや病気ではない。元気のなかった主体（細胞）が，新たなトポスを生成したり，古いトポスの見せ方を工夫したりして，体全体を健康な方向へ向かわせようと協力する状態である。

このように，地域内部の主体が外部リソースの投入を契機に活力を得て，まずは主体に関係する身近な地域資源を活性化し，最終的に他の主体と連携しながら地域全体の意味づけをも更新するような活動を行うようになることが，浸

透変容装置のメカニズムである。以上の議論を整理すると，浸透変容装置は以下の連続的な5段階を経て効果を発揮するだろう。

(1) 既存のトポスやトポスを掲げる主体が弱体化しているところへ，フィクションなどの外部リソースが地域に投入される。
(2) 地域内部の主体が変容することによって，点のトポスが醸成される。
(3) 主体同士の緩やかな繋がりによって，地域内に点在する点のトポスが連携する。
(4) 点のトポスを掲げる主体同士が，トポスのレンズを通した結像を意識し，互いに焦点を調整することで，1つの地域像を結ぶ面のトポスを醸成する。
(5) 面のトポスのレンズが，地域全体の像を結ぶレンズとして機能するようになり，面のトポスに貢献する新たな点のトポスのレンズが生まれて面のトポスが強化される。

## 第3節　外部リソースの投入による浸透変容の事例

　浸透変容装置による地域デザイン施策は，外部リソースの投入を機に主体が点のトポスを醸成し，次第に面のトポスを掲げるようになるに至るまでの，連続的な主体自身の変容によって説明される。第3節では，浸透変容装置による地域デザイン施策の成功例として，アニメ「ラブライブ！サンシャイン‼」の聖地となった沼津市を取り上げ，より具体的に浸透変容の段階を説明する。

　沼津市は静岡県東部に位置し，伊豆方面への交通拠点あるいは広域的な商業・文化拠点として，古くから政治，経済，文化の中心的役割を担ってきた。しかし，2013年の転出超過数が全国第6位と高く，沼津市に愛着を持って住み続ける人を増やす必要に迫られていた(沼津市，2014)。また，居住意欲度・観光意欲度が低いとはいえないものの，周辺の熱海市，三島市，伊東市と比べて観光客が積極的に訪れたい観光地ではなく(沼津市，2014)，伊豆地域に比べて宿泊客の割合も20％前後と低いという悩みがあった(静岡県交通基盤部，

2014)。沼津市内の既存の観光資源を活かして，歴史的建造物の保全や御用邸記念公園を活用した施策，沼津ひものイベントの開催などが観光振興のプランとして推進されていたものの(沼津市，2007)，地域の資源を活かしきれずに客体に十分に評価されていなかったのである。

　そのような病気の状態の沼津に，外部リソースとして，アニメ「ラブライブ！サンシャイン‼」が投入されたのは2015年頃のことである。沼津市は，2014年に沼津市を舞台とするアニメ制作の申し入れがあった際に，シビックプライド事業やフィルム・コミッション事業の一環として支援を決定しており，まちをあげてアニメの聖地巡礼を歓迎した。そのため，外部リソースが投入されて拒否反応を示すことはなかった。

　同作は，秋葉原を舞台としたアイドルの物語である「ラブライブ！」(2013～2014年放送)のシリーズ第2作として制作され，架空のアイドルグループ「Aqours（アクア）」に所属する女子高校生たちが沼津市を舞台に奮闘する物語である。アニメ本編は2015年に制作発表がされた後に，2016年7～9月に1期，2017年10～12月に2期が放送され，2023年7月からは3期「幻日のヨハネ」が放送されている。また，2019年にはアニメ映画「ラブライブ！サンシャイン‼ The School Idol Movie Over the Rainbow」が公開され，キャラクターがアイドルとして歌って踊る楽曲のミュージックビデオも多く制作されていることから，アニメ作品にとどまらず，多くの映像コンテンツが生み出されている。

　「ラブライブ！サンシャイン‼」は，写実的な背景描写が行われ，作品中でその背景描写が強調されていること，そしてバス路線を意識しながら建物の位置関係を忠実に描いていることが特徴である(松山，2018)。たとえば，沼津駅前からバスで南に40分ほど行った内浦地区にある自宅(実在する安田屋旅館がモデル)に暮らす主人公が，友人と一緒にバスに乗って高校から自宅まで移動する場面では，実際に運行されているバスの沿道に見える建物が運行ルート順に車窓に描かれている。さらに，沼津登山東海バスと伊豆箱根鉄道など地元の交通機関や，伊豆三津シーパラダイス，沼津市芹沢光治良記念館などの観光施

設，喫茶店や洋菓子店など，地元のさまざまな主体が関係する施設が作品中に描かれている。そのため，沼津に投入された外部リソースは，沼津の複数の場に対してそれぞれ新しい意味を付与し，多くの主体を巻き込んだ。

アニメが放送されると，「ラブライブ！サンシャイン!!」のファン（以下，簡略化して「ラブライバー」と記す）は，老舗旅館を「登場人物の実家」と認識し，海水浴場を「グループの名前を決めた浜辺」として訪れるようになった。さらには，本来は宗教的な信仰を示す碑がある場所を，アニメの物語のなかで「登場人物が転んだ場所」として認識し，碑の前で転んだ様子の写真を撮影するラブライバーの姿も見られるようになった。このように，彼らは，地元の住民が認識する意味ではなく，アニメ作品の世界観で意味づけられた象徴的な意味を沼津の各所に感じて訪れていた。外部リソースの投入によって，アニメによる新たな意味づけが与えられるトポスが沼津市内にいくつも生まれていったのである。

ラブライバーが沼津市を訪れるようになると，地元に住む主体もアニメやトポスの存在を認識するようになった。はじめはアニメが放送されてから急に訪れる客が増え，客層が変わったことに驚いた主体もいたという[6]。しかし，しだいにアニメに描かれた聖地を中心に，主体自身もその場をトポスと認識して大切にするようになり，アニメの中で描かれているコンテクストに合わせてさまざまな工夫をするようになっていった。たとえば，登場人物の一人である渡辺曜の実家のモデルになった喫茶店では，彼女の好物であるハンバーグを製品開発し，「曜ちゃん家のハンバーグ」として提供している。また，浜辺に書かれていた「Aqours」の文字を見てアイドルのグループ名を決定したというストーリー通りに，舞台となった島郷海水浴場には同様の文字が書かれていることがあるという。こうして地域内部の主体が変容することによって，外部リソースによる新たな意味づけを受け入れ，新たな点のトポスとして主体が掲げるようになるのが第2段階である。

第3段階になると，点のトポスのレンズを掲げる主体は，次第に緩やかな連携を始める。それぞれのトポスは「千歌ちゃんの実家」，「曜ちゃんの実家」，

「PV の踊りを撮影した場所」など，それぞれの場に付与された象徴的意味（コンテクスト）を持っているが，それぞれのトポスが連携することで，ラブライバーをさらに誘致することを目指すようになった。たとえば，「聖地巡礼マップ」を配布したり，三の浦総合案内所で複数のロケ地を紹介したりすることで，「ラブライブ！サンシャイン!!」に関係する複数のトポスが組み合わされ，主体同士の連携が行われていったのである。

　点のトポスが連携しはじめると，地域全体の像を結ぶ 1 つの面のトポスを醸成しようとする動きがはじまる。それぞれのトポスの焦点を調整し，1 つのレンズとして統一した地域のイメージを映そうとする第 4 段階である。たとえば，沼津市産業振興部観光戦略課が運用している沼津観光ポータルでは特集サイトを設け，同作を用いた観光 PR 動画やロケ地巡りの地図などを積極的に発信している。また，沼津商工会議所が音頭をとり，沼津地元愛まつりというイベントやキャラクターがデザインされたスタンプを集める沼津まちあるきスタンプラリーが開催され，海岸にキャンドルで「Aqours」の文字を描くという PV の演出を模倣したキャンドルナイトのイベントも行われた。まちあるきスタンプの設置店は，飲食店，スーパー，土産物売り場，コンビニ，書店など多岐にわたる店が参加し，アニメに描かれない店も含めて沼津市全体が「ラブライブ！の聖地」として地域を活性化する方向を向くようになったのである（河嶌，2019）。

　ラブライブ！の聖地として多くの主体が協力し，1 つの大きな面のトポスが醸成されていくと，積極的に面のトポスを支える主体が増え，関係するトポスも増加していくようになった。アニメの制作発表から 7 年以上が経過した執筆現在（2023 年 7 月時点）でも，「ラブライブ！」という外部リソースは沼津市に根付いており，沼津まちあるきスタンプの設置店舗は 120 店舗（2023 年 7 月時点では 111 店舗）にまで増加している[7]。また，アニメ作品の背景に描かれることの多かった内浦地区だけでなく，沼津駅前の商店街を含めた沼津市全体で継続的に沼津夏まつり・狩野川花火大会といった地域の催事とコラボレーションしたイベントを開催したり，コラボレーショングッズの開発を行ったりしてい

る。面のトポスに貢献する新たな点のトポスのレンズが多く醸成されることによって，面のトポスが強化される第5段階の姿である。

このように沼津市にラブライブ！という外部リソースが投入され，地域の主体が変容して新たなトポスを醸成した結果として，2018年度にはアニメ放送前の2015年度の約10倍にあたる7万9千人のファンがアニメのモデルとなった地区の三の浦総合案内所に訪れている（于・大西，2020）。沼津を訪れるラブライバーの8割以上がリピーターであり，そのうちの6割が10回以上来訪していること，聖地巡礼を繰り返すことで沼津自体を気に入るファンが増えていることが報告されている（静岡新聞，2019）。さらに，一部のラブライバーは実際に沼津に移住しており，沼津市は2019年に37年ぶりに転入超過となるなど（中日新聞，2020），沼津市における浸透変容装置が長期的な地域活性化につながる可能性を示している。病気の状態の沼津市に「ラブライブ！」という外部リソースが投入され，地域の主体が変容したことによって，多くの客体に地域の魅力が評価される健康な状態へと変容したといえよう。

## 第4節　浸透変容装置の効果と限界

本章の最後に，外部リソースの投入による浸透変容装置の優れた点，そして限界について論じる。

浸透変容装置の優れた点は，地域そのものを変容させて地域を活性化するため，その効果の持続時間が長いことである。一過性のイベントやコンテンツとのコラボ企画で終わるのではなく，地域の内部に新たなトポスが育まれることによって，外部リソースを好む客体だけでなく，地域内部の主体の認識も更新される。外部リソースの投入をきっかけに，客体に評価される場に目を向けて，主体が積極的に大切な場として維持・継承しようと変化することが，地域の活性化を持続可能なものにする。ただし，単に外部リソースを投入して流行に乗るだけでは，短期的な活性化で終わってしまうため，あくまでも主体が新たなトポスを認識し，維持・継承のために変容することが浸透変容装置の効果を発

揮するためには必要である。

　浸透変容装置の効果が発揮されるために主体の変容が欠かせないことは，浸透変容装置の限界そのものでもある。前節で紹介した沼津市の事例は，「ラブライブ！サンシャイン!!」という外部リソースを受け入れ，主体が自ら変容してトポスを醸成していたが，全ての地域が外部リソースの投入によって活性化するわけではない。投入された外部リソースに対して拒絶反応を示す場合や，主体が地域全体を活性化するための面のトポスとして醸成する意識がない場合には，地域は変容せず，地域の価値を発現することはできないのである。浸透変容装置が機能するためには，外部リソースが投入される前の地域の状態や，新しいトポスを維持する努力，などのいくつかの条件が揃うことが必要だろう。

　まず，外部リソースがなくても十分に地域の既存のトポスで客体を誘致できると感じている場合には，外部リソースを投入してもリソースに合わせて主体が変容しない。たとえば，「響け！ユーフォニアム」の舞台となった宇治市と沼津市を比較した調査によると（高木，2020），「コンテンツツーリズムの力を借りなくても観光関連産業は事足りている」「宇治の景観にアニメは合わないと思う」という回答が見られた宇治市では，投入された外部リソースに対する関心が沼津市よりも低く，主体が積極的に新たなトポスを醸成しようとはしないことが示されている。

　これは，病気の治療やダイエットなどのように，患者自身が望ましい行動に改善する「行動変容」（畑，2009）に似ている。ダイエットのために食事を制限しなくてはならない，運動をしなくてはならない，とわかっていても行動を変容するかどうかは意思決定バランスによるとされる（Janis and Mann, 1977）。意思決定バランス理論によると，行動変容を動機づけるためには行動変容したことによる有益性が障害を上回ることが必要である（Janis and Mann, 1977）。したがって，外部リソースが投入された際に地域の主体が変容し，新たなトポスの醸成のために行動を起こすかどうかは，新たな意味づけを持つトポスを掲げることによるメリットがコストよりも高いと知覚することが必要であろう。宇治市は平等院鳳凰堂や三室戸寺などの歴史的価値を持つ観光資源が存在するため，

主体にとって「響け！ユーフォニアム」という外部リソースに合わせた新たな
トポスを掲げるコストがメリットを上回らないと感じられたのだろう。

　意思決定バランスの考えは，主体が新しく醸成したトポスを維持していく際
にも影響すると考えられる。投入された外部リソースを受け入れ，主体が点の
トポス，面のトポスを醸成できたとしても，維持してくために，やはりコスト
がかかるためである。沼津市は，アニメ放送や映画の公開が終了し，「ラブラ
イブ！」の流行が落ち着いてきてもなおアニメと関連するイベントや施策を継
続し続けている。たとえば，2021 年にはキャンドルナイトのイベントが新型
コロナウイルスの感染拡大の影響で中止となったにもかかわらず，地元住民の
みでキャンドルを灯し，その様子を Twitter に投稿している [8]。また，9 人い
る登場人物のそれぞれの誕生日に合わせてキャラクターを冠した製品を発売し
たり，誕生日イベントを行ったりする主体もいる。さらには，最近では，2022
年 8 月 11 日〜14 日には沼津地元愛まつりが，2022 年 12 月にはキャンドルナ
イトが行われており，沼津がラブライブ！の聖地という面のトポスを維持し続
けるための努力を惜しんでいないことがわかる。外部リソースが投入されて以
降，新たなトポスを醸成し，維持する覚悟がある地域であれば，浸透変容装置
による地域の活性化は成功するのである。

　最後に，外部リソースの投入による地域デザイン施策について残された課題
を示す。まずは，外部リソースの投入によって点のトポスが醸成されること，
点のトポスが面のトポスに変化する過程で主体同士の連携が行われることにつ
いて，詳細なメカニズムについてはさらに検討することが求められるだろう。
実際に外部リソースを浸透させたいくつかの地域を対象に，外部リソースによ
る主体の変容の過程について明らかにする必要がある。次に，本稿では投入さ
れる外部リソースの特性については議論しなかったが，実際に地域に投入され
る外部リソースについてはその特性や地域との相性などを考慮する必要がある。
第 1 章では「投入されるリソースが信用できるものであり，課題とミスマッチ
がないことが前提になる」とされている。点滴の場合には身体に害のない信頼
性が重視されることは当然であるが，地域デザインの場合には地域に投入され

る外部リソースの良し悪しについては点滴薬とは異なる基準が改めて議論される必要があるだろう。


## おわりに

　本章では，著者らが提唱してきた客体の地域認識メカニズムの理論を下敷きに，外部リソースが投入され，主体の変容と新たなトポスの醸成が促進されるメカニズムについて論じた。主体が外部リソースの投入を契機に変容し，新たなトポスのレンズを醸成する浸透変容装置は，地域の潜在的な力を活かした地域デザイン手法といえる。

　トポスをレンズと捉え，主体がレンズを調整することによって客体の認識内に描く地域像を変化させることができるという視座に立てば，地域の主体は地域活性化のために掲げるレンズについて慎重に検討すべきだろう。昔からあったレンズであるからといって客体に対して良い地域像を結像できるわけではなく，主体すらもレンズの意味を忘れてしまったものは地域の価値を発現することは難しい。地域の潜在的な力を引き出して活性化するためには，地域内部の主体自身が，地域に対して持っている固定観念を見直し，外部リソースの刺激によって呼び起こされた新たな地域の価値を受け入れる必要がある。外部リソースは地域に元来あった資源とは全く異なるコンテクストを含むため，にわかには受け入れ難いことは想像に難くない。しかし，「苦い薬」（外部リソース）を飲むことは地域の「病気」（地域の価値を発現できていない状態）を克服するために必要なのである。外部リソースの投入を契機に地域にある細胞，すなわち主体や新たなトポスが活性化すれば，地域がさらに存（ながら）えることが可能になるのである。今後の地域デザイン研究においては，地域を活性化する薬である外部リソースの特性について検討し，そして地域内部の主体が薬を受け入れて自らを変容させるための仕掛けを議論することが期待されている。

注

1）矢吹（2010）は「誰が」「誰に対して」行う地域ブランディングなのかを「主体」と「客体」という語で説明した。主体は「ある地域に関係する売り手」とされ（阿久津・天野，2007），民間事業者だけでなく政府・自治体（阿久津・天野，2007），地域の住民（宮脇，2020：156）が挙げられる。地域振興における主体と客体は，企業（主体）が顧客（客体）にサービスを提供するというマーケティング図式のように明確でなく，行政が住民に，住民が住民に，住民が観光客にサービスを提供するなど多様な関係が存在するとされる（矢吹，2013：12-13）。

2）Ｊタウンネット（2015）「『湘南はどこからどこまで？』意識調査で真の『範囲』が明らかに！」という記事では，湘南プレイスが各客体にとってどのゾーンとして認識されているかが示されている。

3）色付きレンズの例えは，情報に対してあるコンテクスト（文脈）が与えられると情報の一部が一時的に抑制（不感化）されて認識されるという，選択的不感化理論の仕組みを表している。すなわち，赤色レンズのトポスが持つコンテクストによって，プレイスの情報のうち赤色部分が不感化されているという解釈である。なお，レンズに色がついていることによって，特定の地域資源を見えなくさせる，あるいは，特定の地域資源のみを見えるようにする仕組みについては，アナグリフ方式の 3D 眼鏡の例がわかりやすいだろう。アナグリフ方式の 3D 眼鏡は，赤いレンズは赤色を透過させないため画の赤い部分が見えず，青いレンズは青色を投下させないため画の青い部分が見えなくなるという原理である。多様な色が重なって描かれているプレイスという画を，特定の色のレンズで覗くことによって，トポスというレンズによって見えるプレイスの像が異なるのである。

4）地域の客体は幅広く（宮崎，2020），客体によって地域との関係を表す言葉はさまざまである。たとえば旅行者という客体の場合には「地域を旅行する」，住民は「地域で買い物をする」，地元企業は「地域で商売する」と表現できる。本章では，各客体のコンテクストについて議論する上で，こうしたさまざまな地域との関わり合いを「地域を消費する」という表現で統一した。

5）2005 年（平成 17 年）の鷲宮町（合併に伴い現在は久喜市）の昼夜間人口比率は 69.2％であり，南河原村（合併に伴い現在は行田市）に次ぐ県内ワースト 2 位であった（埼玉県，2012）。鷲宮町の昼間人口が少ないという事実は，「らき☆すた」の聖地になる以前は，地域外にいる客体が鷲宮町を訪れるコンテクストがなかったことを示している。

6）ドーモプラス（2015）「創業明治 20 年の老舗旅館が若者の「聖地」？『ラブライブ！サンシャイン‼』の題材宿にインタビュー！」では，主人公である高海千歌の実家としてアニメに描かれた安田屋旅館の主人のインタビューのなかで，外部リソースによるトポス化に対して主体が戸惑いを感じていたことが記載されている。

7）沼津まちあるきスタンプの設置店一覧は，特設サイト（https://www.llsunshine-numazu.jp/shop1.pdf）で 2023 年 7 月 20 日時点に確認した数字である。ただし，一覧に掲載されているものの，店の閉店に伴ってスタンプ設置を終了したものも含まれる。

8）2021 年 12 月 25 日に，三の浦総合案内所の Twitter アカウントが「キャンドルナイ

トが中止となり，寂しい思いをしている皆さまになにかできたらと思い，沼津のお店の有志でささやかながらミニキャンドルナイトをしました。来年はみんなで開催できることをお祈りし，Aqours のふるさと内浦よりお届けします。」という文章とともに，Aqours! の文字に並べられたキャンドルの写真などを投稿した（https://twitter.com/sannouraannaijo/status/1474695614210666498?s=20（2023.2.28 アクセス））。

## 参考文献

阿久津聡・天野美穂子（2007）「地域ブランドとそのマネジメント課題」『マーケティングジャーナル』第 27 号，pp. 4-19。

伊藤敦（2023）「聖地はファンが作るもの」『武蔵野樹林特別号―らき☆すた　さいたま展完全ガイド』角川文化振興財団，pp. 36-39。

河嶌太郎（2019）「「ラブライブ！」舞台の沼津：アニメ未登場でも「聖地」にしてしまう驚きの手法とは」，https://www.itmedia.co.jp/business/articles/1905/31/news016.html（2022.2.28 アクセス）。

埼玉県（2012）「平成 22 年国勢調査―従業地・通学地集計結果」。

J タウンネット（2015）「『湘南はどこからどこまで？』意識調査で真の『範囲』が明らかに！」，https://j-town.net/2015/10/30214159.html（2022.2.28 アクセス）。

静岡県交通基盤部（2014）「第 1 回　沼津港振興基本計画策定委員会―新たなビジョンの策定」。

静岡新聞（2019）「沼津来訪 8 割リピーター　静岡英和学院大がアンケート―ラブライブ！ファン」，2019 年 3 月 17 日，朝刊，26 面。

庄司真人（2017）「地域資源とトポスの関係―S-D ロジックにおける資源統合と地域デザイン」地域デザイン学会誌『地域デザイン』第 10 号，pp. 67-86。

高木今日太（2020）「アニメ作品の舞台になった地域における住民意識の地域差：京都府宇治市と静岡県沼津市を事例に」『国士舘大学地理学報告』28，pp. 43-54。

中日新聞（2020）「沼津 37 年ぶり転入超　「ラブライブ！」移住者も―ららぽーと若者に人気」，2020 年 1 月 23 日，朝刊，14 面。

于経天・大西健吾（2020）「アニメの「聖地巡礼」による沼津市の経済効果の分析」『NAIS Journal』第 14 号，pp. 8-12。

電通 abic project 編，若林宏保・徳山美津恵・長尾雅信著（2018）『プレイス・ブランディング―"地域"から"場所"のブランディングへ』有斐閣。

ドーモプラス（2015）「創業明治 20 年の老舗旅館が若者の『聖地』？『ラブライブ！サンシャイン!!』の題材宿にインタビュー！」，https://domonet.jp/plus/post?id=433）（2022.2.28 アクセス）。

沼津市（2007）『沼津市観光振興ビジョン―アクションプラン』。

沼津市（2014）『沼津市シティプロモーション推進プラン』。

畑栄一（2009）「第 4 章　ヘルスビリーフモデル」畑栄一・土井由利子編『行動科学―健康づくりのための理論と応用（改訂第 2 版）』南江堂，pp. 37-50。

原田保（2020）「地域デザイン理論のコンテクスト転換―ZTCA デザインモデルの提言」

地域デザイン学会誌『地域デザイン』第 4 号改訂版，pp. 11-27。

原田保・古賀広志（2013）「『海と島』の地域ブランディングのデザイン理論」原田保・古賀広志・西田小百合編著『海と島のブランドデザイン―海洋国家の地域戦略』芙蓉書房出版，pp. 49-75。

松山周一（2018）「「聖地巡礼」を誘発する場所の表象とその特性―『ラブライブ！サンシャイン!!』を事例に―」『日本地理学会発表要旨集 2018』p. 38。

宮崎裕二（2020）「プレイス・ブランディングと DMO」宮崎裕二・岩田賢編著『DMO のプレイス・ブランディング―観光デスティネーションのつくり方』学芸出版社，pp. 21-40。

宮脇靖典（2020）「『越境』する主体―鉄道会社による地域ブランディングの試み」 地域デザイン学会誌『地域デザイン』第 15 号，pp. 153-171。

森田昌彦・松沢浩平・諸上茂光（2002）「非単調神経素子の選択的不感化を用いた文脈依存的連想モデル」『電子情報通信学会論文誌（D-II）』，J85-D-II，pp. 1602-1612。

諸上茂光・木暮美菜（2022）「トポスとゾーンの関係性を捉えたコンステレーションデザインの新機軸」原田保・石川和男・福田康典編著『地域価値発現モデル―ZTCA デザインモデルの進化方向』学文社，pp. 85-103。

矢吹雄平（2010）『地域マーケティング論―地域経営の新地平』有斐閣。

山村高淑（2008）「アニメ聖地の成立とその展開に関する研究―アニメ作品「らき☆すた」による埼玉県鷲宮町の旅客誘致に関する一考察」『国際広報メディア・観光学ジャーナル』No. 7，pp. 145-164。

山村高淑（2012）「相次ぐ仕掛けでオタク層取り込む：コンテンツツーリズムの成功例に―埼玉県久喜市鷲宮（旧鷲宮町）」『日経グローカル』No. 194，pp. 50-51。

Janis, I. L. and L. Mann, (1977) "A boundary model for the regulation of eating" IN A. J. Stunkard and E. Stellar eds. "Decision making: A psychological analysis of conflict, choice and commitment", Collier Macmillan.

Jung, C. G. (1936) "Über den Arohetypus mit besonderer Berücksichtigung des Animabegriffes"（林道義訳（1999）『元型論〈増補改訂版〉』紀伊國屋書店，pp. 27-76。）

# 第4章
# 先進情報技術の地域デザインへの戦略的活用

宮本　文宏

## はじめに

　情報化が時代のキーワードとなって久しい。しかし，情報とは何か，情報化とは何か，をあらためて問うとその内容や定義はさまざまである。一般的には，情報(information)とは意味を持つデータの集まりのことであり，それらを伝達する行為そのものを指す。かたちをあたえる(form)という英語の語義から，人間の知識や概念などの目に見えないコトが伝達され意味をつくりだすこととして捉えられる。そこから，情報化とはそれらの情報がさまざまな媒体や通信網を通じて広範囲に伝達し変化が起きる過程を指し，情報が資源として重要な価値を持つ社会を情報社会と呼ぶ。その情報伝達の媒体が現代ではテレビやラジオ，新聞等のマス・メディアであり，インターネットを介して個人同士で情報を伝達し合うソーシャル・メディアである。また，情報通信網が現在のインターネットであり，データを処理する装置がコンピュータである。そして，それらの情報の蓄積，処理，交換等のプロセスに関わる技術全般を情報技術(information technology)と呼ぶ。

　この情報技術の進化が引き起こす広範囲の社会的な変革が，情報技術革命であり，特にインターネットの登場と浸透以降，経済や社会に大規模で不可逆的

な変化が起きている。情報化により製品そのものから情報や知識，サービスに
価値が移り，産業構造自体が変わり，社会は脱工業化社会としての情報化社会
や知識社会に向かっている。

　では，こうした情報技術革命によりもたらされる社会や地域の変化とはどの
ようなものなのか。情報技術と地域のつながりを考える際に，手段としての活
用が考えられる一方で，地域という物理的でリアルな場所に対して，サイバー
スペースや電脳空間等と空間に喩えられるコンピュータやインターネットにお
ける架空の存在がどうつながるのか。また，そのとき地域はどのように変化す
るか。地域のブランド価値や地域戦略は，新たな未来に向けて変革していくの
か。

　それらの問いに対し，本章ではサイバースペース(cyberspace)，デジタルト
ランスフォーメーション(digital transformation，以下DX)，メタバース(metaverse)
の３つのキーワードに着目し，情報技術の変化の歴史と思想的な背景を捉え，
社会や地域が情報技術によりどのように変化してきたかを明らかにする。

　まず，最初に第１節で情報技術の変化の概観を捉える。1950年代以降の情
報技術分野の変化について，年表をもとに現在に至る主な技術的要素を取り上
げる。また，その背景にあるハッカー文化に着目し，形成された背景と推移を
読み解く。続く第２節では最初にサイバースペースという言葉に注目し，なぜ
コンピュータとインターネットによる情報流通の総体を空間に喩えて表現され
てきたのか，何がその隠喩に影響しているのかを明らかにする。特に，サイバ
ースペースの起源であるサイバーパンクのムーヴメントを通して，空想と創造
性の時代による変化を捉える。そこで，SF (science fiction)小説が描く舞台が
外的な宇宙や未来社会から，内的な精神世界へ変化していったことを示し情報
技術の浸透と影響を明らかにする。さらに，1996年に出されたサイバースペ
ース独立宣言を取り上げ，ハッカーたちの夢想する自由と平等なユートピアが
持つ二重性を論じる。第３節ではデジタルトランスフォーメーションがなぜ注
目され，各国の政策やビジネスにおける主要なテーマとなっていったのかを明
らかにする。そして，情報技術の進化によるデジタル化とビジネス変革が巨大

テック企業を生み，その影響と批判から Web3 という構想が生まれ，メタバースが注目されている現在の流れを示す。第 4 節ではこれらの情報技術と社会の変化を踏まえ，地域における情報技術の影響と可能性について，シミュレーションやシミュラークル，ドラマツルギーといった先行する理論やフレームワークを用いて考察する。また，近年取り組みが多く見られるスマートシティやバーチャルシティ等を取り上げ，地域のブランド化における情報技術の活用と展開を述べる。それらを地域デザインにおける ZTCA フレームワークにより捉え，地域と地域デザインの価値の転換を考察する。そこではサイバースペースやメタバース等の仮想空間と地域の場所がつながることで時間や場所を超えた次元突破や浸透変容，連結培養が生まれ，ブランド価値の捉え直しという変化が生まれる。それらの変化を捉え，今後の展開として，アバターからなるアクターの捉え方や関係性の転換，さらにアイデンティティの変化や，国家と地域の関係の変化等の課題と今後の研究テーマおよび方向性を示す。

## 第 1 節　情報技術の変化―サイバースペースから DX，メタバースへ

### ⑴　情報技術の変化がもたらす社会と地域の変化を捉えるキーワード

　情報技術に関連する言葉は，雑誌や新聞，Web 等のメディアの記事やイベント等で示され伝播したかと思うといつの間にか使われなくなり，新たな言葉に置き換わっていくことが繰り返されてきた。それらの言葉はバズワードと呼ばれ，定義は曖昧で，場面や人によって使われ方も異なる。本節ではそれらの言葉の中でもここ数年で最も注目を集め，さまざまな分野で目にするデジタルトランスフォーメーションとメタバース，さらにサイバースペースを取り上げ，それらの言葉に込められた時代の変化を捉える（図表 4-1）。

　これらのキーワードからは，情報技術が進化し社会全体に拡がっていった時代の推移を捉えることができる。こうした情報技術の進化は，メディアを変化

図表 4-1　サイバースペース，DX，メタバース

| キーワード | 意　味 |
|---|---|
| サイバースペース<br>Cyberspace | ・コンピュータやネットワーク上に構築された仮想的な空間<br>・サイバネティックス(cybernetics)と空間(space)を組み合わせた造語 |
| DX<br>Digital Transformation | ・デジタル技術を用いて製品やサービスを生み出し，ビジネスモデルを<br>変革し，ビジネス上の競争優位性を確立すること |
| メタバース<br>Web3.0<br>Metaverse | ・コンピュータやネットワーク上に構築された三次元の仮想空間。利用<br>者はアバターとしてもう1つの現実世界に参加する<br>・「超越する」意味を持つ Meta と，世界を意味する英語の universe の<br>組み合わせによる造語 |

出所）著者作成

させ，情報産業を一変させ，人々の思考や行動を変えていった。産業面ではビジネス変革が起き，それまでのビジネスのルールが変わった。情報技術の活用とビジネス変革は，事業を継続する上で不可欠になっている。なぜなら，情報技術はグローバル化を推し進め市場を拡げるとともに競争を激化させたからである。さらに，情報技術の進化は破壊的技術としてクリステンセン(Christensen, 1997)の提唱したイノベーションのジレンマをもたらし，既存企業が淘汰される危険性が増している。同様に，地域においても，情報技術の活用のみならず，地域と地域ブランド創出に向けた価値観や捉え方の変革が必要になっている。

## (2)　情報技術の歴史の全体見取り図─情報技術の進化が向かうデジタル化への流れ

あらためて情報技術とコンピュータの歴史を振り返ると，現在に至る大きな見取り図は，以下のようになる(図表4-2)。世界最初のコンピュータが開発された 1940 年代から始まり，1969 年にはアメリカ国防総省の研究によってインターネットの起源である ARPA ネットがカリフォルニア大学ロサンゼルス校とサンタバーバラ校，スタンフォード大学の研究所，ユタ大学をつなぎ稼働する。1972 年にアラン・ケイ(A. C. Kay)が個人のための理想のコンピュータ(A Personal Computer for Children of All Ages)としてパーソナルコンピュータの構想を提示し，1973 年にはゼロックス社のパロアルトの研究所が世界最初のグ

図表 4-2　情報技術の変化の流れ

| 1960 | 1970 | 1980 | 1990 | 2000 | 2010 | 2020 |
|------|------|------|------|------|------|------|

▲
1969年
ARPAネット稼働

▲
1995年
Windows95発売

▲
1972年
アラン・ケイによるPC構想
1973年
GUI機器発表
1976年
Apple I 発売

▲
2004年
Facebook設立
2007年
iPhone発売

▲
2021年
Facebook→Meta
社へ改名

▲
1981年
IBM PC発売
1985年
MS Windows発売
1989年
World Wide Web（ワールド・ワイド・ウェブ）発明

出所）著者作成

ラフィカルユーザーインタフェース（GUI）を搭載した機器を発表する。1976 年
には Apple I が Computer キットとして発売された。1981 年に IBM 社が PC
を販売し，その後各メーカーによる PC/AT 互換機が広がる。そこで採用され
たオペレーティングシステム（OS）として Microsoft 社が Windows を 1985 年
に発売し，後の 1995 年の Windows95 が PC の OS の標準になっていく。さらに，
2007 年に iPhone が Apple 社によって発表され，その後スマートフォンが世界
中に拡がっていく。

　このように，特に 1960 年代から 70 年代にかけて，現在に至るさまざまな情
報技術の変革が起きている。さらに，1980 年代を通してパーソナルコンピュ
ータとインターネットが急速に社会に浸透していく。こうした流れからデジタ
ル技術を活用する企業が無数に生まれ，なかでも Google，Apple，Facebook，
Amazon という GAFA と呼ばれる企業は，2010 年代以降圧倒的な株式時価総
額を示すグローバルで巨大なテクノロジー企業へと成長していった。

　この変化の流れから，インターネットの情報網を空間にたとえるサイバース

ペースや，デジタル技術によるビジネス変革を示す DX という言葉が生まれ展開していった。現在は，メタバースが新たなフロンティアとして，また巨大な経済圏が生まれる期待から次なるインターネットとも捉えられている。

## (3)　ハッカー文化の変遷と情報技術の変化

　情報技術の歴史において，最初に何よりコンピュータの可能性に魅了されたのは，1950 年代にコンピュータを夢の道具として捉え，コンピュータに自身を投影した当時の若者たちであった。当時，1957 年にソ連による世界初の人工衛星スプートニク 1 号が大気圏外の軌道を周回し，宇宙が人類にとっての新たな領域として拡がっていた。そうした時代の空気が，自らの能力で新たな世界を切り拓くことができるという期待を抱かせ，その期待が宇宙より身近なフロンティアとしてコンピュータに若者たちを向かわせた(塚越，2012)。

　その 1 つが，マサチューセッツ工科大学(MIT)のテック鉄道模型クラブという学生同士の集まりであり，学生らは 1956 年に MIT と米国国総省との共同研究でコンピュータのプログラミングを行い，苦労を重ねつつ可能性を引き出していった。この活動から，自らの創造性を駆使してプログラミングを通じてさまざまな実験や創意工夫を行うことをハックするといい，そうした工夫を凝らし没頭する技術に長けた存在をハッカーと呼ぶようになっていった(塚越，2012)。現在はコンピュータ犯罪や情報社会における脅威として語られがちなハッカーだが，成り立ちはコンピュータに魅了され，新たな未知の世界を切り拓いていこうと創造的な行為をする人を指していた。

　これらのハッカーによるハッカー文化に大きな変化をもたらしたのは，1960 年代初期にインターネットの前身のアーパネット(ARPANET)が稼働したことと，アメリカ西海岸へ中心が移ったことである。この 2 点がその後のハッカー文化とコンピュータの歴史に多大な影響をもたらした(塚越，2012)。前者は，米国国防総省が資金を提供し，コンピュータ同士が接続した分散ネットワークにより情報の頑健性と柔軟性を確保する構想から生まれた。その構想がコンピュータ間の情報通信を実用化し，各地に点在するハッカー同士がつながり，プログ

ラムの交換を容易にした。その結果，ハッカー同士のコミュニティが生まれ，プログラミング技術を進化させた。後者は，コンピュータの拠点が MIT 等の東海岸からカリフォルニアを中心とする西海岸に移り，カウンターカルチャーの影響を受けたことを指す。当時の西海岸は，カリフォルニアを中心に東洋思想や神秘主義，ヒッピー文化等が流行り，政治的には中央集権化や官僚主義等に対抗しコミューンやコミュニティが志向された。こうした文化的土壌が，個人中心のパーソナルコンピュータを生み，相互に接続し情報を共有するためのインターネットを生み出したともいえる。さらに，現在に至る通信情報産業のイメージ形成に影響している。

　例えば，こうした 1960 年代後半から 70 年代前半のアメリカ西海岸でのハッカー文化の中で育った人物が Apple（当時は Apple Computer）の創業者であるスティーブ・ジョブズ（S. Jobs）である。1976 年に，パーソナルコンピュータの未来に夢を託し，成功を得ようとジョブズがスティーブ・ウォズニアック（S. Wozniak）とともに開発した「Apple I」が発売された。やがて，このパソコンの基盤ボードを足掛かりに会社を立ち上げ，それがスマートフォンを生み，社会のデジタル化を進める原動力となった。

　西海岸のガレージで独力でパソコンをつくりあげた起業の物語は，現在もアメリカの起業家精神を表す象徴として語られ続けている。ジョブズに象徴的に託されたのは，優れた運動能力等の特別な能力や社会的な身分を持たなくても，身近なパーソナルコンピュータとインターネットを用いて自らの技術力と創造性によって，主役となり世界を変え，経済的成功を獲得できるという若者たちの夢であった。こうした若者たちの夢によって，スタンフォード大学と周辺の地域はシリコンバレーと称され，コンピュータとインターネットによる起業の聖地でありゴールドラッシュを生む場所として現在も世界中から多くの人を集めている。

　次節では，情報技術がデジタル技術へと展開していく経緯とそこでの影響について，サイバースペースという言葉の起源と現在のメタバースへの展開をみていく。

## 第 2 節　サイバースペースが示したもの―1960 年代の西海岸の　カウンターカルチャーの影響

### (1)　サイバースペースの誕生とサイバーパンク―SF 的想像力と　1960 年代のカウンターカルチャーの影響と情報技術

　パーソナルコンピュータ同士の通信網であるインターネットは，サイバースペースという隠喩を用いて表現される。例えば，情報社会論を扱う哲学者レヴィ (Lévy, 1994 : 162) は，このサイバースペースを「出会いや冒険の場，世界的な対立の争点，そして経済的，文化的な新しいフロンティアとしてのデジタル・ネットワークの宇宙」と述べている。

　このサイバースペースは，元々サイバーパンクと呼ばれる分野の代表的作家ウィリアム・ギブソン (W. Gibson) が 1984 年の SF 小説『ニュー・ロマンサー (Neuromancer)』で用いたのが初出だとされる。このサイバーパンクは，サイバネティクス (cybernetics) とロック音楽のパンク (punk) を掛け合わせた造語であり，サイバネティクスに代表される通信や制御，生理学や機械工学と心理学や社会学を融合し生まれたジャンルであり，ムーヴメントであった。その特徴は，人間と機械の相互関係を扱う視点からコンピュータやインターネットと人との関わりを捉え，一方でパンクとしての現実社会の既存の体制への反抗性を色濃くもつことである。

　それまでの 1950 年代から 60 年代の SF 小説が空間や時間を媒介に外部に物理的に存在する世界を捉え，宇宙空間の星々や未来社会を描いたのに対し，サイバーパンクでは想像力は世界の外へ向かわずに，コンピュータとインターネットという現実世界を構成する情報技術が織りなすネットワーク網と人間の精神世界へと降りていく。

　それは，その前の時代と想像力の向かう先が大きく異なる有り様だといえる。1950 年代から 60 年代にかけては，アメリカの経済成長期であり，黄金時代とも呼ばれる時代であった。初の有人宇宙飛行やアポロ計画等といった新たなフロンティアへの挑戦と消費社会の拡大による経済発展がこの先も続き，未来が

現在より豊かで開かれた輝かしい場所だと信じられた時代だった。国民文学として SF 小説が大衆に拡がり，想像力は宇宙や未来等の外部へと向かっていった。

　それに対して，続く次の時代は，ベトナム戦争の泥沼化等や学生運動等が起き，米ソの対立が激化し核戦争の危機が叫ばれた時代であった。時代の変化の中，社会の捉え方や想像が向かう先も変化していった。それが 1980 年代から 1990 年代にかけてのサイバーパンクの潮流を生み，コンピュータとネットワークと人間の意識の融合という内面世界へ向かっていった。そこにはアメリカ西海岸でブームとなった禅等の東洋思想や神秘主義，LSD 等の薬物を用いて意識の解放を唱えるヒッピー文化と，コンピュータによる情報化が密接に関わっている。現実の先，あるいはもう 1 つの現実として，超現実や仮想現実が存在するという現実の多層化とサイバースペースという情報通信網の捉え方は，その後のメタバースにつながっていく。

## ⑵　サイバースペース独立宣言が示すもの―ハッカーたちの夢想する自由な世界

　さらにカウンターカルチャーのもう 1 つの側面である，反体制的で無政府主義的な政治的特徴がコンピュータとインターネットに関連して示されたのが，サイバースペース独立宣言であった。

　サイバースペースはハッカーにとってフロンティアであり，公権力の干渉が及ばない空間であり，政府や法規制等の現実のルールや統制がないハッカー同士がつながり合う自由で創造的な空間として捉えられた。こうした特徴から，サイバースペースはコミュニティにたとえられる。

　近年，多くの場面で用いられるコミュニティだが元々，定義は曖昧であり，バウマン（Bauman, 2001）が指摘するように語感としてよいものと感じられ，快適さや居心地の良さを示している。そうしたイメージからもサイバースペースは，自治と自律による仮想のコミュニティとして捉えられてきた。

　その特徴を示すのが，1996 年の「サイバースペース独立宣言（A Declaration of the Independence of Cyberspace）」（Barlow, 1996）であった。この宣言の契機は

アメリカ政府がインターネットの表現規制を定めた通信品位法を制定しようとしたことへの反発から生まれた。この宣言はアメリカ独立宣言を模しており，イギリスに対する北米13植民地が自主統治を訴え独立を宣言したように，政府によるサイバースペースへの規制や統治，干渉を拒絶し，住人である自分たち自身の同意によって運営することを強く掲げている。

　しかし，国家の介入への拒否と自治と共同を掲げたこの宣言は，見方を変えれば，情報技術分野における矛盾を示しているとも捉えられる。第1の矛盾点は，情報技術の進化が国家とともにあったという点である。もともと，コンピュータは第二次世界大戦において軍事分野の複雑な計算や暗号読解に用いられ発展した。その後の冷戦時代にも，軍事利用を目的とした宇宙開発計画でコンピュータはロケットの軌道を算定する道具として使われてきた。このように，コンピュータの発展の歴史は国家による軍事目的で国の投資が行われ開発が進められてきた歴史でもある。その一方で，サイバースペースの元となっているインターネットは国の支援を得ながらも，パーソナルコンピュータとともに西海岸の空気の中で政府の研究機関や大学，民間のエンジニア等のワーキンググループの活動を通じて構築された面が強い。

　第2の矛盾点として，この宣言自体が高度な知識を持った専門技術者としてのエリート意識と同時に解放的なコミュニティを求める意識の両義性をもつことがあげられる。それは，社会的な変革を志向しながら，かたや現在の社会での金銭的成功を重視する志向という両義性でもある。評論家の東（2007）はこの両義性から1970年代から80年代のハッカー文化の二面性を指摘し，ハッカーたちの思想を「技術至上主義のリバタニアリズム＝サイバーリバタリアニズム」と呼び批判した。

　つまり，サイバースペース独立宣言が実現を目指す世界とは，政府から干渉されない自由な社会である。しかし，それは同時に個人の能力差を前提とした，勝者が金銭と名声すべてを獲得する激烈な競争社会でもある。この思想は，新自由主義そのものであり，サイバースペース独立宣言の根底にある思想が導くのは，敗者が貧困に陥っても自己責任とされる格差社会でもある。その結果，

ハッカーたちの夢想するユートピア＝サイバースペースは自由で開かれた自治
による空間である一方で，そのコミュニティは成功者であるグローバルエリー
ト同士による囲われたゲートコミュニティをもたらすといえる（Bauman, 2001）。

　この特徴は，現在も引き継がれており，特にデジタル化以降，情報技術分野
では勝者総どり（Winner takes all）と呼ばれる競争の激化と一握りの成功者を生
み出している。起業家たちは世界を変えるという大きな目的を掲げ，同時に経
済的成功がゴールであると捉え，競争に勝ち残るため，成功者の狭き門を目指
し日夜努力を続ける。

## 第3節　DX と Web3 への展開—メタバースがもたらすものとは何なのか

### (1)　デジタルトランスフォーメーションの時代—国家政策，産業振興策としての情報技術

　2000 年代になると，情報通信網の整備やブロードバンド化を進めるために，
国家による大規模な投資や戦略が不可欠になっていく。同時に，サイバーパン
クのムーヴメントは，描かれた世界が具体化するとともに日常に埋没し衰退し
ていった。特に 2000 年以降，情報化があらゆる分野に広がり，各国にとって
必要かつ欠かせない国家戦略の要素として捉えることが定着化していった。そ
の後，2011 年にドイツ政府が産業政策として「インダストリー 4.0（第四次産業
革命）」を掲げ，2016 年には日本で Society5.0 が科学技術基本計画で示された。

　このように，近年では国家をあげて産官学連携を進め，デジタル化を進める
流れがみられるようになっていく。特に，産業界においてはデジタル技術の活
用が強く意識されるようになり，同時にデジタルトランスフォーメーション（DX）
がキーワードとして拡がっていった。この DX の先鞭をつけたのが，2004 年
のストルターマンとフォーシュ（Stolterman and Fors, 2004）だとされる。そこで
は，DX を「人間の生活のさまざまな面において，デジタル技術が引き起こす
または影響する変化一般のこと」（Stolterman and Fors, 2004）として定義した。

その後，GAFA を代表にデジタル技術により成長を遂げる企業が多く生まれ，世界的な成功を収めていく。その過程で，大企業とスタートアップが連携して新規事業を推進するオープンイノベーションや，地域におけるスマートシティ構想や，デジタルガバナンス等に DX がキーワードとして取り入れられていく。

日本でも，こうした世界の流れを受けて 2016 年に内閣府を中心に Society5.0 を掲げ，サイバースペースとフィジカルな現実が高度に融合した新たな未来社会を描き出した(内閣府，2016)。さらに，2021 年には将来の日本の基本構想としてデジタル田園都市国家構想を掲げ，デジタル化の推進を図ることを宣言している。その構想によれば，デジタルテクノロジーの基盤を構築し，全国の各地域にいきわたらせ，地域の自律化とスマートシティ推進を図り，地域の活性化を目指すとする(デジタル庁，2021)。

このようにデジタル田園都市国家構想をはじめ日本が産業政策や地域政策として，DX を推進するのは，国際競争力の復権を図り，直面する少子化や高齢化，過疎化等，数多くの地域の課題解決を狙ってのためである。それは現在，デジタル技術が社会で欠かせない要素となり，ビジネス等で広く活用されている状況を受けてのことだと考えられる。

このような DX という言葉とともにデジタル化が広範囲に社会全体に拡がっていくなかで，サイバースペースは政治性を後退させ，Society5.0 のように未来社会像を示す一般的な言葉として拡がっていった。

## ⑵　メタバースの特徴とは何か―メタバースブームとその背景

さらに，最近はメタバースが注目を集めている。メタバースは情報技術分野や業界を超えて現在，最も注目を集めているキーワードである。2020 年 4 月にオンラインゲームのフォートナイトで行われたラッパーのトラヴィス・スコットのバーチャルライブは累計 2,700 万の参加者を集め，約 2,000 万ドルの売り上げを記録したと報じられた。また，2021 年に Facebook 社は社名をメタバースの頭文字をとり Meta と改名し，よりメタバースに重点を置いていくことを宣言した。今後，メタバースは大きな市場へと発展していく予測が示され，

Gray scale 社のレポートでは市場規模予測として 2024 年には 7833 億ドルにまで拡大するとしている(Gray scale, 2021)。将来的にはインターネットに代わる存在としてメタバースを捉える見方もある。

　このメタバースもサイバースペースと同じ起源であり，サイバーパンクの SF 小説『スノウ・クラッシュ(Snow Crash)』(1992)で用いられた言葉である。この言葉はギリシア語の「超越する」意味の Meta と，世界を意味する英語の universe の組み合わせによる造語である(Stephenson, 1992)。情報空間における仮想世界としてのメタバースの代表的な定義として，永続的に存在すること，リアルタイム性，同時参加人数が無制限，経済性があること，デジタル世界とフィジカルな現実世界のシームレスな接続，異なる製品間での相互運用性，企業や個人を問わず不特定多数が参加可能であり，さらにデジタル世界に参加するという身体性や没入性，参加者による活動による自己組織化等があげられる(加藤，2022)。

　このようにメタバースが注目される背景には，CG (computer graphics)や VR (virtual reality)や AR (augmented reality)等の技術の進化によって架空のデジタル世界の現実性や没入感が高まったことと，現実世界との相互運用が可能になり，ビジネス等での可能性が拡がってきたことがある。

　またメタバースは Web3.0(Web3)と呼ばれる概念に結びついている(図表 4-3)。Web3 とは，Web1.0 のテキストでの静的なページがインターネット上で主流だった時代から，Web2.0 の SNS やブログ等のさまざまなインターネット上のサービスを送り手と受け手がプラットフォームを介して相互に発信し受信する，流動化した状態を示す時代を経て，次世代の Web を示す。Web3 は先の技術が示すように，分散化を特徴とし(Wood, 2014)，Web2.0 が結果的に GAFA を代表とする巨大なプラットフォームによる情報の支配構造を変え，本来のインターネットの在り方を取り戻すものであると捉えられる(国光，2022)。

　このようにかつては，国家がサイバースペースの自由を侵害する存在として捉えられたのに対して，現在は GAFA 等の巨大テック企業が権力とみなされ

図表 4-3　Web1.0 から Web2.0，Web3 への流れ

| | Web1.0 | Web2.0 | Web3.0（Web3） |
|---|---|---|---|
| 時　期 | 1990 年半ば<br>〜2000 年前半 | 2000 年半ば<br>〜2020 年前半 | 2020 年以降 |
| 主な機器 | PC | モバイル端末 | モバイル端末<br>VR 機器 |
| 技術要素・特徴 | HTML | GAFA | メタバース<br>ブロックチェーン NFT |
| 情報の流れ | 一方通行 | 双方向性 | 分散型，非中央集権型 |

出所）Wood（2014），国光（2022）の内容をもとに著者作成。

ている。皮肉なことに，これらの企業を生み出し成長させた要因がデジタル技術であり，ハッカー文化であった。また，いずれの企業の創業者もハッカー精神を持つ象徴的なアクターとみなされ，彼らの成功物語が多くの若者たちを惹きつけてきた。しかし，デジタル技術を武器に成功したこれらの企業は，プラットフォーマーとしてインターネットを通じて得た個人の情報により統制や管理等の影響力を行使できるという，新たな権力になっている。

## 第 4 節　情報技術の変化による地域デザインのトランスフォーメーション

### (1)　情報技術の変化と地域の変化—DX からメタバースにおける地域の価値創出とは

　ここまでは，情報技術分野における 1950 年からの変化の推移を，サイバースペースとデジタルトランスフォーメーション，メタバースをキーワードとして歴史と環境，支える文化や思想の変化からみてきた。では，それらの変化と地域および地域デザインとはどのような関連性があるのだろうか。

　地域という現実の場所としての存在に対して，サイバースペースもメタバースも空間に喩えられる架空の存在である。第 1 節で情報通信技術の歴史を概観したように，地域が情報技術と関連づけられて明確に意識されるようになった

のは，デジタル化の推進によりDXが注目されていった時期からだと考えられる。やがてデジタル技術は国家戦略に取り入れられるようになり，地域の課題解決への重要な手段としてみなされるようになっていった。地域の課題とは，環境問題やインフラ整備の問題，産業振興策や行政の効率化等の多様な問題であり，政策として地方分権や地方創生，地域活性化等が掲げられる。そうした地域の問題に対して，情報技術の活用とデジタル化推進が重要視され，デジタル田園都市国家構想(デジタル庁，2021)が掲げられた。

　そこでも挙げられている地域への活用の代表的な取り組みの1つがスマートシティである。スマートシティは，元々はスマートメーターやスマートグリッド等の電力インフラ技術を活用しエネルギーの効率使用や省エネルギー推進を行う都市のことを指す(山村，2015)。それが，電力分野にとどまらないDXを活用した都市計画や地域創出としての広範囲の多様な取り組みへと発展し，現在のスマートシティを形成している。例えば，日本では神奈川県藤沢市のFujisawaサスティナブル・スマートタウンや千葉県柏市の柏の葉スマートシティ，静岡県裾野市でトヨタ自動車が推進するWovenCity等がある。

　現在のスマートシティの取り組みは，デジタル技術を活用し，政府や地域の自治体等，不動産や情報技術や自動車等のさまざまな分野の大手企業やスタートアップ企業，地域の住民，大学の研究室等が連携し，都市をデザインし，効率的な運用の実現を目指すものである。つまり，地域の経済活動と生活環境の向上により，住民の生活の質を上げることを目的にした活動だといえる。

　このようにスマートシティが現実の場所を起点に新たな地域のブランドを創出する活動であるのに対して，メタバースにおける地域は意味や価値が異なる。そのメタバースにおける地域の取り組みとして，バーチャルシティがある。このバーチャルシティは，現実の都市をモデルにデジタル空間上にCG等により創出した仮想都市であり，都市連動型メタバースともいわれる。

　この都市連動型メタバースを掲げ推進している事例が東京都渋谷区のバーチャル渋谷である。バーチャル渋谷は，渋谷区と渋谷区観光協会と渋谷にオフィスを構える複数の企業が参画し，インターネット上に「もうひとつの渋谷」と

して渋谷区公認の配信プラットフォームを立ち上げた取り組みである。バーチャル渋谷ではライブ配信等のイベントを開催し（KDDI, 2020），2021年に架空のハロウィンイベントを開催し，世界中から55万人の参加者を集めた。この渋谷を先行例として，原宿や大阪も同様の展開を目指している。

　これらのメタバースにおけるデジタル空間上の都市や地域は，現実の代替ではなく，リアルをベースにした分身，すなわちアバターとしての地域である。アバターとは，元々はゲーム等のオンラインサービスの仮想世界でユーザーの分身としてさまざまな意匠を凝らしたキャラクターである。メタバース上では，さらにキャラクターを超えて仮想世界上の本人自身を表す。メタバース上の地域も，新たな「もうひとつの地域」を示している。このように，メタバース上での地域創出は，現実と仮想の双方が共鳴し合うことで新たな経済圏の創出を目指す取り組みだといえる。メタバース上に創造された都市や地域は，天候や時間，場所に縛られない。これは，現実の物理的な距離や場所や時間的な同時性を無化し，現実と虚構の境界線を曖昧にする，デジタル化やインターネットの特徴を表しているともいえる。

## ⑵　デジタル時代の地域の特徴と価値―シミュレーションとシミュラークル，アバターとドラマツルギー

　従来，地域をブランド化する取り組みの目的として，地域の魅力を高め，繰り返し訪ねたい，滞在したい，交流したい，住みたい，という実感を持ってもらうことが挙げられてきた。その方法として，名産品や特産品等のモノに頼るのではなく，体験やそれぞれの地域の自然や歴史，文化や伝統等の無形の価値から訪れる人の感情や体験に深く結びつく「コト」を創りだすことが重視されてきた。DXが地域において注目されたのも，デジタル技術の活用が多くの人を引き寄せる上で有効な方法として期待されたからである。

　そのDXの活用例として，スマートシティでは現実の都市や地域にデジタル技術を持ち込み，生活の質や地域の魅力を高めることを目指すのに対し，メタバース上の地域は仮想世界で地域を創造することで，仮想と現実をつなげ共鳴

させ，新たな価値の創出を目指す。メタバース上の地域のブランド化を推進することは，現実（リアル）と仮想（バーチャル）の関係や在り方を変え，問い直すことともいえる。

　かつて，ボードリヤール（Baudrillard, 1900）は現代の消費社会の特徴としてすべてのものが複製可能であり，むしろ複製され大量生産されたものの方が真になると捉えた。そして，現実を真似て装ったもの（シミュレーション）や，物語や空想の世界観に合わせて創出された現実に存在しない模造品や作り物（シミュラークル）が混在し，「真」あるいは「偽」，「現実界」と「想像界」の差異がなしくずしになり混在していく社会をハイパーリアル（hyperréel）社会と呼んだ（Baudrillard, 1981）。

　このハイパーリアル社会はオリジナルと模造の区別がつかない社会であり，欲望の対象が具体的なモノから離れ，差異そのものへ向かう社会だと捉えられる。こうした社会の捉え方に影響を与えたのが 1960 年代から 70 年代にかけてのポストモダンの流れであり，そこではメディアの変化等が論じられた。なお，ポストモダンの思想のブームの背景として，高度消費社会化と，情報技術の進化と情報化が大きな要因になっていることはこれまでも繰り返し指摘されている。

　さらに，情報技術の推進によりデジタル化が進み，デジタル化の特徴である複製が極めて容易でありかつ劣化がほとんどなく完全に複製ができ，費用もほとんどかからない（限界費用ゼロ）という点から（Rifkin, 2014），オリジナルと複製との境界がますます曖昧化している。このように，モノは情報化し，人々の消費への欲望を刺激し，さらに欲望を生産し続けていく社会が現在の社会の姿だといえる。ボードリヤール（1968）が「消費される物になるためには，物は記号にならなければならない」（246）と述べたのはこうした社会の変化を捉えてのことであり，デジタル化は，ヒトの情報化を進め，「私」はアクセス履歴や購買履歴によるデータとしての存在へ変えていく（石田・東，2019）。

　さらに，メタバース上では，人はアバターとして存在し，名前も外観も声も個人を構成する要素はその世界に合わせ自ら創造し，時に応じ纏うものとなる。

オンライン上の空間では，あたかも舞台に立つ役者のように参加者同士でお互いのコミュニケーションを図る。

　こうしたメタバースのアバター同士の行動は，個人同士の間で状況に応じて他者の行為への反応により動的に変化する社会的行為として捉えられる（Goffman, 1959）。ゴッフマン（Goffman, 1959）は，個人が状況に応じて役割を演じることをコミュニケーションの基本と捉え，相互作用をドラマツルギーと呼んだ。このドラマツルギーの理論では，人間のアイデンティティ（自己同一性）は統一した心理的実体でなく，他者の目に映る自己イメージと行為との相互作用によって規定されると捉える。

　メタバース上のアバターは，さらにアイデンティティに揺らぎをもたらし，利用者が自らデザインし，状況に合わせて複数持ち切り替えることを可能にする。無数のアバターを個人は保有し，参加する世界によって変えていくことができる。

　参加するメタバース上の世界もまた実在の地域の制約を超えた仮想の空間であり，実際の地域が持つ記号的要素である。例えば，渋谷であれば，109や渋谷スクランブル交差点，QFRONT等を活用し，新たにデザインした舞台装置だといえる。そこにアバターが集まり，なりたいキャラクターを演じ，バーチャル体験を通して仮想の人生を送る。そこで得られる体験は，非日常感であり祝祭感であり，没入感を創り出すエンターテインメント性をもつものである。これらの体験は，肉体を離れてサイバースペースに精神を移し入れるものともいえる。

　このように，メタバース上の地域では，アバターを惹きつけるために現実と仮想をどのようにつなげ，独自の世界観を描き出すか，参加者間の関係のネットワークをどのように拡げていくかをデザインする必要がある。特に，地域の持つ多様な側面からエンターテインメント的な魅力をどのように創造するかを問う必要がある。そして，それはその地域の魅力の源泉は何か，地域の本質（イデア）とは何かを問うことにほかならない。

## (3)　デジタル化による地域の価値の進化―ZTCA モデルによる分析

　ここまでを振り返り，デジタル空間上の地域の価値を捉え直すと，デジタル空間の創造された地域は，バーチャルシティ等，現実の地域とつながりを持ちながら独自の世界観でデザインされた空間だといえる。架空の地域の魅力を創り出しているのは，現実の物理的な場所と虚構の二重性である。その魅力に惹かれ，アバターたちは自らを登場人物であり，架空の世界に現実感を与え，世界を支える役割を担う。アバターたちは役を得て舞台に立ち，人々を前に演技するかのようにメタバース上の地域へ参加する。

　これらのデザイン要素を ZTCA デザインフレームワークから描く（図表4-4）。まずゾーンデザインだが，サイバースペースとしての電子空間であり，実在する場所からの電子空間への展開もしくは新たな地域の創造として捉えられる。つまり人間の創造性が切り拓く内的な新たなフロンティアであり，電子的に構築されたコミュニケーションの場だと捉えられる。

　トポスデザインは，バーチャル世界上に自由で自律した想像のコミュニティや地域を創りだす世界観であり，新たなユートピアを志向する精神性である。その根底には，1960 年代のアメリカ西海岸のカウンターカルチャーの影響があり，シリコンバレーという地域に代表される自由で開放的な空気が想起され

図表 4-4　デジタル空間上の地域の ZTCA デザインフレームワーク

| ゾーンデザイン（Z） | サイバースペース<br>実在する場所からの電子空間への展開もしくは新たな地域の創造<br>人間の創造性は切り拓く内的な新たなフロンティア |
|---|---|
| トポスデザイン（T） | ユートピアとコミュニティ<br>想像の地域を創り出す世界観。ハッカー文化により形成された自律した共同体やコミュニティを志向する精神 |
| コンステレーションデザイン（C） | シミュレーション・シミュラークル<br>虚構と現実が統合し，混在化した状態。<br>現実を模倣して創られた架空の都市が反転し，架空が現実に，現実が架空に展開する地域の在り様 |
| アクターズネットワークデザイン（A） | ドラマツルギー<br>想像上の役割を担い合うアバター同士のつながり |

出所）著者作成

る。これらの要素が象徴として現在にまでつながる独自の文化を形成している。

　コンステレーションデザインとしては，虚構と現実が統合され，混在化した状態を指す。現実を模倣して創られた作り物である架空の都市が反転し，架空が現実に，現実が架空に展開するデジタル空間における地域の有り様である。シミュレーションとシミュラークルによる社会の姿である。

　アクターズネットワークデザインは，参加者がアバターとしての役割を演じることでアバター同士による関わり合いから生み出されるドラマツルギーである。また，それはリアルな接点や関係性ではなく，孤立したアトムとしての個と個による離散的なネットワークによる関係性である。

## (4)　地域デザインのフレームワークの展開―DX におけるデザインメソドロジー

　本章では情報化技術分野における変革とデジタル化について，1960 年代以降のコンピュータとインターネットの進化を中心に，社会と地域の変化を捉えて，現在までと今後を論じてきた。ここでは，サイバースペースとデジタルトランスフォーメーション，メタバースの 3 つのキーワードを中心に時代の変化を確認した。さらに，情報技術が地域にもたらす変化と影響について ZTCA フレームワークを用いて分析を行った。

　ここから，地域デザインのフレームワークの展開を考察する。情報技術は圧倒的な普及力を持ち境界を破壊し，関係性を再構築する。現実とサイバースペースの境界は既に曖昧化し，さらにロボティクス等のデジタル技術やメタバース等の 3D 技術は人間の関係と機械の境界を融合し，人のサイボーグ（cyborg）化を生み出している。関係性では国と企業との関係，都市と地方，地方自治体と企業・大都市と中小企業とスタートアップ企業の関係を変容させている。

　こうした現実の変化が情報技術の場合には先行し，理論やメソドロジーが後追いになって，表面上は意識されないことが多い。本章では情報技術の変化の歴史を捉え，根底にある思想の流れを明らかにした。さらにメソドロジーとして次元突破装置，浸透変容装置，連結培養装置の 3 つのコア概念から情報技術

が地域にもたらす今後の変化を捉える。

　メソドロジーを用いて情報技術がもたらす地域の変化を捉えると，仮想の地域を創出し，現実の場所や時間の制約を超える点に特徴がある。これは現実の次元を突破することであり，次元突破装置としての期待がデジタル空間上の地域に向けられる。さらに，シミュラークルとしての架空の地域は，現実の地域の本質を問い，リアルと仮想の相互浸透を生む浸透変容装置としての価値が生まれる。また，アバターとしての参加者を集め，ドラマツルギーを生み，舞台空間として成長させていくことでこれまでの地域とは異なる参画の仕方やアプローチが期待される。そこではアバター同士による相互浸透が生まれ，連結培養装置としての機能が展開される。

　これらは，情報技術が持つ時間や空間，物理的な場所の影響を受けにくいという性格に起因する。サイバースペースやメタバースの言葉がSF小説から生まれた歴史が示すように，SF的想像力と情報技術は関係が深い。さらに情報技術の進化によるデジタル変革は，小説をはじめ，映画やドラマ，アニメーションやマンガ，音楽やゲーム等の分野や境界を越えた様々な領域で表現の方法や題材との結びつきを深めている。例えば，ゲームなら展開したアバターという自己の分身というコンセプトはメタバース上ではユーザーを示す欠かせない存在として受け入れられている。このアバターが拡がることで，自己や他者というアイデンティティや関係性を変えていき，地域においてはアクターの意味や価値を変容させる可能性がある。さらにDXは，組織や仕組みの変容を通じて関係性や価値，ビジネス等の在り方そのものを変容する。デジタル化が進む中で地域をデザインする価値や意味もまた大きく変容する。

## おわりに

　情報技術はこれまでの価値を反転させ，現実と仮想の地域の価値を新たに創出することから，地域デザインのイノベーションをおこす可能性がある。また，それは地域と地域デザインのコンテクスト転換であり，トランスフォーメーシ

ョンだといえる。

　一方で，情報技術による個人の情報管理の高度化による管理社会化への危惧も指摘されている。また，インターネットの仮想空間には，SNS でのネット炎上や匿名による誹謗中傷，フィルターバブルといわれる価値観に合った情報が優先して閲覧できるようになることでの社会の分断化や，信用情報のレーティング化による格差の拡大等，さまざまな問題が生まれている。ハイパーリアル社会は，ハイパーコントロール社会やハイパー監視社会の可能性が高まった社会でもある。これらの課題とともに情報技術の地域への展開を考察する必要がある。

　そこで必要となるのが，変化の根底と全体を捉えるメソドロジーだといえる。従来のフレームワークや理論をアップデートし，新たなメソドロジーをどう描くか。そのヒントとして，次元突破装置，浸透変容装置，連結培養装置の 3 つによるアプローチも可能性のひとつだと考えられる。

　本章は，複雑性と混乱を増す現在，その変化の要因であり要素である情報技術分野の中でも，コンピュータとインターネットの変化に焦点をあて，メソドロジーを適用し，さらに展開することで地域の変化を模索するための前提を整理した。ここで整理した前提とは，歴史の変化であり，地域と情報技術の関わりについてである。次のステップとして，地域デザインのフィードバック装置としての有り様を通して地域の考察を深めていきたい。

**参考文献**

石田英敬・東浩紀（2019）『新記号論―脳とメディアが出会うとき』ゲンロン。

加藤直人（2022）『メタバース―さよならアトムの時代』集英社。

国光宏尚（2022）『メタバースと Web3』エムディエヌコーポレーション。

KDDI（2020）「渋谷区公認配信プラットフォーム『バーチャル渋谷』5 月 19 日からオープン）」，https://news.kddi.com/kddi/corporate/newsrelease/2020/05/15/4437.html（2023.3.20 アクセス）。

塚越健司（2012）『ハクティビズムとは何か―ハッカーと社会運動』ソフトバンククリエイティブ。

塚越健司（2015）「情報社会とハクティビズム」東浩紀監修『開かれる国家―境界なき時代の法と政治』角川学芸出版，pp. 213-241。

デジタル庁（2021）「デジタルから考えるデジタル田園都市国家構想」『第一回デジタル田園都市国家構想実現会議資料（令和 3 年 11 月 11 日）』https://www.cas.go.jp/jp/seisaku/digital_denen/dai1/siryou4.pdf（2023.3.20 アクセス）。

内閣府（2016）「第 5 期科学技術基本計画」，https://www8.cao.go.jp/cstp/kihonkeikaku/5honbun.pdf（2023.3.20 アクセス）。

内閣府・総務省・経済産業省・国土交通省・スマートシティ官民連携プラットフォーム（2021）「スマートシティガイドブック」，https://www8.cao.go.jp/cstp/society5_0/smartcity/00_scguide_s.pdf（2023.3.20 アクセス）。

原田保・西田小百合・宮本文宏（2022）「デジタルトランスフォーメーションによる地域価値の創造と地域ブランディング」地域デザイン学会誌『地域デザイン』第 19 号，pp. 171-205。

東浩紀（2007）『情報環境論集』講談社。

東浩紀（2011）『サイバースペースはなぜそう呼ばれるか＋』河出書房新社。

山村真司（2015）『スマートシティはどうつくる―最新の都市開発のノウハウを結集』工作舎。

Barlow, J. (1996) *A Declaration of the Independence of Cyberspace*, https://www.eff.org/cyberspace-independence（2023.3.20 アクセス）.

Baudrillard, J. (1968) *Le Système des objets: la consommation des signes*, Gallimard.（宇波彰訳（1980）『物の体系―記号の消費』法政大学出版局）

Baudrillard, J. (1981) *Simulacres et simulation*, Éditions Galilée.（竹原あき子訳（1984）『シミュラークルとシミュレーション』法政大学出版局）

Bauman, Z. (2001) *Community: Seeking Safety in an Insecure World*, Polity Press.（奥井智之訳（2008）『コミュニティ―安全と自由の戦場』筑摩書房）

Christensen, C. M. (1997) *The Innovator's Dilemma: When New Technologies Cause Great Firms to Fail*, Harvard Business School Press.（玉田俊平太監修，伊豆原弓訳（2001）『イノベーションのジレンマ―技術革新が巨大企業を滅ぼすとき』翔泳社）

Gibson, W. (1984) *Neuromancer*, Ace.（黒丸尚訳（1986）『ニューロマンサー』早川書房）

Goffman, E. (1959) *The Presentation of Self in Everyday Life* (*Anchor Books Edition*), Doubleday.（石黒毅訳（1974）『行為と演技―日常生活における自己呈示』誠信書房）

Grayscale (2021) "*The Metaverse: Web3.0 Virtual Cloud Economies*", https://www.slideshare.net/rasarab/grayscale-metaverse-report-november-2021（2023.3.20 アクセス）.

Lévy, P. (1994) *L'Intelligence collective: Pour une anthropologie du cyberspace*, La Découverte.（米山優他訳（2015）『ポストメディア人類学に向けて―集合的知性』水声社）

Rifkin, J. (2014) *The Zero Marginal Cost Society: The internet of things, the collaborative commons, and the eclipse of capitalism*, Palgrave Macmillan.（柴田裕之訳（2015）『限界費用ゼロ社会―〈モノのインターネット〉と共有型経済の台頭』NHK 出版）

Stephenson, N. (1992) *Snow Crash*, Bantam Books.（日暮雅通訳（1998）『スノウ・クラッシュ』アスキー出版局）

Stolterman, E. and A. C. Fors (2004) *Information Technology and the Good Life*, UmeaUniversity, https://www8.informatik.umu.se/~acroon/Publikationer%20Anna/Stolterman.pdf（2023.3.18 アクセス）.

Wade, M., J. Loucks, J. Macaulay and A. Noronha (2016) *Digital Vortex: How Today's Market Leaders can Beat Disruptive Competitors at their own Game*, IMD.（根来龍之監訳（2017）『対デジタル・ディスラプター戦略─既存企業の戦い方』日本経済新聞社出版社）

Wood, G. (2014) "Dapps: What Web 3.0 Looks Like", http://gavwood.com/dappsweb3.html（2023.3.18 アクセス）.

# 第5章
# ZTCA デザインモデルのゾーンの拡張と<br>アニメツーリズム

齋藤　典晃

## はじめに

　近年，アニメ聖地巡礼と呼ばれるようなアニメの舞台を訪れる行為，および
アニメを通じた地域活性化の施策が多くの地域でみられるようになった。2003
年に発行された「観光立国行動計画」を通じて，「観光立国」「一地域一観光」
の取り組みが推進される中で，地域の魅力あるコンテンツの効果的な活用が議
論の対象になっているのである。地域に関わるコンテンツ（例えばアニメなど）
を活用して，観光と関連産業の振興を図ることを意図したツーリズムをコンテ
ンツツーリズムと呼ぶ。コンテンツツーリズムは，歴史や伝統などのいわゆる
観光資源を持たない地域にとっては，特に有効な政策と考えられる。コンテン
ツ自体がその地域に特別な意味を付与するためである。つまり，コンテンツツ
ーリズムにおいては，地域の資源やコンテンツそれ自体ではなく，そのコンテ
ンツの体験者となるアクターに焦点を当てることが重要である。そのアクター
がこれまでに観光対象となっていなかったものを観光対象とし，それが観光資
源となるからである。

　本章では，コンテンツツーリズムの中でも，特にアニメツーリズム（アニメ
聖地巡礼）について取り上げることとする。アニメツーリズムの研究は，主に

観光社会学の領域において議論され，その起源や旅行者の特性などについて詳細に議論されている。また，それらにおいて多数の事例研究が進められている。しかしながら，アニメのようなコンテンツがどのように観光資源になり，地域経済を活性化させているのかについてはあまり議論がなされていない。

そこで，本章では，地域デザイン学会の公式モデルである ZTCA デザインモデルを用いながら，アニメツーリズムにおける議論を展開する。最初に ZT-CA デザインモデルとアニメ聖地巡礼の親和性について議論したのち，本書の目的の1つである，浸透変容装置によるコンテクスト転換指向の解の獲得についての試論を試みる。また，アクター（本章においては特にアニメのファンに焦点を当てる）の役割に注目することによって，聖地化のプロセスを概観する。このようなことから，以下においては，アニメツーリズムにおけるゾーンの拡張とあわせて，外部のリソース（resource）の内部への取り込みを効果的に行うために不可欠なメソドロジーである浸透変容装置について，外部のリソースをアニメなどのコンテンツと仮定し，それがツーリズムにおいてどのようにトポスを醸成するのかについて論述される。

## 第1節　地域活性化とコンテンツツーリズム

国土交通省総合政策局観光地域振興課ら（2005：49）「映像等コンテンツの制作・活用による地域振興のあり方に関する調査」によると「コンテンツツーリズムの根幹は，地域に「コンテンツを通して醸成された地域固有の雰囲気・イメージ」としての「物語性」「テーマ性」を付加し，その物語性を観光資源として活用することである」と規定される。そして，そのような地域資源に基づいて，①地域の知名度の向上，②既存の観光資源の魅力向上，③新たな観光資源の創出を通じた集客力の向上，④住民の誇りの醸成，を図ろうとしているのである。この物語性やテーマ性は，コンテンツによって付与することができると考えられる。例えば，本章の研究対象となるアニメ聖地巡礼などは，アニメの舞台が「聖地化」されていくものであり，歴史的な資源や文化的な資源など

の観光資源が比較的乏しい地域においても，上記のような目的を果たすことができる。

## (1)　アニメツーリズム

　アニメツーリズムは，コンテンツツーリズムに包含される。国土交通省総合政策局観光地域振興課ら(2005：49)によると，コンテンツツーリズムは「アニメを活かした街作りなどの例にみられるように，集客要素としてのコンテンツの活用は，現実の世界を対象とした映画・ドラマにとどまらず，まんが・アニメ・ゲームも含めて拡大している。ここでは，このような地域に関わるコンテンツ(映画，テレビドラマ，小説，まんが，ゲームなど)を活用して，観光と関連産業の振興を図ることを意図したツーリズムをコンテンツツーリズム」と定義している。山村(2019：14)は，アニメツーリズムを「アニメやマンガ等が地域にコンテンツを付与すること―アニメと地域がコンテンツを共有すること―で生み出される観光」と定義づけている。アニメツーリズムはアニメ聖地巡礼ともよばれている。「聖地巡礼」とはもともと宗教用語であるが，アニメ聖地巡礼者は特定の宗教を信仰しているわけではない。岡本(2018：75)は「アニメファンにとって思い入れの強い場所を聖地とし，そこを訪ねるという行動様式からファンの間で聖地巡礼と呼ばれている」と考察を加えている。

　山村(2019)はある作品の舞台やロケ地に旅行者が訪れるようになるプロセスについて，舞台・ロケ地情報がどのような形で広がっているのかに着目し，旅行者先導型とフィルムコミッション型にそのタイプを類型化している。旅行者先導型とは一部のファンが作品を視聴する中で，舞台・ロケ地を探し出し，そのような「聖地」情報をネットで公開すること等で，現地に訪れる人が増加するパターンである。一方で，フィルムコミッション型とは，地域側(フィルムコミッションや観光行政担当部局，観光協会など)や製作者が舞台・ロケ地情報を放映・上映前から積極的に公開することで，旅行者が訪れるようになるパターンである。

　前者の「旅行者先導型」については，通常，作品やロケ地について地域側に

ほとんど情報がないことが多いとされる。つまり，地域や観光業者ではなく，ファン自身が主体となってロケ地を探して，来訪するといった旅行形態をとることが多いというものである。後者のフィルムコミッション型は，いくつかの先行研究が示すとおり，従来映画やドラマでよくみられる，フィルムコミッションや観光協会を中心としてロケ地観光を推進する手法であり，対象が実写映画かアニメかという違いのみで観光振興のあり方に構造上の相違点はないと指摘される（山村，2019）。しかしながら，山村（2019）はアニメとマンガといったコンテンツは，登場人物や風景が実際の俳優や景色ではなく，空想の産物である画として表現される分，実写に比べて次のような特徴があると述べている。

① 想像力を広げる余地があり，視聴者はより感情移入しやすい（自分を重ねあわせやすい）
② したがって，過去の歴史や伝統，空想の世界といった現代人が実感しにくい事象をイメージとして分かりやすく描き出すことができる（山村，2019：178）

　以上のように，アニメツーリズムに関する先行研究から，本章においてアニメツーリズムをどのように規定するのか，また本章においてなぜアニメツーリズムを取り上げるのかについて議論しておく必要があるだろう。まず本章においては，フィルムコミッション型ではなく，旅行者先導型のアニメツーリズムに焦点を当てる。先行研究においてみられるようにフィルムコミッション型のツーリズムに関しては昔から行われている他のコンテンツツーリズム，例えばフィルムツーリズムとの差異をあまり見い出せないためである。さらに，本稿では資源統合アクターである旅行者に焦点を当てるため，旅行者先導型のツーリズムが想定される。また本章においてなぜアニメツーリズムに焦点を当てるかというと，旅行者が想像力を広げる余地があり，空想の世界など現代人が実感しにくいイメージを分かりやすく描き出している点が地域デザイン学会の公式モデルである ZTCA デザインモデルの適用可能性を指摘できるためである。

## 第2節　ZTCA デザインモデルとアニメ聖地巡礼の親和性

　地域デザイン学会の公式モデルである ZTCA デザインモデルは，空間軸概念の拡張にともないゾーン概念を多様化させている。本節では，ZTCA デザインモデルとアニメ聖地巡礼の親和性を探るべく，ZTCA デザインモデルの空間概念の拡張にアニメがどのように関連するのか，また新たなトポスがどのようにして創出されるのかについて議論していく。

### ⑴　ZTCA デザインモデルにおける空間概念の拡張

　原田ら(2022)によると，ゾーンの対象は，人が暮らす地域のみならず，例えば資源を捉えたゾーンデザインを構想すれば，地球の内部や深海，あるいは山岳や空にまで拡大でき，さらには宇宙空間にも拡大することができると主張される。さらには，デジタル空間としてサイバー空間も多様になっており，そのような空間もゾーンのデザイン対象として活用されることが主張される。

　そのような空間概念の拡張の中で，リアル空間からフィクション空間(アニメ)への拡張についても議論されている。作品として使用された地域がリアルな地域ではなく，作品を彩るフィクションの地域として地域価値を発現するということである。これは，フィクション空間がリアルな地域価値を発現しており，「リアル空間の価値が認められない地域でもフィクション空間に転換し，価値発現をする地域に転換させることができる」(原田ら，2022：17)と主張されるのである。

　さらに，原田ら(2022)は，リアル空間よりも影響力がある空間として，幻想空間についても言及している。実際には存在しないが，特定の個人やその関係者のみに認識できる空間であり，当事者には他者にも同様に認識できるものに感じられる。

　以上のように，ZTCA デザインモデルは，その空間概念をリアル空間の拡張のみならず，フィクション空間にまで拡張することによって，これまで捉えられなかった現象を多角的に捉えることができる。その1つが，アニメによる

地域の復興であり，以下では ZTCA デザインモデルの空間概念の拡張がどのようにアニメ聖地巡礼の研究に影響するのかを考察する。

## (2) アニメ

　ここでは「アニメ」および「アニメーション」に関する詳細な議論をすることは避けるが，本稿に関わる議論について少しだけ触れることとする。「アニメ」とは「アニメーション」の略語であるが，「アニメ」と「アニメーション」は違う意味で使用されることが多い。例えば，津堅(2017：22)は，アニメーションを「絵，人形等を素材として，その素材を少しずつ動かしながら映画撮影用カメラ等を使用して，コマ撮り(stop-motion photography)によって素材を撮影して得られた映像をフィルム等に記録し，それを映写することで，動かない素材を動いているように見せる映画技法，またはその技法を使った作品」と定義づけしている。「アニメーション」は以上のような定義の総称を指し，「アニメ」は，日本製の商業的なストーリーアニメーションを指す。本章のテーマである「アニメ」聖地巡礼のアニメも日本製の商業的なストーリーアニメーションを指すこととする。

　三浦(2022)は，「対象年齢」および「世界観とストーリー」という視点から，前者を一般的アニメーション，後者を日本アニメと分類している。日本アニメは対象年齢が広く，世界観とストーリーを重視する傾向にあることを指摘している。また，世界観とストーリーという点に関しては，日本のアニメはその原型によっていくつかに分類することができる。

　　①マンガ(『サザエさん』『ドラゴンボール』など)

　　②オリジナル(『機動戦士ガンダム』『ふたりはプリキュア』など)

　　③ゲーム(『ドラゴンクエスト』『ポケットモンスター』など)

　　④小説(『化物語』『バジリスク』『涼宮ハルヒの憂鬱』など)

　　⑤絵本・児童文学(『アンパンマン』『ムーミン』など)に分類される。

　以上のような原型により日本型アニメはより対象年齢が広く，深化した世界

観とストーリーを醸成していると考えられる。

### (3)　空間概念の拡張とアニメ

　以上みてきたように，ZTCA デザインモデルは，空間軸概念の拡張に伴いゾーン概念を多様化させている。その適用範囲は，リアル空間から宇宙空間，サイバー空間やフィクション空間にまで拡張されている。アニメ聖地巡礼は，まさにフィクション空間によってその地域の価値を発現している好例といえる。

　ところで，このように議論されるアニメツーリズムであるが，ゾーンを起点として考えるのであれば，① 新たなトポスの探索，② トポスの価値転換，③ 新たなトポスの創造という点に寄与するだろう（原田ら，2019）。

　例えば，アニメの舞台になり，聖地化することによって，何気ない日常の風景も，トポスとして考えることができる上に，そこに新たな価値を付与し，トポスの価値転換が行われるようになるのである。

## 第3節　アニメによる浸透変容装置によるコンテクスト転換指向の解の獲得

　第1章でも議論されているとおり，浸透は，内部や自身では用意できない価値発現のための即効薬を事故なく有効に自組織に注入することによって，治療方法としてのモデル（model）の効果をあげようとする仕掛けである。これはすなわち，外部のリソース（resource）の内部への取り込みを効果的に行うためには不可欠なメソドロジーであるが，これは外部からの薬品の投与による自身の良い方向への変容を指向するものである。

　このような形での浸透変容は，トポスがあまり振るわないことが地域全体の衰退要因になっているため，新たに魅力的なトポスを構築するには高いハードルが存在している。第1章で示されているとおり，「リアルなトポスに期待することは困難であろうことは明白であるのだから，これとは異なるアプローチ」が必要になる。そうなると，アニメの活用や各種の小説等の活用によって，フ

図表 5-1　聖地化とトポスの創出

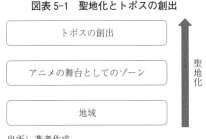

出所）著者作成

ィクション（fiction）の統制される場所としてのトポスを指向することが有効に
なってくる。つまり，リアルに効果が期待できない場合にはフィクションに期
待することになる。

　コンステレーションは，存在するトポスを効果的に現出するフィクションへ
の感度を高めることや，アニメファンなどがひきつけられる環境整備が期待さ
れることになる。つまり，このように現出されるような地域は，まさにコンス
テレーションオリエンティッドなデザインが不可欠になっている。つまり，ト
ポスの欠落というマイナスからフェイク空間の創造という状況へのコンテクス
ト転換が期待される。

　アクターは地域の住民とアニメなどのファンということになる。ここでは，
アクターにとって望ましいキャンバス（canvas）になれるかどうかが期待されて
くる。ほとんど何もない場所が多くの人々に深く刺さり込むこともあり，これ
によって多くのトポスやゾーンか生まれている。

　以上のように，アニメの舞台をゾーンとして捉えることで，トポスの創出が
可能になるだろう。つまり，魅力的なトポスを持たない地域がアニメの舞台に
なり，そして聖地化することによって，地域の価値を発現することができるよ
うになるのである（図表5-1）。

## 第4節　地域価値を発現するためのアクターの役割

　これまで，ZTCA デザインモデルに基づきながらアニメツーリズムの分析を行い，ゾーンの概念がアニメのようなフィクション空間にまで拡張されることによって，地域の価値を発現するためのトポスの創出に寄与することが議論されてきた。

　本節では，アクターの視点，特にアニメのファンの視点から，どのような形でトポスが創出されていくのかを議論する。グンメルス（Gummerus, 2013）は，価値創造プロセスの変遷として，企業による価値創造，顧客による価値創造（共同生産），そして企業と顧客による価値共創，つまり顧客の積極的な価値の共創活動の重要性を指摘している。このような価値の共創を1つのキーワードに議論を進めている研究が，サービス・ドミナント・ロジック（S-D ロジック）である。S-D ロジックに従うと，企業と同様に顧客は自身が知覚する価値を高めるために資源を適用した時，つまりサービスの交換を通じて，自分自身の経験を得ようとする場合に資源統合者となる。S-D ロジック独自の前提は，積極的な顧客の関与が，生産性を高めるというものである。このように考えてみると，地域のトポスの価値を発現するアクターは，アニメの制作者や地域住民のみならず，旅行者自身がアニメの視聴を通じて，その価値を見出すと考えられる。当然のことながら，アニメツーリズムにおける地域振興には，アニメ制作者，地域住民，そして旅行者の資源の統合が重要になるが，本稿では旅行者に絞っ

図表 5-2　アクターによる聖地化とトポスの創出

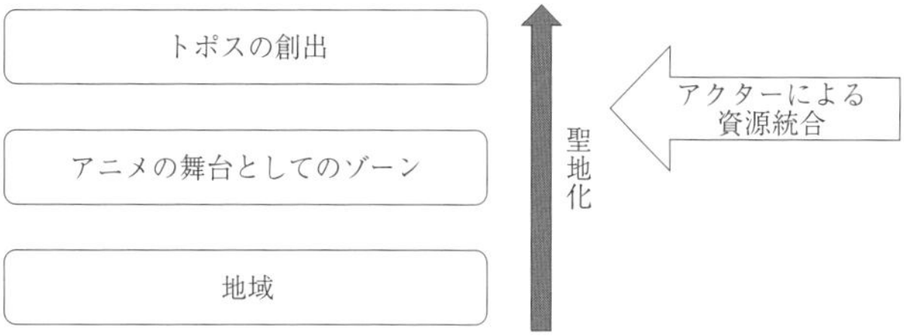

出所）著者作成

て議論を展開する(図表5-2)。

## (1) アクターの資源の性質

クライナルテンカンプ(Kleinaltenkamp, 2015)によると，アクターによって統合される資源とは，資源を統合しようとした時点でアクセス可能になるという焦点アクターおよびその他のアクターの可視的，不可視的な特性があり，そのような資源は，統合プロセスに関連する意図的な目標を達成するためにアクターによって使用される。製品であろうが，知識であろうが，コンピテンスであろうが，バーゴ・ラッシュ(Vargo and Lusch, 2004：2)は，「資源は存在するものではない，資源になるのである」と主張し，仮にそれらがシステムの改善や存続可能性を増大させることに貢献するのであれば，あるいはエンティティの生存可能性を増大させることに貢献するのであれば，その地位を獲得することができる。それゆえ，資源は，その使用の文脈に応じて効果的に資源になる。資源統合は，価値創造における重要なメカニズムであり，各アクターに固有のプロセスである(Gummesson and Mele, 2010)。

このような資源の捉え方は，観光資源を捉える場合も同様の議論を展開することができるだろう。つまり，単なる日常の風景が「意味のある聖地」となるためには，アクターの知識(アニメに関する知識，作者に関する知識，地域に関する知識等)が必要になってくる。

次に，アクターの持つ資源に目を向けると，クライナルテンカンプら(Kleinaltenkamp et al., 2012)は，アクターが適切な資源を保有し，協調的かつ統合的なプロセスを通じて，その資源を他者と共有することの重要性を強調している。アクターは，そのような資源を通じて，価値提案において獲得した資源やミクロに専門化されたコンピテンシーを変換・統合する(Edvardsson et al., 2014；Lusch et al., 2010)。アクターは，自分のシステムの存続可能性を高めるために資源の密度が高いことを好み，そのために彼らは，資源を統合し，価値を共創し，自身の視点や文脈から現象学的に価値を評価する(Lusch and Vargo, 2014)。

また，このような資源統合において，消費者の投資(すなわち，スキル，時間，

お金，心理的努力）は，共創活動にとって不可欠である。消費者がサービスを得るために費やした努力を，物理的，精神的，および金銭的なものに分類する研究（Söderlund and Sagfossen, 2017；Sweeneyet et al., 2015）がみられる。

　このような資源統合においては，市場で取引される資源，私的資源，公的資源において上記のような資源統合のプロセスが展開されることとなる（図3を参照）。つまり，資源統合者は，自分自身の生活の質を向上させるために，市場で取引される資源，私的資源，公的資源を統合し，その際には資源の密度が高いことが好まれるのである。

　アニメツーリズムの研究に目を向けると，岡本（2018）は，聖地巡礼者を，①開拓的アニメ聖地巡礼者，②追随型アニメ聖地巡礼者，③二次的アニメ聖地巡礼者の3つのタイプに分類している。特に，開拓的アニメ聖地巡礼者は，アニメを視聴し，さまざまな推論を働かせて，聖地を特定する巡礼者を指す。アニメ作品の背景に書き込まれたランドマークや地形，アニメ作品の原作小説の描写や，アニメ作品の監督や原作者の出身地，作品内で登場した地名や駅名などから聖地を発見する。

　この開拓的アニメ聖地巡礼者を資源統合者とすると，アニメ聖地巡礼者は，聖地巡礼の中でさまざまな資源統合を行っていることが分かる。次項では，アニメ聖地巡礼者の旅行中の行動と資源統合について議論する。

## (2)　アニメ聖地巡礼行動

　これまで，資源統合におけるアクターの役割について議論した上が，以下では，アニメツーリズムにおける資源統合アクターとしての聖地巡礼者の行動についてみていく。一般的に，マーケティングの研究において，顧客経験は，購入前，購入，購入後の3段階に分けて議論されている。つまり，消費者は，特定のニーズや欲求を満たすためにこの3つの段階で継続的に努力をしている。本項においても，岡本（2018）に沿って，アニメ聖地巡礼行動を旅行前，旅行中，旅行後に分けて議論をする。

## 1）旅行前の行動

　当然のことながら，アニメ聖地巡礼行動は，アニメを視聴することによってその動機が形成される。しかしながら，アニメを視聴しただけでは，聖地に関する情報を得ることができない。そこで，アニメの舞台や背景等に関する情報を獲得することによって聖地巡礼行動に至る。岡本(2018)は，これらアニメに関する情報を「内部情報」と「外部情報」に分けて考えている。内部情報とは記憶のことであり，過去にみたことのあるアニメの背景として用いられていた場合，現実の場所とのつながりを認識することができる。「外部情報」とは，人間が記憶以外に外から得る情報で，友人からの口コミや，ホームページやブログの書き込み，テレビのニュース，雑誌やDVDなどが挙げられる(岡本, 2018)

　岡本(2018)によると，聖地巡礼の旅行情報源は，2種類あると考えられる。1点目が企業や自治体などが提供する情報であり，2点目は巡礼者や当該地域の住人などの個人が発信する情報である。

## 2）旅行中の行動

　岡本(2018：111-115)は，アニメ聖地巡礼者の旅行中の行動の特徴を次のように捉えている。

　　①アニメ聖地の写真をアニメで登場するのと同じアングルで撮影する
　　②旅の記念物として，あるいは自分が来訪したことを示すために，さまざまなものやコメント，イラストを残す，絵馬にアニメ絵を描くなど
　　③ノートパソコンや携帯電話などの持ち運び可能なインターネット端末を用いて，聖地の様子を「実況中継」や「巡礼記」として掲示板やブログ・動画投稿サイトで公開する。
　　④巡礼者と現地の人々や巡礼者同士での交流が認められる。
　　⑤痛車
　　⑥コスプレイヤー

## 3）旅行後の行動

　聖地巡礼後の情報発信行動は，大きく分けて以下の2点にまとめることがで

きる。1つ目はインターネット上での発信であり，もう1つが現実空間での発信である。インターネット上での発信には，ホームページ，ブログ，SNS（social networking service）内のコミュニティ，電子掲示板の書き込みなどがある。聖地巡礼者は，聖地巡礼を行って，当地で撮影した写真や動画をコメントと共に「巡礼記」としてインターネット上で公開する。

### (3)　アニメ聖地巡礼行動における資源統合活動

　これまでの議論をまとめると，上記の開拓的なアニメ聖地巡礼者は，自分のシステムの存続可能性を高めるために資源の密度が高いことを好み，そのために彼らは資源を統合し，価値を共創するアクターと捉えることができる。特に，アニメツーリズムに関しては，旅行前，旅行中，旅行後のさまざまな場面で資源を統合することが考えられる。例えば，旅行前であれば，アニメを視聴するという行為自体は，市場で取引される資源の統合であるが，例えば友人同士で情報を共有したり，コミュニティやSNSを通じて情報を共有したりする行為は，私的資源の資源統合といえるだろう。また，旅行中も，同じアングルで写真を

**図表 5-3　資源統合**

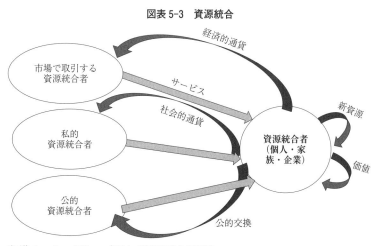

出所）Lusch and Vargo（2014，邦訳155）より引用

撮ったり，旅の記念物として，あるいは自分が来訪したことを示すために，さまざまなものやコメント，イラストを残す，絵馬にアニメ絵を描いたりするなどの資源統合が行われる。旅行後にも，インターネット上での発信には，ホームページ，ブログ，SNS 内のコミュニティ，電子掲示板の書き込みなどを通じて情報の共有をする。

　以上のような積極的な資源統合アクター，つまり開拓的アニメ聖地巡礼者の行為は，自分自身の資源の密度を高めるためにさまざまな場面で資源統合していることが分かる。つまり，アニメを好きになり，その場所を調べてみたり，友人と共有しようとしたりする。そして，その行為自体は，自身の楽しみや情報の収集のために行っているが，その行為が，比較的資源の乏しい地域を「聖地化」させているのである。

## おわりに

　本章では，空間軸概念の拡張に伴いゾーン概念を多様化させている ZTCA デザインモデルのアニメツーリズムへの適用可能性と，アニメによる浸透変容装置によるコンテクスト転換指向の解の獲得，つまり比較的トポスの乏しい地域においてアニメという外部のリソースがどのように地域の価値を発現するのかについて，特に巡礼者，なかでも積極的に資源を統合する旅行者の視点から議論をしてきた。聖地巡礼者は，自身の楽しみや情報の収集のために行っているが，その行為が，比較的資源の乏しい地域を「聖地化」させているのである。

　最後に，本章の限界と今後の研究課題を示すことによって本研究の結びとする。まず，本研究の限界としては，文献を通じて仮説を提案したが，アニメツーリズムの実態，および聖地巡礼者の実際の行動を把握するためには実証研究が不可欠であろう。また，今後の研究課題として，アニメという外部のリソースがどのように地域の価値を発現するかについて検討したが，第 1 章でも示されているとおり「可能な限り早くこのメソドロジーに依存することから脱却することが期待されてくる」と主張される。アニメツーリズムの特徴としてリピ

ーターが多いという研究成果もあるが，茨城県大洗市のように地域全体がアニメ一色（ガールズ＆パンツァー）になっているようなケースもいくつかみられる。このような地域が抱える問題についても今後は研究する必要があるだろう。

## 参考文献

Edvardsson, B., M. Kleinaltenkamp, B. Tronvoll, P. McHugh and C. Windahl (2014) "Institutional logics matter when coordinating resource integration", *Marketing Theory*, 14(3), pp. 291-309.

Gummerus, J. (2013) "Value creation processes and value outcomes in marketing theory: Strangers or siblings?." *Marketing Theory*, 13(1), pp. 19-46.

Gummesson, E. and C. Mele (2010) "Marketing as value co-creation through network interaction and resource integration", *Journal of Business Market Management*, 4, pp. 181-198.

Kleinaltenkamp, M. (2015) "Value creation and customer effort: The impact of customer value concepts." Gummerus, J. and C. von Koskull ed., *The Nordic School: Service marketing and management for the future*, Hanken School of Economics, pp. 283-292.

Kleinaltenkamp, M., R. J. Brodie, P. Frow, T. Hughes, L. D. Peters and H. Woratschek (2012) "Resource integration", *Marketing Theory*, 12(2), pp. 201-205.

Lusch, R. F. and S. L. Vargo (2014) Service-Dominant Logic: Premises, Perspectives, and Possibilities, Cambridge University Press. 井上崇通監訳・庄司真人・田口尚史訳 (2016)『サービス・ドミナント・ロジックの発想と応用』同文舘出版。

Lusch, R. F., S. L. Vargo and M. Tanniru (2009) "Service, value networks and learning", *Journal of the Academy of marketing science*, 38, pp. 19-31.

Söderlund, M., and S. Sagfossen (2017) "The consumer experience: The impact of supplier effort and consumer effort on customer satisfaction", *Journal of Retailing and Consumer Services*, 39, pp. 219-229.

Sweeney, J. C., T. S. Danaher and J. R. McColl-Kennedy (2015) "Customer effort in value cocreation activities: Improving quality of life and behavioral intentions of health care customers", *Journal of Service Research*, 18(3), pp. 318-335.

Vargo, S. L. and R. F. Lusch (2004) "Evolving to a new dominant logic for marketing." *Journal of marketing*, 68(1), pp. 1-17.

岡本健 (2018)『アニメ聖地巡礼の観光社会学—コンテンツツーリズムのメディア・コミュニケーション分析』法律文化社。

川又啓子・三浦俊彦・田嶋規雄編著 (2022)『ジャパニーズ・ポップカルチャーのマーケティング戦略』千倉書房。

国土交通省 (2003)「観光立国行動計画—『住んでよし，訪れてよしの国づくり』戦略行動計画」，https://www.mlit.go.jp/kisha/kisha03/01/010730_2/02.pdf（2023.2.28 アクセ

ス）。

国土交通省総合政策局観光地域振興課・経済産業省商務情報政策局文化情報関連産業課・文化庁文化部芸術文化課（2005）「映像等コンテンツの制作・活用による地域振興のあり方に関する調査【概要版】」，https://www.mlit.go.jp/kokudokeikaku/souhatu/h16seika/12eizou/12_2.pdf（2023.2.28 アクセス）。

津堅信之（2017）『新版　アニメーション学入門』平凡社。

原田保・石川和男・小川雅司（2019）「新機軸型地域マーケティングによる地域価値創造「コンステレーションマーケティング」による「エピソードメイキング」の実現」原田保・石川和男・小川雅司編著『地域マーケティングのコンテクスト転換　コンステレーションのための SSR モデル』学文社，pp. 13-43。

原田保・石川和男・西田小百合（2022）「空間概念の拡張を捉えた ZTCA デザインモデルの展開」原田保・石川和男・福田康典編著『地域価値発現モデル　ZTCA デザインモデルの進化方向』学文社，pp. 12-37。

原田保・西田小百合（2020）「空間概念の拡張を捉えた地域デザインモデルゾーンデザインに見られるコンテクスト転換」『日本情報経営学会誌』第 40 巻第 3 号，pp. 5-18。

三浦俊彦（2022）「日本マンガ・アニメの創造戦略—鉄腕アトムから，「鬼滅の刃」まで—」川又啓子・三浦俊彦・田嶋規雄編著『ジャパニーズ・ポップカルチャーのマーケティング戦略』千倉書房，pp. 13-40。

山村高淑（2019）『普及版　アニメ・マンガで地域振興—まちのファンを生むコンテンツツーリズム開発法』PARUBOOKS。

# 第6章

# 学校化された農村を変革するブリコラージュ

大室　健治

## はじめに

　本章の目的は，学校化された農村を変革するブリコラージュに着目して，その有効性を ZTCA デザインモデルに沿って検証するとともに，それから得られた知見を現場へフィードバックするためのメソドロジーについて第1章の提案に基づいて考察することである。

　まず第1節では，学校化された農村におけるブリコラージュの意義について論じる。続く第2節においては，中山間地域の農村におけるブリコラージュの実践事例を紹介する。そして，第3節では学校化された農村を変革するブリコラージュの論理について ZTCA デザインモデルをフレームワークに用いて分析するとともに，そこで得られた知見を現場へフィードバックするためのメソドロジーの活用方法についての提言を行う。具体的には，次元突破装置としてのブリコラージュ的ゾーンデザイン，浸透変容というよりは創発生成装置と考えられるブリコラージュ的トポスデザインとコンステレーションデザイン，そして，連結培養装置としてのブリコラージュ的アクターズネットワークデザインが論じられる。最後に，本章の結論と今後の課題をまとめる。

## 第1節　学校化された農村におけるブリコラージュの意義

　今日，我が国の農村には多様な問題が存在している。例えば，少子高齢化や過疎化による伝統的コミュニティ（traditional community）の崩壊，農地の管理者不在による耕作放棄地の増加等である。そのために農村が抱える課題に対して，農村内外から各種の解決策が提案されている。しかし，それらの対策を講じたとしても事前に期待した結果を十分に得られていないのが実情であろう。なかでも最近の傾向として，農村内部の弱体化が進行しているために，行政からの依頼を受けた農村外部の非営利組織や民間等の地域振興コンサルタントが，農村の抱える課題の解決策を提案するケースが増えつつある。こういったケースが成功している地域が一部にみられるものの，多くの地域では十分な解決に至っていないものと思われる。

　では，その成否を分けるものは何か。その条件の１つには，外部から提案された解決策を農村内部の人々が主体的なものとして受け入れているかが挙げられる。仮に，外部者から提案される解決策を農村住民が主体的なものとして受け入れていなければ，行政が確保した地域振興コンサルタントに支出する予算が切れたタイミングで，その解決策は中断されることだろう。

　こういった現象は，いわゆる学校における教室のなかの教師と生徒の関係に似たところがある。例えば，教室内に教師がいれば生徒は静かに着席して教師から与えられた学習課題をこなすが，教室から教師がいなくなると生徒は自由に遊び始め，教師から与えられた学習課題に取り組まなくなることを想像するのは難しくない。これは，教師から生徒に与えられる学習課題が一方的なものであり，生徒にとっての主体的なものになっていないことが原因であろう。もし教師と生徒が十分な対話を通して「いま・ここ」で取り組むべき学習課題についての合意を得ていたならば，おそらく教室から教師がいなくなっても生徒は自ら主体的にその課題に取り組むことだろう。このように考えたときには，多くの課題を抱える農村の問題解決策を地域外部の者に依頼して作ってもらうという関係は，まさに学校化された農村というアナロジーで捉えることができ

るといえよう。

　農村が抱える多様な課題に対しては，本来であれば農村を構成する地域住民同士が対話を通じて解決策を模索し，協働によって問題解決にあたることが理想的であろう。しかし，今日のように，少子高齢化や過疎化にみられるような農村の弱体化が進むことにより，農村内部で解決策を見つけ出すことや，それを実行に移すことが難しくなっている。こういった前提のもとで，「外部の誰かに，自分たちの問題を解決してくれる答えを教えてもらいたい」という欲求が生じることになる。これが，農村の学校化が進む主要因の１つであると考えられる。

　それでは，こういった農村の学校化が進むことにより，どういった影響が現れるのだろうか。ここでは，まず広く社会の学校化の問題を指摘したイバン・イリッチ（I. D. Illich, 1971）の見解をみていくことにしたい。オーストリア生まれの哲学者であり思想家でもあるイリッチは，中南米の途上国での活動経験を踏まえて，諸々の社会制度の学校化を次のように批判している。

　　「多くの生徒たち，とくに貧困な生徒たちは，学校が彼らに対してどういう働きをするかを直感的に見ぬいている。彼らを学校に入れるのは，彼らに目的を実現する過程と目的とを混同させるためである。過程と目的の区別があいまいになると，新しい論理がとられる。手をかければかけるほど良い結果が得られるとか，段階的に増やしていけばいつか成功するとかいった論理である。このような論理で『学校化』（Schooled）されると，生徒は教授されることと学習することとを混同するようになり，同じように，進級することはそれだけ教育を受けたこと，免状をもらえばそれだけ能力があること，よどみなく話せれば何か新しいことを言う能力があることだと間違えるようになる」（Illich, 1971：邦訳13）。

　さらに，彼は以下のようにも述べている。

　「何を学ぶべきかという問いからではなく，学習者は，学習をするために
どのような種類の事物や人々に接することを望むのかという問いから始めな
ければならない」(Illich, 1971：邦訳 144)


　また，イリッチとも親交があり，途上国の貧困地域が抱える問題の解決にあ
たってきたブラジル人教育学者であるパウロ・フレイレ(P. Freire)は，近代学
校制度における教育の弊害の1つとして「銀行型教育」という問題提起をして
いる。これは，生徒を銀行の預金口座とみなし，教師を預金者とした場合，学
校で教師が行っていることは，預金者が知識というお金を生徒という口座に預
けるようなもの，という主張である。その銀行型教育により，次の10点のよ
うな結果が導かれるとフレイレは主張する(Freire, 1968＝2011：邦訳82)。

　① 教育する者はする者，される者はされる者。
　② 教師は知っている，生徒は知らない。
　③ 教師は考える，生徒は(教師によって)考えられる。
　④ 教師は言葉を言う，生徒は言葉をおだやかに聞く。
　⑤ 教師は鍛錬する，生徒は鍛錬される。
　⑥ 教師が何をやるかを決め，実行し，生徒はそれに従う。
　⑦ 教師は行動する，生徒は教師の行動をみて自分も行動したような幻想を
　　もつ。
　⑧ 教師が教育の内容を選ぶ。生徒はその選択に参加することはなく，ただ
　　選ばれたものを受け入れる。
　⑨ 教師に与えられている権威は職業上の機能的なものであるにもかかわらず，
　　あたかも知そのものの権威を与えられていると混同することで，生徒の
　　自由と対立する。生徒は教師の決定に従わなければならない。
　⑩ 教師が学びそのものの主体であり，生徒は教師にとっての単なる対象で
　　ある。


　そして，フレイレは，これらの結果を次のようにまとめている。

「教師が知っている者で，生徒が何も知らない者だとすれば，知識は，知っている者から知らない者へ与えられ，運ばれ，伝えられるもの，となる。すべての経験がただ語られ，伝えられるだけのものとなり，自らの経験ではなくなっていく。だから，こういった「銀行型教育」の発想では，人間は適応しやすく御しやすいものである，と認識されてしまうことはまったく驚くにあたらない。知識を詰め込めば詰め込むだけ，生徒は自分自身が主体となって成果にかかわり，変革していくという批判的な意識を持つことができなくなっていく」(Freire, 1968：邦訳 83)

　少し長めの引用となったが，以上により，イリッチもフレイレも学校化による問題点をするどく指摘していることが確認できたであろう。すなわち，学校化が進むと，教えてもらうことが当たり前となり，教えてくれる人への依存度が高まり，教わる者は自ら主体的に物事を考えることができなくなる，という認識である。

　これらを踏まえて，今日の学校化された農村をみてみると，どのようなことがいえるだろうか。学校化された農村では，学校においての教える者である「教師」は行政や外部の地域振興コンサルタントが該当し，学校においての教わる者である「生徒」は農業者や地域住民が該当すると考えられる(図表6-1)。

　とはいえ，こういった単純な見方には，賛否両論が生じるだろう。しかし，本章では，農村の学校化が進んでいると仮定することでみえてくる問題を前提にして，次節以降においてその問題の打開策を考えていくことにしたい。こうすることで，従来のアプローチの限界を突破し得る新たな問題解決策を導出できるものと考えるからである。

**図表6-1　学校化された農村における教える者と教わる者**

|  | 学校 | 学校化された農村 |
|---|---|---|
| 教える者 | 教師 | 行政や外部の地域振興コンサルタント |
| 教わる者 | 生徒 | 農業者や地域住民 |

出所）著者作成

そのため，次にイリッチ(1971)やフレイレ(1968)が指摘する学校化の弊害を敷衍して，学校化された農村に生じる問題点を絞り込んでみることにしよう。その問題の核心は，教わることに慣らされた農村の住民は，自分たちの地域の将来像(地域デザイン)を自分たちで考えることができなくなるという点である。こういった農村にこそ，まさに第1章で取り上げられているフィードバック装置としてのメソドロジーのうち，浸透変容装置によるコンテクスト転換が求められるといえるだろう。

　ただし，ここで留意すべき点は，地域の将来像を実現していく過程は，地域住民の合意のもとに選択できる，ということである。例えば，「自分たちの地域の将来方向は，自分たちで考えるのではなく，あるいは考えることができないので，外部の有識者が与えてくれる未来予想図に従いたい」といった地域住民の合意が成立しているのであれば，その選択を当事者ではない地域外部の者が非難することはできないだろう。このことは，学校においても「教師が教えてくれることをすべてそのまま暗記して，教師の指導に従って学校生活を送りたい」と欲する生徒の選択を，当事者ではない外部者が非難することはできないことと同じである。

　そこで以下では，自らの進むべき道の選択を外部者にゆだねるのではなく，地域住民が自ら主体的に選択することを望む農村を対象にして，学校化によって生じる弊害を克服するための対策を考えていくことにしよう。それは，まずは，外部から生じる「あなたたちの進むべき正しい道はこういうものですよ」という圧力に対して，疑問を持つことから始める必要がある。そのためには，地域住民が自ら主体的に解決策を探求するきっかけや仕組みが必要であるが，それは「共同学習の場」や「実践コミュニティ」と呼ばれるものかもしれない(山田，2020；福田，2020；稲泉・大室，2022)。

　しかし，ここでは，そういった場や機会の必要性に注目するのではなく，解決策を導き出すプロセスの方に焦点を当てていく。その際に参考になるのが，フランス人の文化人類学者であるレヴィ＝ストロース(Lévi-Strauss, 1962)が提唱した「ブリコラージュ(bricolage)」[1)]である。フランス語のブリコラージュは，

器用仕事や日曜大工と訳されることが一般的であるが，その意味合いは「いま・ここ」にある素材を使って即興的に要求を満たすモノを作り上げる思考法といえる。そして，このブリコラージュの対称となるものが「エンジニアリング（engineering）」であり，こちらはまず設計書を作り，必要な素材を内外から集めて計画通りに組み立て，当初の要求を満たす完成品を仕上げる思考といえる。

　著者は，これまでの農村が抱える問題への解決策の多くは，外部者のエンジニアリングによって作成され，それが農村に導入される傾向が強かったと考えている。しかし，こういった外部者のエンジニアリングによる解決策は農村が抱える課題の解決策としてどれほど有効だろうか。この点についての検証は，十分になされているとは言い難い。しかし，現在のところ著者は外部者のエンジニアリングによる解決策が適する地域は一部であり，それが適さない地域も一定数存在すると考えている。そして，外部者によるエンジニアリングが適さない地域においては，次節以降で取り上げる農村内部の者が主体的に取り組むブリコラージュに期待できると考えている[2]。

## 第2節　農村におけるブリコラージュの実践事例

　本節では，我が国の中山間地域の農村が抱える課題に対してブリコラージュによる解決策を探索・実践した事例を紹介する。具体的には，広島県の中山間地域における農業法人が実施した，自ら生産した水稲を原料に用いて米粉パンを作り販売するといった6次産業化を事例にして，そこで生じていた販売不振という課題をどのように乗り越えようとしたかを考察する。以下，問題の所在，解決策としてのローカルネット販売，ローカルネット販売を実現するまでの過程と結果が議論される。

### (1)　問題の所在

　近年，全国的に，中山間地域で6次産業化を実施する事業体（以下，中山間6

図表 6-2　広島県中央部の中山間地域に開設された米粉パン店舗

出所）著者撮影（2019.3.4 撮影）

次化事業体）では，新商品を開発したものの売上が伸び悩むといった課題を抱える場合が多い。そのため，売上向上のための販路開拓方策が求められている。他方，地方都市部に拠点を置くスーパーマーケットでは，来店が困難な顧客のためにネットスーパー（以下，ローカルネットスーパーと表す）を開設して販売点数を増加させようとしているが，全国系列ネットスーパー等との差別化が課題となっている[3]。ここでは，広島県中央部の中山間地域において米粉パン店舗を開設する農業法人 A と，広島市内に拠点を置きネットスーパーを開設したスーパーマーケット B との連携事例を取り上げる（図表 6-2）。

## (2)　解決策としてのローカルネット販売

　ここでのブリコラージュによる解決策は，著者らが参与観察的に関わりながら，法人 A とスーパーマーケット B が取り組んだ，通称「ローカルネット販売」である[4]。このローカルネット販売の仕組みは，次の通りである。

　まず，中山間 6 次化事業体が販売しようとする商品をローカルネットスーパーの Web サイトに掲載する。次に，そのローカルネットスーパーの Web サイトに掲載された商品をローカルネットスーパーの会員（消費者）が発見・注文

図表 6-3　ローカルネット販売の概念図

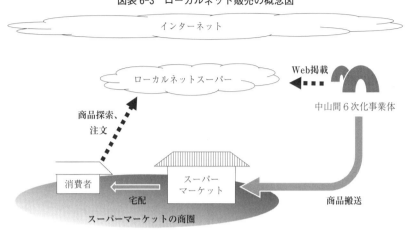

出所）著者作成

図表 6-4　ローカルネットスーパーと他の販路開拓手法との比較

| | ローカルネットスーパー | 全国系列<br>ネットスーパー | ネット通販 |
|---|---|---|---|
| スーパー<br>店舗との関係 | 地方都市に拠点を置く<br>スーパー店舗が開設 | 全国展開するスーパー<br>店舗が開設 | 店舗を持たない |
| 利用者の居住地域 | スーパーの近隣 | | 不特定 |
| 食料品の利用頻度 | 高 | | 低 |
| 顧客の地産地消<br>に対する意識 | 高 | 低 | |
| 宅配時における<br>顧客ニーズの把握 | 配達もスーパーの従業員が行う場合は，<br>玄関先での顧客ニーズ把握が可能 | | 不可 |

出所）著者作成
注）スーパーは，スーパーマーケットの略である。

する。そして，その注文された商品が事業体からスーパーマーケットに配送され，スーパーマーケットの職員が注文した消費者の自宅に配達するというものである（図表 6-3）。

　なお，ローカルネット販売の特徴を全国系列ネットスーパーやネット通販と比較するならば，ローカルネット販売を適用することで，中山間6次化事業体にとっては地方都市部に住む顧客への販路を開拓でき，ローカルネットスーパーにとっては他店との差別化を図るための品揃えができる（図表6-4）。

## (3)　ローカルネット販売を実現するまでの過程と結果

　2018年に実施された，ブリコラージュによってローカルネット販売を実現するまでの流れは，① マッチング，② 商材（販売するアイテム）などの協議と試作品づくり，③ 最終商品形態と価格の決定，④ 試験販売開始という4段階となった（図表6-5）。マッチング（2/22，3/15）後は，商材，包装（顧客の手元に届く商品の外装），搬送（質を落とさないルートと保存法）の3つを中心に複数回の協議

### 図表6-5　試験販売開始までの流れ

【マッチング】
2/22　事業体とスーパーのバイヤーとのマッチング
3/15　事業体とスーパーのネット販売・宅配事業担当者とのマッチング

【商材などの協議と試作品づくり】
5/25　事業体は，商材・包装・搬送方法の3点を重点的に検討
6/13　事業体は，商材の候補を3つに絞るとともに売価案を検討
6/21　スーパーから事業体へキラリモチ入りパンの開発の要請があり，事業体は試作を開始
7/6　事業体は，包装紙と搬送方法の詳細を検討

【最終商品形態と価格の決定】
8/29　事業体は試作品を完成させ，スーパーはキラリモチ入りパンの販売を決定
9/6　事業体は最終商品を完成させ，スーパーの関係者も含めて試食
9/12　事業体とスーパーは，最終商品を決定（キラリモチ食パン，丸型パン）
9/13　事業体とスーパーは，取引価格を決定

【試験販売開始】
10/7　スーパーは，インターネットでの注文受付を開始

出所）著者作成
注）
　　1：月日と内容は，2018年の実績である。
　　2：事業体は中山間6次化事業体，スーパーはローカルネットスーパーの略称である。

が重ねられた(5/25〜7/6)。なかでも，新商品開発が必要となった場合は，中山間6次化事業体はローカルネットスーパーからの要望を反映させた試作品づ

図表6-6 開発した新商品のローカルネットスーパーにおける Web 表示の一部

**＜冷凍＞キラリモチ食パン　約 400g**
米粉70％，小麦20％，キラリモチ10％で作った，他では味わえないリッチなもっちり感あふれる，食べ応えのある食パンです。

※冷凍でのお届けです。

※商品解凍後は，お早めにお召し上がりください。

**本体価格：** 　　　　　**598円**
税込価格： 　　　　　646円

数　　　量 　　|　1　|

🔵 お買い物方法
🔵 ポイントの利用　🛒 買い物カゴへ

**＜冷凍＞** ███████ 産
**自慢のこしひかりを使った米粉パン〜　1個**
広島県 ██████ 産自慢のこしひかりを使った米粉8割のパンです。
1個直径約18cm高さ約8cm。
米粉の特徴であるモチモチしたパンを追求したパンで，時間が経ってもモチモチ感が続きます。
米に夢を託していけるように，未来が見えるように ███████ と名づけました。

※冷凍でのお届けです。

**本体価格：** 　　　　　**680円**
税込価格： 　　　　　734円

数　　　量 　　|　1　|

🔵 お買い物方法
🔵 ポイントの利用　🛒 買い物カゴへ

出所）ローカルネットスーパーの Web サイトの一部引用（2019.1.18 アクセス）
注）店舗が特定される固有名詞にはモザイクをかけている。なお，2023 年 5 月現在において，同商品の販売は行われていない。

図表 6-7　ローカルネットスーパーでの販売実績(2018 年 10 月)

出所）ローカルネットスーパーの内部資料をもとに筆者作成
注）
1　Web ページでの注文の受付は，10 月 7 日から開始している。
2　中山間 6 次化事業体の POS データによるところ，ローカルネットスーパーでの販売を実施する前の店舗での月単位の販売個数は，プレーン食パンが概ね 100～150 個，土日やイベント限定で販売している丸型パンは概ね 20～50 個である。

くりを開始し(6/21)，試作品の完成後に協議を行って最終商品形態と価格の決定が行なわれた(9/13)。

　その後，ローカルネットスーパーとの連携により，中山間 6 次化事業体が開発した新商品のインターネットでの試験販売(10/7)が速やかに実施された(図表 6-6)。

　その結果，このローカルネット販売では，新商品の価格が他の類似商品よりも相対的に高価になったが，ローカルネットスーパーが地方都市部に住む一定数の会員顧客を有するといった特性からか，早期に一定の販売点数を実現することができた(図表 6-7)。

## 第3節　ローカルネット販売に対する ZTCA デザインモデルによる分析とフィードバック装置としてのメソドロジーの提案

　本節では，前節までに検討した，学校化された農村を変革するためのブリコラージュであるローカルネット販売の特徴を，ZTCA デザインモデルに沿って分析する（原田，2020，原ら編，2020）。ここでの ZTCA デザインモデルの取り上げ方は，個々の要素であるゾーンデザイン，トポスデザイン，コンステレーションデザイン，アクターズネットワークデザインの4つのそれぞれについて，事前に計画されたエンジニアリングとその場にあるもので即興的につくるブリコラージュの2つの視点から対比して論じるものであり，いわば現象を客観的に分析するフレームワークとしての位置づけである。

　第1は，ゾーンデザインである。多くの場合，エンジニアリングによるゾーンデザインでは，行政単位に近いゾーン設定になりがちである。他方，ブリコラージュによるゾーンデザインでは行政単位ではない新たな地域範囲の設定が可能になる。具体的には，ローカルネット販売の事例でみたように，米粉パン店舗がある広島県中央部の中山間地域という空間を突破して，物理的距離の離れた広島市内のスーパーマーケットが開設するネットスーパーを通じることで，広島市内の消費者へ中山間地域で生産した米粉パンの販売を実現するといったゾーン設定が図られている。

　第2は，トポスデザインについてである。まずエンジニアリングによるトポスデザインでは，外部から導入されたアイデアやそれに基づくコンテンツを特定地域内に浸透させて地域を変容させようとするだろう。これは，地域内に有力なトポスの存在が認識できないための対策となる。他方，ブリコラージュによるトポスデザインは，いうなれば創発とでも呼べるものとなる。それは，地域内部に存在する資源のこれまでにない新たな組み合わせによって新しいイノベーションを起こし，地域を変容させようとする。前節のローカルネット販売の事例におけるブリコラージュによるトポスデザインは，スーパーからの要望

に沿って開発したもち麦のキラリモチ入り米粉パンがモノのトポスであり，その商品を作ってネットスーパーで地方都市部の消費者に販売するというビジネスモデルそのものがコトのトポスといえよう。

第3に，コンステレーションデザインにおけるエンジニアリングとブリコラージュの対比は，トポスデザインとほぼ同様の捉え方となる。すなわち，ブリコラージュによるコンステレーションデザインも，創発である。具体的には，何らかのエピソードを外部から移入するのではなく，地域内部に現有あるいはブリコラージュによるトポスデザインによって創発された新たなトポスを組み合わせて新しいエピソードを創り出すのである。ローカルネット販売の事例では，中山間地域の農業者と地方都市部のスーパーマーケットや消費者がつながることで「都市農村交流」といった大きな物語を創出しており，それによって中山間地域の農業者にとっては新規顧客の開拓を実現し，地方スーパーマーケットにとっては新規商品の品揃えの充実度を高めて顧客満足を増大させることにつながるだろう。

第4は，アクターズネットワークデザインについてである。ブリコラージュによるアクターズネットワークデザインは，新たなアクター同士を有機的に結びつける「リンケージ」といえるだろう。このことをローカルネット販売の例で考えるならば，中山間地域で6次化に取り組みながら新商品の販売不振といった課題を抱えている農業者と，ネットスーパーの発信力強化を課題とする地方スーパーのつながりが実現している点である。この双方のニーズがマッチしていることを前提とするならば，例えば，中山間地域で生産された6次化商品のスーパーマーケットのリアル店舗での販売や，あるいは，スーパーマーケットの消費者のなかから希望者を募った中山間地域での農業体験サービスの展開など，将来的に新たなアクターとのネットワークの拡大や強化が期待できるのである。

次に，以上までの分析を踏まえて，ブリコラージュによるZTCAデザインを現場へフィードバックする装置としてのメソドロジーについての提言を行いたい。ここでは，本書第1章で取り上げられている3つの装置，すなわち次元

図表 6-8　ZTCA デザインをフィードバックするメソドロジーについてのエンジニアリング
　　　　　とブリコラージュによる対比

| デザイン要素 | エンジニアリング | ブリコラージュ |
|---|---|---|
| ゾーンデザイン | 次元限定装置 | 次元突破装置 |
| トポスデザイン | 浸透変容装置 | 創発生成装置 |
| コンステレーションデザイン | 浸透変容装置 | 創発生成装置 |
| アクターズネットワークデザイン | 連結固着装置<br>（コネクション） | 連結培養装置<br>（リンケージ） |

出所）著者作成

　突破装置，浸透変容装置，連結培養装置を前提にしながら考察を深めていく。
なお，これらの概念のここでの位置づけは，ローカルネット販売の実際（第２節）
を踏まえて抽出されたブリコラージュによる ZTCA デザインを，どのように
現場の問題解決の具体策としてつなげるかという発想に基づいている（図表
6-8）。

　まず，次元突破装置としては，ブリコラージュによるゾーンデザインが該当
する。ブリコラージュによるゾーンデザインを実行する際の具体的な手順とし
ては，それがリアルであるかバーチャルであるかにかかわらず，他地域との結
びつきを望む地域同士のニーズの確認とそのマッチングが重要になる。そして，
双方がメリットを認め合うことができれば，そこに新たな次元突破装置として
のブリコラージュによるゾーンデザインが実現することになろう。

　次に，浸透変容装置としては，エンジニアリングによるトポスデザインやコ
ンステレーションデザインが該当しよう。これらは，当該地域においてなんら
かの新しいアイデア等が生み出される可能性が低い時に，外部の専門家によっ
て当該地域を活性化するためのアイデアを浸透させようとする仕組みといえる。
いわゆる，行政組織や地域コンサルタントが行っている地域活性化策などは，
このエンジニアリングによるトポスデザインやコンステレーションデザインと
なるが，当該地域において地域住民が自らトポスデザインやコンステレーショ
ンデザインを実現することができない場合は，こういったフィードバックの形
が有効になるだろう。他方，地域内部から新しい価値を発揮するトポスやコン

ステレーションを見出すことができるのであれば，そこでは浸透変容というよりはいわば創発が生成されることになるため，外部から何かを浸透させようとする圧力は不要になるだろう。

　そして，連結培養装置としては，ブリコラージュによるアクターズネットワークデザインが該当する。ブリコラージュによるアクターズネットワークデザインでは，次元突破された空間にいる人たちが，リアルだけでなくインターネット上での接点により新たな結び目を作っていく。つながる相手がその場にいるという事実は，偶然かもしれない。しかし，「いま・ここ」という時間と場所にいるアクター間で新しいつながり方を模索し，できることから協働を始めるということがブリコラージュによるアクターズネットワークデザインの特徴といえる。その協働のプロセスと経験の蓄積によって，従来のアクターズネットワークとは異なる新たなアクター間の連結が培養されることになるのである。それは，稲泉（2016）が指摘する「自然発生する仲間」にも近いところがある。また，総務省の地域おこし協力隊制度なども，「いま・ここ」にいるアクター間の新しい結び目を作るという連結培養装置としての役割を果たすならば，今後のさらなる活躍が期待できるのではないだろうか。

## おわりに

　本章では，疲弊する農村のなかでも学校化が進展する農村においていかなる問題が生じており，その問題を解決する方策として期待できるブリコラージュの意義について検討してきた。特に，学校化された農村では，外部の者から何らかの正解を教え授けられることにより，農村内部の者は自ら考えることをしなくなるといったリスクがあることを指摘した。そして，そういった学校化する農村の問題を解決する手段としてのブリコラージュの実践事例の1つとして「ローカルネット販売」を取り上げた。

　これらの結果から，学校化された農村を変革するためのブリコラージュが問題を抱える農村の地域活性化に一定の有効性を持つことが示唆された。とはい

え，学校化された農村が抱える問題の解決に適した思考法が，エンジニアリングなのかブリコラージュなのかについての絶対的な解はなく，対象とする地域の事情による相対的なものとなろう。したがって，エンジニアリングが有効性を発揮しない地域ではブリコラージュが求められる，というのが本章の結論の1つとなる。

　また，本章のもう1つの特徴は，ローカルネット販売というブリコラージュの実践をZTCAデザインモデルに基づいて分析し，その分析結果から導かれた知見を現場へフィードバックする装置の意義について考察している点である。本章では，ZTCAデザインモデルを，地域デザインを分析する客観的なフレームワークとして活用したが，それによって導かれた知見を直接現場へフィードバックすることには限界があると考えられる。そのため，第1章で提案されている次元突破装置，浸透変容装置，連結培養装置といった3つのフィードバック装置を用いることで，ZTCAデザインモデルによって抽出された地域デザインの知見を現場へフィードバックできる可能性が高まることが示唆された。特に，ブリコラージュによる地域デザインを現場へフィードバックする際には，ゾーンデザインは次元突破装置として，トポスデザインとコンステレーションデザインは浸透変容装置というよりも創発生成装置として，そしてアクターズネットワークデザインは連結培養装置となることが提示された。これらは，これまでに蓄積された地域デザイン研究のなかには，地域デザイン現象に対してZTCAデザインモデルをフレームワークに用いて客観的に説明することにとどまっていたものが散見されるなかで，客観的な分析の先にある現場への実践的なフィードバックといったところまで地域デザイン研究の貢献範囲を延伸させる重要な知見と評価できよう。

　残された課題としては，学校化された農村におけるブリコラージュ的地域デザイン実践の複数事例における検討や，ブリコラージュをZTCAデザインモデルで検証する作業の深化，並びにエンジニアリングとブリコラージュによるフィードバック装置の効果や有効となる条件の比較検討等が考えられる。これらについては，今後の課題としたい。

**謝辞**
　本章の執筆にあたり，生研支援センター「革新的技術開発・緊急展開事業（うち地域戦略プロジェクト）」の支援を受けて行った研究成果の一部を活用している。

**注**

1）レヴィ＝ストロース（1974：邦訳22-28）において，レヴィ＝ストロースが用いているブリコラージュの概念が，後に本章の本文でも取り上げるエンジニアリングと対比されながら説明されている。

2）地域デザイン学においてブリコラージュに着目した研究には，藤田（2023）がある。

3）ネットスーパーの全国的な動向については，川辺（2011）がネット販売の売上高がほぼコンビニ並みになっていることを指摘し，地方スーパーの参入が増加していることを後藤（2010）が明らかにしている。後藤（2010）によれば，「大手チェーンでのネットスーパー実施店舗数の増加と実施エリア拡大に伴い，地方スーパーも地盤エリアでシェアを守るために事業を検討する必要が出てきた。2009年からは，福島県のいちい，四国のフジ，鹿児島県のタイヨーなどがネットスーパーを開始した。さらに，ヨークベニマル，カスミ，オーケーなどの食品スーパーが今後の参入を検討している」（p.58）という。また，インターネットでの食品購入については，野菜の場合は「産地にこだわり，買い物に出かける余裕のないときにアクセスする傾向」（伊藤，2014）が確認されている。加えて，ネットスーパーでの食品の行動分析については滝口・清野（2011；2014）によって進められており，「従来から指摘されてきた買い物時間や距離の制約からの解放のみならず，その根底には，最終的な利用者の目的や目標を実現するための多様な価値がネットスーパーの利用行動とその評価に結びついていると推察される」（滝口・清野，2014：181）と指摘されている。

4）ローカルネット販売の詳細については，大室（2021）を参照されたい。

**参考文献**
伊藤雅之（2013）「食品購入におけるインターネットの利用実態」『2013年度日本フードシステム学会大会報告要旨集』，pp.127-128。

伊藤雅之（2014）「野菜購入におけるインターネットの利用意識からみた消費者の類型化」『農業経営研究』第52巻第3号，pp.53-58。

稲泉博己（2016）「自然発生する仲間と地域デザイン」地域デザイン学会誌『地域デザイン』第8号，pp.224-230。

稲泉博己・大室健治（2022）「農のある地域の実践コミュニティにおける植物メディアを媒介とした学習過程―アクターネットワーク理論の適用可能性」地域デザイン学会誌『地域デザイン』第19号，pp.121-143。

大室健治（2021）「6次化商品の販路開拓方策『ローカルネット販売』」『技術と普及』第58巻第2号，pp.12-13。

川辺信雄（2011）「ネットスーパーの生成と発展―バーチャル・ビジネスとリアル・ビジネスの統合」『早稲田商学』第429号，pp.23-78。

後藤亜希子（2010）「参入が増えるネットスーパーの動向と今後の可能性に関する検討」『流通情報』第 42 巻第 2 号，pp. 14-21。

滝口沙也加・清野誠喜（2011）「ネットスーパーにおける野菜の品揃えに関する一考察──主要 3 社における PB 商品の特徴を中心に」『フードシステム研究』第 18 巻第 3 号，pp. 227-232。

滝口沙也加・清野誠喜（2014）「食品購入チャネルとしてのネットスーパーの評価──文脈価値把握に向けた予備的考察」『フードシステム研究』第 21 巻第 3 号，pp. 176-181。

原田保（2014）「地域デザイン理論のコンテクスト転換──ZTCA デザインモデルの提言」地域デザイン学会誌『地域デザイン』第 4 号改訂版，pp. 11-27。

原田保・三浦俊彦・古賀広志編著（2020）『地域デザインモデルの研究──理論構築のための基本と展開』学文社。

福田康典（2020）「地域デザイン実践におけるアクター学習」地域デザイン学会誌『地域デザイン』第 16 号，pp. 101-119。

藤田直哉（2023）「新百合ヶ丘地域のまちづくりと ZTCA デザインモデルの対応を検討する──市民たちによるブリコラージュ的な地域デザインの一事例」地域デザイン学会誌『地域デザイン』第 21 号，pp. 135-154。

山田敏之（2020）「地域学習のメカニズムとダイナミックな地域能力」地域デザイン学会誌『地域デザイン』第 4 号改訂版，pp. 29-51。

Freire, P.（1968）*Pedagogy of the oppressed 50th Anniversary Edition, 4th ed.*, Bloomsbury Academic.（三砂ちづる訳（2011）『被抑圧者の教育学──50 周年記念版』亜紀書房）

Illich, I. D.（1971）*Deschooling Society*, Harper & Row.（東洋・小澤周三訳（1977）『脱学校の社会』東京創元社）

Lévi-Strauss, C.（1974）*La pensée sauvage*, Libraire Plon.（大橋保夫訳（1976）『野生の思考』みすず書房）

# 第7章

# 変容に対する「抵抗」に対処するメソッド

藤田　直哉

## はじめに

　本章は，地域をある方向に変えていく未来志向の「地域デザイン」行為そのものではなく，そのようなデザインを行う際に発生する「抵抗」に対処するためのメソッドを論じる。

　地域デザイン行為に対する「抵抗」は，「次元突破装置によるコンテクスト指向の解の獲得」であれ，「浸透変容装置によるコンテクスト転換」であれ，変化を起こそうとすれば必然的に生じるものであると考えられ，また多くの事例で観察されることである。だが，管見の限り，それはあまり言及され論じられる機会の多くないことのように思われる。それがなぜかと考えるに，行政や企業などが，ある地域を変えていくときに，その未来／実践をポジティヴに記述しなければならない，「成功」であるかのように主張せざるを得ないという条件によって生じている可能性が考えられる。しかし，このネガティヴな側面は，現実の実践上確実に存在しているのだから，地域デザイン学会が，理論のみならず，実践における価値を指向するのであればそれを論じ，実践者の助けとなるようにしておくべきであろうと考えられる。

　それを文化論の観点から論じる，というのは，「抵抗」には文化が大きく影

響しているからである。「文化」という言葉は非常に定義の難しいものであるが，ここでは「ある程度の集団に共有された価値観，行動，振舞いなど」のことと定義する。

　なぜ文化論の観点からこの問題にアプローチするのかといえば，抵抗は決して合理性や科学性に基づいて行われるものではなく，身に付いた文化への愛着や，アイデンティティ(identity)に基づくことが多いからである。分かりやすいのが明治・大正時代に活躍した小説家の夏目漱石である。江戸時代の教養や生活スタイルを身に付けていた彼は，近代化していく日本の中で，かつての価値観や文化が失われていくことに苦しんだ。「個人主義」などの近代西洋の概念の輸入による国家規模の地域デザイン＝変容の中で，人々はそれが仮に合理的であるとしても，たやすく心情的に適応できるとは限らなかった。第二次世界大戦の敗戦による価値観や社会システムの大規模な変動の後にも同じようなことが起こり，そのような懐古的・復古的・保守的な心情を描く作品や言説に多くの共感が集まり，政治的な力も持った。現代では世界中で，「新しい男性性」「ポリティカルコレクトネス」(political correctness)などに対する反動がおきているが，これも同様の心情であろう。新しいテクノロジーやシステム，アイデアなどを地域に導入しようとする際にも，構造的に近しいことが生じると推測される[1]。

　理性・知性と，感情・愛着の次元は，相互に結びつきながらもバラバラに存在し，複雑な軌跡を描くものである。「デザイン」という概念には，理知的な設計の要素が見え隠れするが，具体的な人々の生活の場を変えていき，なおかつアイデンティティや地域の意味なども変えていくのであれば，そこに生きている人間の感情や愛着の側面も考慮に入れる必要があるだろう。そうでなければ，理知的に設計されたものであっても，機能しなかったり，別の問題を引き起こしたりする，といったことになりかねない。設計通りに使われていない地域や施設というのは，枚挙に暇がないほどたくさんある。

　これを ZTCA デザインモデルとの対応で考えるとするならば，ゾーンの線引きはアイデンティティの問題に関わることになる。トポスの問題は，たとえ

ば地元の人間にとって思い入れがある場所などが，アニメ聖地巡礼の場所になり，その意味が変わってしまう際などに，「そんなチープなカルチャーで意味付けしてほしくない」などの抵抗は具体的に起こっている。コンテクスト転換においても，地域の意味，物語，神話のようなものが大きく変われば，転換される前のコンテクストにこそ固執する者だって，少なくないだろう。そして，いうまでもなく，それはさまざまな当事者たちを含むアクターに関わってくる。その内面や主体のありようこそが，本章で提示するメソッドにおいて重要な部分となるからだ。

　第1節において，本章で想定する抵抗の例を挙げる。それは，三里塚闘争のような，物理的な抵抗である場合もあれば，やる気をなくす，サボタージュ（sabotage）するなどの受動攻撃的な抵抗である場合もある。あるいは，フロイト（Sigmund Freud）が，抑圧されたものについて述べたとおり（Freud, 1919），形を変えて別の場所で噴出するような場合もある。

　第2節において，本章における「文化論」の定義，既存の理論の紹介や，メソッドの狙いが議論される。第3節において，新しく変わっていくことに対する，愛着やアイデンティティの喪失感や痛みに対処するためのメソッドが提案される。それを，仮に「心情に寄り添う地域デザイン」と呼ぶことにする。郷土資料館の建設や，新海誠監督の『すずめの戸締まり』（2022）における放棄される土地を追悼する儀式の考案，越後妻有大地の芸術祭における住民たちとの繰り返される対話によるグループセラピー（group psychotherapy）的な場の構築，などがその例として挙げられる。

　第4節において，このような文化の変容を俯瞰的に理解するための理論的な視座のために，文化人類学の知見を借りる。そこで重視されるのは，「土地や人々と結びついた伝統的な文化」と「それを破壊する外来の文化」という二項対立の図式で理解する「本質主義 essentialism」ではなく，文化とは常に外部と接触し影響を受ける異種混淆的なものであり，常に現に生きている人々によって担われ変容し続けるものだという「非本質主義 non-essentialism」的な文化観である。

　第5節において，非本質主義的な観点だけではおそらくアイデンティティの問題や，地域デザインのために必要なブランド化などの操作は行い得ないので，非本質主義と戦略的本質主義(strategic essentialism)との複眼的な視点を持つ，分裂的でアイロニカルな主体こそが必要になってくる，ということを述べる。そして，地域に価値を発現していくためには，デザイナーやアクターたちの経験を持ち寄り，そこで生じる悩みなどを共有することで，新たにデザイナーやアクターになっていく人たちに対してメンター(mentor)として機能していくというメソッドの必要性を提案する。

## 第1節　抵抗の種類

　著者が主張するのは，「影のデザインメソドロジー」[2)]である。分かりやすい図式や構図によるモデルやメソッドの共有は，学術の発展や人類の成長のために必要なことであるが，そこからは抜け落ちてしまうような微細な心情や感情の問題への取り組みが，現実の地域デザイン行為の実践では，程度の差こそあれ，必要になってくることが多い。何かを変えるということは，どうしても抵抗を生むのである。それを，権力，武力，金力などのハードパワーで解決せざるを得ない場合もあるが，こと地域デザインの場合，住人等のアクターらの参加などがそのデザインが機能するか否かに大きく関わるので，可能な限りその方法は避けた方が機能性が高まるだろうと思われる。そこに対して介入する際のメソッドこそが，著者の提案したいものである。

　人間は，必ずしも常に合理的な存在ではなく，合理的であることが常に正しいのかどうかについても，確たる結論が出ているわけではない。「この地域はこうした方がよい」「こうしないと滅びてしまうのではないか」と論理的には明白に思われる場合であっても，それを人々が受け容れるとは限らない。こだわりや愛着を持つ価値観に殉じて，滅びを選ぶ場合もあるだろう。

　たとえば，成田空港を建設することには，国家レベルでの合理性があると考えられる。あるいは，リニアモーターカーを建設することにも，合理性がある

のだと，少なくとも国は考えたのだろうと思われる。だが，そこには抵抗する人々がいた。成田空港では三里塚闘争が行われた。そこにはさまざまな政治的勢力が関わっていたが，抵抗への動員の際に訴えかけられたのは，破壊される住人たちの生活やアイデンティティだった。皇族も訪れる御料牧場があったような，大きな誇りと愛着のある場所だったことが，抵抗に影響を与えていたと言われる。高度経済成長期である1960年代の日本には，科学・国家などに対して，土着的で民衆的な生のあり方を守ろうとする，新左翼・カウンターカルチャー（counterculture）の機運も存在していた。それから60年近く経っている現在でも，リニアモーターカーの線路での工事をしている長野県大鹿村などでは，「この樹は神聖なものなのだ」と主張する住人などとの対立が起こっている。

　さまざまな再開発でも同様の問題が起こるだろう。川崎市武蔵小杉は，今ではタワーマンションとショッピングモールのある，ファミリー向けの高級住宅地といった様子だが，もとは工業地域であり，大きな工場があった。そこには，工場労働者を中心とした文化が存在し，武蔵小杉には安い呑み屋や焼き鳥屋がたくさん並んでいたが，今ではその数は随分と減り，クリーンで現代的な店に姿を変えている。そこは，工場労働者の文化（デザイン，ファッション，味の好み，貧富など）を持つ者たちにとって，必ずしも居心地のいい場所ではないだろう。そして，彼らの交流の場やコミュニティすら，喪失していくこともあるかもしれない。工場労働者の文化を保存しようという機運は現代日本の社会ではあまりみられないが，しかしながらそれは文化であることもまた確かであり，喪失は発生している。再開発や地域デザインの光の部分に対して，このような影の部分は，あらゆるケースで存在している。

　現実には，再開発をする側の方が力が強い場合が多い。富裕層を対象にする方が，企業としても，行政としても利益が多いのだから，それは必然的にそうなっていく。そして，工場労働者たちの生活空間や文化などは破壊されるのだが，それは単純に素直に受容されるものではないだろう。愛着やアイデンティティを持っていたものが，なくなること，時代遅れになってしまうことなどは，そう簡単に受け止められることではないようである。機械が工場で使われるよ

うになったときには，手工業に従事していた者たちから機械を破壊するラッダイト運動が起こり，AI（artificial intelligence：人工知能）が発展している現在でも失業の危機にある人々が抵抗している。

　そのように直接的に有形力や政治力を行使する抵抗が行われる場合もあれば，その心理的鬱屈が別の形で現れることもある。「西洋の秩序の支配に対して，自国のアイデンティティを重視して戦うプーチン（Владимир Владимирович Путин）を支持する」「リベラルに抵抗するトランプ（Donald John Trump）を支持する」などの形になることもあるだろう。喪失を嘆き続け前向きにならないこと，鬱々とすること，サボタージュすることのような，消極的攻撃性を示す無言の抵抗である場合もあるだろう。フロイトがいうには，抑圧されたものは，必ず回帰する。しかも，当人たちがそうと意識しない形で，形を変えて回帰してくるというのだ 3)。

　これら，暴力的闘争から，心理的鬱屈まで，さまざまなレイヤー（layer）の抵抗が，地域を変えていくことの副作用／反作用として，ほとんど必ず起こるといっていいだろう。その抵抗は，地域デザインを行った後に生じるだけではなく，これから行おうとしている計画に対して起こることもあるだろう。具体的な人間が生きている生活世界に対する介入としての地域デザインの実践においては，このことは最初から織り込んだ上で，よりよい対処を志向しなければならないだろう。では，そのためのメソッドとして，どのようなものが考えられるだろうか。

## 第2節　文化論におけるメソドロジー

　「文化」とは，厄介な概念だが，マシュー・アーノルド（M. Arnold）が1869年に提示した人間の精神活動のうち「最高のもの」とする定義がある（Arnold, 1994）。「文化的」などを，価値判断における肯定的な意味合いで使う際に今でも用いられているものである。もう1つは，もう少し価値中立的に，「ある人間集団に共有されている価値観，振舞いなどのパターン」というものがある。

　前者がいわゆる高級文化の研究であり，それの顕彰と普及に努めるところがあるとすれば，後者は，カルチュラル・スタディーズ(cultural studies)や文化人類学(cultural anthropology)などの研究に代表されるような，低俗，俗悪，野蛮などと西洋の文化ヒエラルキーの中でみなされてきたものを研究の対象とするというところに特徴がある。

　カルチュラル・スタディーズは，レイモンド・ウィリアムズ(R. H. Williams)らによって展開されたもので，マルクス主義の理論的背景を持ち，労働者階級や大衆文化の分析を行った。文化人類学も，西洋の白人中心的な価値観に対するカウンターとして，それ以外の文化を内在的に理解し評価する試みとして発展した部分がある。カルチュラル・スタディーズというメソッドは，ジェンダー論，階級論などさまざまな理論を組み合わせて使うものであり，対象の複雑さから，分かりやすいモデル化などは行われにくい。文化人類学においても，対象を内在的に理解するための，参与観察などのメソッドがある。具体的に地域を変えていこうとする者，アクターズネットワークを作ろうとする者には，フィールドワークなどのメソッドが具体的に有効であろう。

　地域デザインにおいて調査研究の対象とするべきなのは，ある変貌を遂げようとする地域の人々の心情や価値観なので，ここで採用すべきなのは後者の，価値中立的な文化観であろうと思われる。カルチュラル・スタディーズは，中立的な分析をするだけでなく批判的な介入をすることで対象を変えようとする側面のある方法論であるため，地域デザイン学への援用の可能性がある。また，研究対象のいわゆる論理ではない思考や価値観を理解する方法論としての文化人類学，その地域の変容を追跡し考察してきた学としての文化人類学の知見も，地域デザインにおける「変容していく地域」を理解し，デザイナーたちがどのような態度を採るべきかを考察する手助けになるだろう。

　ただ，カルチュラル・スタディーズはマルクス主義的な理論のバックグラウンドがあり，文化人類学も自民族中心主義批判の傾向があり，それをそのまま日本の地方における地域デザインに当てはめられるわけではない。そこで，日本人たちが，文化が変わっていくこと，変えられていくことを内在的に体験し

言語化したサンプルとして，いわゆるエッセイや批評などの類も参照していくことにする。ここで想定するのは，夏目漱石の近代論，江藤淳の戦後日本論などだが，それらは体系的な方法論によって書かれたものとは言い難く，その当人の感性や愛着，バックグラウンドなども複雑に絡む属人的なものである。だが，そのような文学的な形で表明される心情に近いものが，具体的に変貌していく地域に住む人々にもあるはずである。「文化研究」ではなく「文化論」をキーワードに掲げたのは，それらを折衷的に援用することを意図したためである。

## 第3節　心情に寄り添う地域デザイン─喪失に対する喪や追悼

　1つ目は，「心情に寄り添う地域デザイン」である。これは，非合理なものであれ，その心情やこだわりに付き合い，それを浄化する手段をさまざまに模索するメソッドである。

　現在の日本における地域デザインの多くは，高度経済成長期や人口増大期のように，人があまり住んでいない土地を新たに設計していくというよりは，既に人が住んで生活している地域を変えていく，ということが主だろう。その場合，それが成功であれ失敗であれ，合理的であれそうでなかろうと，何かが失われることになる。その喪失感や剥奪感がさまざまな抵抗を生む。そして，地域デザインを進めていく際には，その抵抗に直面し，宥めていく作業も現実的に必要だと思われる。

　そのために，新百合ヶ丘などの事例で現実に行われてきたのは，郷土資料館を作ったりするなど，「昔からあるもの」を尊重し，保存し，継承していく意志を形で示すものである。新しくなっていくということと，それによって失われるものをどうするかという問題に対し，一定の合理性のある折衷案だと思われる。とはいえ，この方法は，新たに箱物を作り，未来にわたって維持・メンテナンスし続けるコストを負担できるような財政状況でないからこそ地域デザインを必要としている地域には，なかなか使うことが難しいだろう。

　「物語」や「幻想」による「喪」や「追悼」の作業もまた有効であろう。例えば，第二次世界大戦の敗戦以前の日本に愛着を持っていた文芸評論家の江藤淳は，戦後の変貌していく日本社会に嫌気が差しており，それを文芸評論などの活動で表現していた（江藤，1981）。そして，彼は「死者」，つまり失われたものが，この世界に満ちている，という感覚に辿り着いた。文化や自然や空間の中に，死者たちが織り込まれて実在しており，それと「絆」があるという幻想は，疎隔感と離人感を覚えさせる戦後日本に耐えるための愛着を形成する機能があっただろう。失われたものが，本当は失われていないという幻想は，変容と喪失を受け止めさせてくれるための心理的な装置として機能する。それが，宗教，芸術などの形をとることもあるだろう。このような「喪失」を慰める物語の構築が，ひとつの対処法である。

　アニメーション（animation）映画監督の新海誠は，『すずめの戸締まり』という作品で，廃墟となり放棄される土地に対し，「戸締まり」という神道的な儀式を行うというフィクションを構築した。それは，その土地にあった生活などを悼み，喪失に対する喪を行うという営みが，既存の宗教などによって行われていないからこそ，新たにアニメーションを通じてそれを創造し共有しようとした営みだと解釈されるだろう。

　さらに，対話的・グループセラピー的な方法論もありうる。越後妻有大地の芸術祭において，ディレクターの北川フラムたちが，現代アートを地域で行っていくことに対する理解を得るために，住人たちと何度も対話の場を設定していた。新潟の山奥の農村にとって，現代アートは異物である。現代アートを観るために全国全世界から人々が来るという社会に変容し，産業構造なども変わっていくことに，住人たちは恐れや抵抗も感じたであろう。しかし，実際にその土地で運営などの一部を担っていくのも彼らなのだから，その協力がなければ，芸術祭そのものの成功もおぼつかない。この対話の中では，言語化と，共感的な傾聴などのグループセラピーやグリーフケア（grief care）的な効果もあったのではないかと推測される。抵抗や批判も，言葉にされなければ，怨念になるかもしれないが，言語化され，受け止められることで，グループセラピーの

ように，浄化されることもあるかもしれない。

　このように，変化や喪失に伴う心情に寄り添うデザインこそが，具体的な地域デザイン行為の実践の際には有効になってくる。過去を適切に追悼することを通じて，未来に向けて前向きに進む心の構えが生じるということが，人間の心理にはあるからだ。このことを，ZTCA デザインモデルや，地域デザインの実践に取り込むことが必要なのではないだろうか。

## 第4節　非本質主義的な文化観と，本質主義的な文化観──神話解体と神話創造

　変容への「抵抗」に対応するための2つ目のメソッドは，もう少し理知的で俯瞰的な認識の地図を獲得し，普及させるということである。文化の変容や喪失とそれに対する抵抗という問題に対して，文化人類学の知見が参照できるように思われる。というのも，文化人類学は，西洋文明に接触した植民地や，未開部族などについての研究を通じて，さまざまな文化変容についての考察を重ねてきているからだ。

　結論を一言でいうと，「本質主義」的な思考をやめ，混淆的な文化観を抱くべきである，ということである。本質主義とは，何かに絶対的な性質が内在している，という考え方である。たとえば「女性は優しく，男性は暴力的」「日本人は自然と調和してきた」などの考え方は，男女観や国民観における本質主義である。実際には，気が強く暴力的な女性もおり，柔和で優しい男性もいるし，日本が工業化した段階では自然破壊を大量に行っていたのが現実であるから，これらの考えは実態には即していないのだが，人間は往々にしてこのようなステレオタイプ（stereo type）に囚われやすい。それは言語や概念の性質，脳が複雑さを縮減したいという認知上の欲求，自惚れやこう思いたいというアイデンティティ上の願望などによって生じているのだが，具体的な地域デザインに関わる主体は，この本質主義を捨てるべきである。事実ではないからだ。

　太田（1998：10）は，「本質主義とは，個人，社会集団，あるいは国家が時間

を超越した特性を持つとする思想であり，その結果，個人，社会集団，あるいは国家の内部における均質性と，それらの外部との絶対的差異を想定する。非本質主義は，そのような外部との絶対的差異を認めないと同時に，内部の多様性を強調する」と述べている。本章における本質主義，非本質主義についても，基本的にこの考えを踏襲する。

　アイデンティティや文化に対する愛着，固執などには，この本質主義が関わっていることが多い。ある地域や集団に，時間を超えた絶対的な特性がある，という本質主義の考え方は，端的に事実ではない。ある「神」や「祭り」を絶対的で固有のものと考える住人が住む村が仮にあったとしても，その村の周囲には似たような神や祭りがあるものであり，歴史的な文化の伝播の形跡を辿ることもできる。そしてそれは，歴史の過程の中で変容してきたものである。ある祭りや神事が，太古の神話の時代，『古事記』の時代に結びついているという感覚を与えるとしても，その祭りの起源は遡れて明治時代か，よくて室町時代などであることも多い。伝統的な価値観，決まりなどと呼ばれているものも同様である。つまり，愛着や固執の対象になっている価値は，その地域や人々に絶対的，純粋に内在しているものではなく，歴史的に形成された相対的なものであるというのが，真実なのだ。とはいえ，その相対的で流動的なものを絶対的なものだと考えて心理的安定を求めるのも，往々にして人間の心理として起こりがちであるということを我々は理解する必要もある。相対的で流動的であることは，アイデンティティを不安定化させてしまうからだ。

　しかし，実際には，文化やアイデンティティの独自性というものも，他集団との接触によって，遡及的に発見されるという意味で，単独で存在しているものではない。多くの日本人論が，黒船が来襲し西洋と接触しはじめた時期以降に書かれたのは偶然ではない。西洋との差異から，日本の独自性が遡及的に発見されていくのである。そもそも，それ以前は，藩という単位の方が，日本という国家的なアイデンティティよりもはるかに意識されていたはずで，日本というナショナリズムもまた外部との接触から発生しているのだ。アイデンティティなどは，このような相互作用的に発生するものであり，これまた時間を超

えた価値が絶対的に内在している，という考え方には反しているのである。

　そして，伝統に関わる限り，「真正性」についてもこだわりの対象になることが多い。では，アイヌ民族(Ainu)を例に出してこの問題を考えてみよう。最近では国立アイヌ民族博物館であるウポポイが建設され，白老では芸術祭も行われるなど，民族と結びついた地域デザインが行われている。そこで，ウポポイにおいて実演されるアイヌの歌や踊りは，本物ではないという批判がある。

　しかし，本物とは何だろうか。確かに，それは観光客向けにカスタマイズされた踊りである。しかし，ウポポイ以前から白老は観光地であり，そこでアイヌの人々は観光客に向けて伝統芸能を披露していた。しかしそれとて，すでに観光客向けにアレンジされたものである。それは本物なのか偽物なのか。和人と接触する以前の文化が純粋で本物だと我々はついつい考えたくなるが，しかしアイヌが神事で使うイナウは，神道における御幣とソックリであり，そこからアイヌ文化と神道の相互影響についての議論が研究者からなされているほどで，決してそれは純粋な文化ではないのだ。海洋交易も盛んで，本州はおろか，サハリンや中国大陸との交易の痕跡も残っている。だとすると，本物・純粋はそれらの影響を排さなければいけないことになるのだろうか。無限にそれを繰り返していくと，アフリカの原初人類にまで遡ってしまうことにならないだろうか。

　つまり，「真正性」についての議論は，いつどの時点を純粋，本物と切り取り得るのかについての恣意性に左右されるのであり，その恣意性を正当化する根拠もまた曖昧なものなのである。排外主義的な日本主義者であっても，中国大陸からやってきた雅楽や，縄文時代に大陸からやってきた弥生文化や稲作を否定し排除しようとしない，つまり，ある特定の時代や文化を日本の真正性と純粋性を体現していると勝手に決めているのだ。そして，そのような純粋性・真正性が存在しないのではないかという観点に立つならば，外部からの影響を受けて変容していく文化を本物ではないとみなすことが正しいのか，ということについても，検討しなければいけなくなる。それが，本質主義から非本質主義への転換である。

本質主義的な文化理解からの転換について，清水(2005)は，フィリピン(Republic of the Philippines)のイロンゴット(Ilongot)を調査したレナート・ロサルト(R. Rosaldo)とミシェル・ロサルト(M. Rosaldo)夫婦について触れながら，示唆的なことを書いている。怒りや悲しみを抑えるために「首狩」(殺人)をするという，西洋の価値観を持つ人々にはおよそ耐えがたい習慣を持つ人々を調査しているうち，首狩の習慣を抑えて，キリスト教に改宗することで，死別の悲しみを癒そうとする者に出会う。「古い宗教や人間観によって作られている自分自身を，今までとは違ったように作り直そうと試みる」(清水，2005：244)ことがあったのだ。そして，「『文化を持たない』とか，文化を破壊されたり失ったりするという捉え方は，現実の変化に柔軟に対応して必死に生きている人々の現実を正しく捉えていないとの自覚を持つようになっていった。そして従来の文化概念，すなわち，その土地に生きる人々が悠久の昔から変わらずに受け継いできた伝統，言い換えれば土地と民族とに不可分に結びついた本質主義的な文化概念では，変化のただ中にあるイロンゴットの人々の主体的で能動的な対応や生活世界の再編成を的確に理解できないと痛感するに至った」(清水，2005：254)。それを理解することと相即するように——妻を失ったこともあり——その社会の中で「首狩」が，どのように，心理的・社会的な機能を果たしているかが分かるようになり，その文化が変容していく際の心理的な苦しみにも共感できるようになったというのである。

したがって，おそらく地域デザインに関わる者たちも，本質主義的な文化観やアイデンティティ観は捨てるべきなのだ。冷静に，冷徹に，文化とは，混淆的で流動的なものであるという宿命をみつめるしかない。そして，その上で，変容の中を能動的かつ主体的に生きている人々として，地域の人々を理解しなおし，その上で，彼らの心理的な苦しみにも寄り添うべきなのだろう。このような論理や合理性を超えた，共感による理解によってこそ，物事が先に進むこともあるだろう。

本質主義から非本質主義への考え方の転換について，清水(2005)は以下のように述べている。「一貫性のあるパターンからなる均質で調和がとれて安定し

た統一体としての文化の概念とは対照的に，流動性や即興性や異種混淆性に注目する」。そして，その「異種混淆的な過程は，年齢，ジェンダー，階級，人種，民族，趣味，性的志向の違いから生起し，アイデンティティをめぐる政治的な交渉や対立や意味づけを生み出す創造的な場となっている」(清水，2005：256)。このようなプロセスを，やみくもに恐れるのではなく，創造性を高める場に変えていく努力が，地域デザインの中では必要であろう。それは，日本人が苦手としていることかもしれない。しかし，地域を変える以上，必然的に起こることであり，暴力的な闘争に激化するよりは，言語による対話によって，相互理解やカタルシス(catharsis)に至る方向性に賭けることこそが望ましいだろう。

　民俗学者の宮本常一(1960)が『忘れられた日本人』で対馬の寄り合いについての話を書いている。ある資料の貸し出しを頼んだら，3日間，村の人々が集まって，いわゆるシークエンシャルな論理による議論ではないような，断片的な，関係あるのだかないのだか分からない話をして，宮本の人柄にも触れていく中で意志決定がなされたというのだ。本章の中で，「心情に寄り添う」といっているのは，このエピソードも念頭にある。あまり強引に理屈だけで地域デザインをすると，住人たちの心が付いてこなくて機能しないという事例が随分と多い。そうではなく適切に機能させるためにこそ，このような方法論が必要なのだ。

　このような，本質主義の神話を解体しつつ，本質主義的な考え方を必要としてしまう人々の心情を理解すること，そして，非本質主義的な文化の捉え方を共有していくことこそが，1つの「抵抗」に対処するメソッドとして考えられる。

## 第5節　経験や悩みの共有—メンターの必要性

　3つ目のメソッドは，「経験の共有」である。地域デザイン行為をする者，変容していく地域に住む者，皆が，自身の経験を共有し，後に続く者たちへのメンターとして機能していく必要がある。それは，経営者や起業家が自身の経験を語り，あるいは研究者が調査し，それを共有することで後続の者たちの成

功の確率を高めようとすることと同じことである。

　では，どういうことを共有したらよいのだろうか。それには，既に第3節で述べた非本質主義の観点を獲得したデザイナー／アクターが，地域にコミットする場合のことを考えよう。彼らは，非本質主義的な文化観を持ちつつも，現実の実践においては，本質主義的な地域ブランディングなどに従事せざるを得なくなることも少なくないだろう。彼らは，必然的に，分裂し，アイロニカルな主体にならざるを得ない。事実や実態としてアイデンティティや伝統は流動的で異種混淆的であると知りつつ，構築されたものに過ぎないものを真正や正統とみなすことに付き合ったり，アイデンティティや神話を構築したりしなければいけない立場に立たなくてはならなくなるからである。

　地域デザインにおいて，地域の魅力を際立たせブランディングするために，神話を創造することも多くある。それによって，アイデンティティを構築したり，活力を湧かせたり，観光客を呼び込んだりすることもある。その場合，分かりやすい本質主義的な物語を利用せざるを得ないこともあるだろう。人間は，ステレオタイプの単純さの方が，認知における流暢性が高いので，好ましく思うように脳ができている。そのような「戦略的本質主義(strategic essentialism)」(Spivak, 1988)を利用しながら，一方で，非本質主義的な流動と混淆こそが現に存在している文化の姿であることを受け止める必要がある。

　論理的に考えて，文化が流動的で混淆的なものなのであれば，たとえば「アイヌ文化」などというものもないことになってしまうからだ。そのような，民族や文化を否定されている存在は世界中で数多い。日本でも，日本は単一民族国家であるという神話が今でもあるぐらいである。それに対抗し，アイデンティティを確保したり，運動をしたりするために，本質主義が便宜的に必要になることもある。これを「戦略的本質主義」と呼ぶ。

　このような二重性は，抵抗に対応する際にも必要とされる。非本質主義的な観点を持ちつつも，本質主義的な文化観やアイデンティティを必要とする人たちや，その考え方も理解しなければいけないからだ。「男らしさ」や「日本人」なども，事実として本質はなく構築されているものだとしても，それがあると

信じることがどのように個人を心理的に支え，集団のための意義を果たしてきたのかを理解するべきであり，それを理解した上で，新しい何かへの移行における苦痛に対し，ケア的に対応するべきであろう。本質主義の神話を解体しながら，その神話を理解し，必要性に共感するという，二重の手つきがここでは必要になる。

　このような分裂した主体の負担や苦悩は大きいだろう。そして，孤独も増すだろうと考えられる。そのことも含めて，経験を共有し，メンターとして機能する何かがなければ，とても単独では何かを実行し得ないのではないかと思われるのだ。

　最近流行の当事者研究ではないが，このようなアクターたちの経験や知見の共有には，大きな意味があるだろう。おそらくそこには，公的な場ではみせにくい，さまざまな悩みや孤独があるはずである。それらの知見の集積は，新たなアクターたちを励まし，メンターとして機能していくようになっていくはずである。ZTCA デザインモデルなどを現地で応用していくとき，新たにアクターになっていくであろう人々に，そのロールモデル（role model）や心構えなどを伝達していくフェーズは必要であり，それもまた地域に具体的に価値を発現させる際に必要となるメソッドであろう。

## おわりに

　理論やモデル，メソッドは，その定義上現実の事象を捨象し抽象化したものであるので，複雑で多様で流動的であいまいな，人間の心を取り逃しがちである。しかし，現実の地域デザインの実践において問題となる抵抗の背景には人の心があり，その理解と共感，対応のメソッドは現実に必要になるだろうと思われる。

　人の心は複雑で多様で個別的であるが，一方である状況に対しては，一定のパターンが見出されることも事実である。別種の価値観に変容していこうとする社会においては，多くの場合，それを歓迎し促進しようとする者と，それを

否定し抵抗しようとする者が現れ，陰に陽に対立関係が生じていく。個人の中にも分裂や揺れ動きが起こる。どちらが正しいとも間違っているともわからない状況が生じることもある。

　本章の主張は，そのような心理・社会的な問題をも地域デザインに織り込むことが，具体的な地域での価値発現を促進することになるのではないかというものである。そのためのメソッドをいくつか提案したが，もちろんこれだけではないし，ケースバイケースでさまざまな方法論が創造的に実践されていくだろうと期待される。

　第4節で記したようなメタ的に変容を理解する視座は，本章では文化人類学の知見を参照したが，他にもさまざまにあり得るだろう。文明論や，伝統論，哲学などである場合もある。ヘラクレイトスのいう「万物は流転する」がしっくりくる者もいるだろうし，仏教的な「無常」によって意味づけられることで受け容れる心理的な態勢を作り出せる者もいるだろう。この辺りの「方便」もまた現場でのさまざまな苦悩や葛藤の中から創造的に発明されていくのだろうと思われる。

　これらの知見の共有と利用のための筋道を作ることが，地域デザイン学会およびZTCAデザインモデルが，現実の地域において価値を発現することを促進していくのではないだろうか。

注
1）第8章で吉田が言うように，アジアでは土着のコミュニティや家族の価値観が重視され，外国（や外部）からくる改革モデルに抵抗が強い特質があり，日本でもそうである。本章は，そのような日本で，民主主義的なガバナンスを機能させるという問題意識がある。
2）いわゆる，暗黙知などを形式化・モデル化し共有することや，ITなどで言う「開発方法」の段取りとしての「メソドロジー」と，これは異なる。その形式化によって失認されがちな要素を取り込む実践・認識・観察上の方法論を提示している。
3）フロイトは，ナチス・ドイツの時代を生きる中で，社会心理学的な考察を重ねていた。ナチス・ドイツの民族主義や情念的なファシズムは，隣国フランスなどで支配的になっていた理性や合理性に対する反動であるといわれることが多い。鉄道や官僚システムとホロコーストなどが同居するナチス・ドイツをみていると，そのバランスは第二次世界大戦以降の我々も考えなければいけないものなのだと思われる。

**参考文献**

岩渕功一（2016）『トランスナショナル・ジャパン―ポピュラー文化がアジアをひらく』岩波書店。

江藤淳（1981）『落葉の掃き寄せ―敗戦・占領・検閲と文学』博文館書店。

太田好信（1998）『トランスポジションの思想―文化人類学の再想像』世界思想社。

北川フラム（2013）『アートの地殻変動―大転換期，日本の「美術・文化・社会」』美術出版社。

河野真太郎（2022）『新しい声を聞くぼくたち』講談社。

清水展（2005）「首狩の理解から自己の解放へ―ロザルド夫妻とイロンゴットの交換」，太田好信・浜本満編著『メイキング文化人類学』世界思想社，pp. 237-260。

瀬川拓郎（2015）『アイヌ学入門』講談社。

竹村和子（2002）『愛について―アイデンティティと欲望の政治学』岩波書店。

原田保・石川和男・西田小百合（2022）「空間概念の拡張を捉えた ZTCA デザインモデルの展開」

原田保・石河和夫・福田康典編著『地域価値発現モデル　ZTCA デザインモデルの進化方向』学文社，pp. 12-37

宮本常一（1960）『忘れられた日本人』未來社。

山本圭（2021）『現代民主主義―指導者論から熟議，ポピュリズムまで』中央公論新社。

渡辺靖（2011）『文化と外交―パブリック・ディプロマシーの時代』中央公論新社。

渡辺靖（2020）『白人ナショナリズム―アメリカを揺るがす「文化的反動」』中央公論新社。

Arnold, M.（1869）*Culture and Anarchy*, Yale University Press.（多田英次訳（1965）『教養と無秩序』岩波文庫）

Freud, S.（1919）*Das Unheimliche*, Internationaler Psychoanalytischer Verlag.

Spivak, G. C.（1988）"Can the Subaltern speak?," in Cary Nelson and Lawrence Grossberg eds., *Marxism and the Interpretation of Culture*, University of Illinois Press, pp. 271-313.

# 第8章

# 行政学的視点からみる地域デザインに対するアプローチ方法

吉田　賢一

## はじめに

　行政学(public administration)という学問は，西尾(2001：47)の定義では，「政府(government)に属するヒエラルヒー型組織の集団行動について考察する学」とされる。そもそも行政学は，隣接する諸科学，すなわち社会学，経営学，財政学，公法学，政治学との分業関係を形成する過程で発展を遂げてきた。

　行政学が諸学の混成か合成かの議論はひとまずおくとして，西尾(2006：50-51)によると現代の国家は，行政・職能・福祉の3つの側面を有している。そして，それぞれに対応するように，正当性・合法性・公平性といった法制度の作動にあたっての過程の民主性・手続きの適正性を追究する制度学の特徴がある。また，業務量や人員など組織的規模や業務執行の簡素化など合理性や能率性を問う組織管理論の特徴もある。さらに，行政サービスの量的規模や範囲などの有効性や合理性，さらに事後の評価などによる成果の把握といった政策学の特徴を有している。西尾(2001：51)は，この3つの価値基準を中軸としながら展開する動態性を指摘している。

　しかしながら，こうした複合的な構造であるがゆえに対象領域の輪郭は自ずから不明瞭となり，アプローチの手法も多様となる。逆にいえば，それは学問

的基盤としてフレキシブルな素地があり，専門的な研究者のみならず，さまざまな領域の実務者との交換も可能となっている。昨今，政策現場で主流となりつつある EBPM (evidence-based policy making)ももとは医学の臨床研究から出発しており，それは統計手法との接合性が強く，極めて実践的な学問ともなっている。

　以上の前提に立って著者は，マクロ行政学(macro-public administration)とミクロ行政学(micro-public administration)といった分類を提示する。マクロ行政学とは，行政活動の原動力となる法制度，予算制度などを扱う制度論や管理の仕組み・組織体制の分析を行う経営学，そして共通する政策設計や形成過程の分析，評価の仕組みを検討する政策学の視座からアプローチする。また，ミクロ行政学とは，個別政策領域の分析や，官僚制組織の改革・民間手法の導入といったマネジメントにかかる方法論の検討，隣接分野からヒントを得た分析枠組みによる個別行政活動の実態分析などの領域をカバーする。したがって，本章では，地域の公共的課題に資するデザインモデルを志向する地域デザインとの親和性の高さを前提とした新しい学問的展開を，行政学とりわけミクロ行政学の視座から論じていくこととする。

　まず，第1節では，行政学が現実の地方創生という同時代的政策展開を踏まえて，いかに展開してきたかを概観し，ネットワークとガバナンスという2つのキーワードで，ネオ・ウェーバー型国家(neo-weberian state，以下 NWS)，ニュー・パブリック・サービス(new public service，以下 NPS)，そしてニュー・パブリック・ガバナンス(new public governance/new governance paradigm partnership theory，以下 NPG)という形態を取りつつ進化を遂げようとしている新しい行政学の理論を論じる。その一環として地域デザインとの接点を踏まえて，シェアリング・ガバナンス(sharing governance，以下 SG)といった新たなメソドロジーとしての行政管理モデルを主張する。

　第2節では，その SG の前提となるシェアリング・シティ(sharing city，以下 SC)の理論について先行研究を踏まえ，モデル構築の要諦を整理する。

　第3節では，ネットワークを重視した事例としてシビックテック(Civic

Tech)を，また，ガバナンスを重視した事例として，環境問題を扱う地域環境マネジメント（community-based environment management，以下 CBEM）の可能性を論じ，SG の展開可能性を探る。

そして，第 4 節では，新しい行政学的展開の中で，地域デザインの具体的モデルである ZTCA デザインモデル適用の可能性を彫琢するために，仮説的にフィードバック装置としての連結培養の機能を備えるべきことを提示し，その実証の必要性とともに，行政学的視座からの地域デザイン発展の可能性を模索する。

## 第 1 節　新しい行政学の視座─シェアリング・ガバナンスの可能性

行政学的視座から照射するならば，法制度的概念は団体自治のテーマであり，一方で地域デザインの概念は未完の地方分権として議論されている住民自治に関わる，極めて重要なテーマであるといえる。そこで，ここでは後者に光を当てることとする。具体的には，地方創生政策の現状と課題，現代行政学のメソドロジー，シェアリング・エコノミーの台頭，新たな地域ガバナンスを見通す視座，次世代行政管理モデルと ZTCA デザインモデルに関する議論である。

### (1)　地方創生政策の現状と課題

2014 年より人口減少の克服と地域活性化を目指す地方創生と成長戦略の推進が政府主導で進められ，年間数千億円規模の財源や国の総合戦略の支援策を活用し，各地で地方版総合戦略が策定された。しかしながら，各地域においてはさまざまな公共的課題の解決に向けて，限られた資源で取り組まなくてならないのである。こうした現状を鑑みるに，持続的に発展していくための原動力となるパラダイムと，それに根ざした新しい社会システム構築の模索が緊要となっている。

しかしながら，地方創生政策が描く全体的な将来像は依然として明示されて

いない。ふるさと創生事業や全国総合開発計画など，従前から多様な国の誘導政策スキームはあったが，もともと地方・地域にはストック経済をベースにして持続可能性を保つ智慧を有しているものの，その潜在性は見過ごされてきた。そのため，地方の活力創出に向けた取り組みが体系化されていないのが現状である。

　また，地方創生政策と唇歯輔車の関係にある地方分権改革が同時並行で進められており，地方に対する一定の権限移譲に加えて，規制緩和による改革提案を自治体から募るパターンと，自発的に手を挙げて希望する自治体に選択的に権限を移譲するパターンが導入されている。とはいえ，個々の政策の積み重ねを踏まえた，目指すべき地方分権の理念型から照射しての合理性の有無などについての検証は，ほとんど実施されていないのが実態である。

　一方で，ICT や AI の技術を活用した新たなデジタルデバイスにより，シェアリング・エコノミーが進展しつつあり，地方における生活態様は大きく変化している。したがって，地域の課題解決は，古い行政管理ないし統治によるのではなく，行政，民間そして市民が広範に協働して解決をするネットワーク・ガバナンス（network governance）の時代となっているといえるのである。

## (2)　現代行政学のメソドロジー

　もともと行政学ないし行政管理論を歴史的にみると，その具体的なメソドロジーは，定常的な組織管理を越えた構造的な問題を解決するための行政改革（administrative reform）の潮流から生まれてきたといえる。

　クリストファー・ポリット（C. Pollitt）とヘルト・ブッカート（G. Bouckaert）によれば，1960 年代半ばから 1970 年代後半は，科学的な知識に裏付けられた合理的・階統的構造を有する計画立案と費用便益分析，1970 年代後半から 1990 年代後半は，民間手法の導入を企図し効率を改善する経営技術，そして 1990 年代後半から現在は，ネットワークとガバナンスがキー概念となっている。しかしながら，この時代をけん引するモデルは未確立の状態にある（Politt and Bouckaer, 2017：邦訳 30-33）。そこでまず，これまで多くの研究者が整理し議論

を重ねてきた行政管理モデルを概観しておくこととする。

　国際連合(United Nations：UN)の経済社会局公共経済・行政担当部(United Nations, Department of Economic and Social Affairs, Division for Public Economics and Public Administration, 2000)がまとめた行政経営改革の世界的潮流を概観すると，豪州，カナダ，ニュージーランド，英国，米国などアングロサクソンの国々では，ニュー・パブリック・マネジメント(new public management，以下NPM)が主流となっており，欧州では地域統合と共同，ラテンアメリカでは市民社会のオープン化，東欧・中欧では行政モデルの変形・合併・現代化・適合，アフリカではさまざまな取り組みの複合的な結果を伴っての改革となっている。そして，アジアでは土着文化に根ざしたコミュニティや家族に重きを置きつつも，国家権力の介入に対する精神的抵抗感が少なく，むしろ外国から流入する改革モデルにはいささか疑問が持たれる程度となっている。

　以上のことから，行政改革や自治の仕組みの改革にあたっては，行政が直接手を触れるか触れないか，具体的な手法で介入するかしないかで，ガバナンスの内実が変わってくることに留意が必要となる。イギリスやニュージーランドを中心に小さな政府のイデオロギーに根源を持ち，一定の潮流となっているアングロサクソン系国家のNPMは，民間企業の効率性を追及した経営管理の仕組みを行政部門にも導入しようとする手法である。この手法はバリュー・フォー・マネー(value for money)の理念に従って，エージェンシー化(agencification)や民営化をも含めた幅広い経営政策のバリエーションをもって，より質の高い行政サービス活動の展開を狙いとしており，強制競争入札(compulsory competitive tender)や市民憲章(citizen charter)などのツールが一般的となっている。

　NPMが行政の現場に導入され，また，各種の行政研究に強い影響力を与えるようになったのは一般的に1980年代とされているが，1991年にオックスフォード大学ブラバトニック公共政策大学院(Blavatnik School of Government, Oxford University)教授のクリストファー・フッド(C. Hood)によって理論的に定義されたのが実質的な淵源である。この概念は，公共部門を効率化，現代化することを目的とし，市場志向のマネジメントを公共部門に導入することによって

効率化を達成しようとする。その一方で，市民は顧客(client)として位置づけられているが，効率性を追求するあまり，公共性に根ざした価値観が相対化され没却する恐れが指摘できる。

　そこで地域における社会のあり方が大きく変わりつつある中で，さまざまな研究者によるパラダイム構築とそれに根ざしたメソドロジーが模索されている。ここでは，そのうちの代表的なものとして，NPS と NPG について，整理をしておくこととする。

　まず NPS は，NPM においてもその残滓がある縦割りの行政部門を前提とした古い統治理論から，そもそも立法・行政・司法の三権を委ねた淵源である市民をベースに，水平ネットワーク型の相互連携あるいは協働型の統治，すなわち協治＝ガバナンス(governance)への移行を示す，抜本的な行政パラダイムの転換を意味するものとなっている。NPS の理論的礎石であるジャネット・V・デンハルトとロバート・B・デンハルト(Denhardt and Denhardt, 2015：23-43)によれば，民主主義の理念のもとに，市民の求める利益の実現を優先することを目的として，政府は市民に「奉仕する」(serving)存在となる。この場合，政府は NPM の拠り所である市場原理を前提とせずに市民の声を「聞き入れ」(listening)ることが肝要だとしている。その中で，政府は階統的構造を有した管理者ではなく，あらゆるアクターが対等となるネットワーク型社会のピースキーパーとして，さまざまな公共的サービスの供給を支援するエージェントの役割を果たす，諸アクターの1つとして存在することとなる。

　次に NPS をさらに発展させた NPG は，組織社会学とネットワーク理論に基づいており，公共マネジメントにおける細分化や不確実性が指摘されている。NPM は伝統的な行政理論が NPS や NPG に進化する途上にあり，工藤(2017：16)によれば，政策形成とサービス提供のあり方を大幅に転換させるものとして，NPS や NPG に至っている。NPS と NPG のいずれにおいても，公共サービスにおける市民の共同生産とサードセクターによるサービス提供に中心的な役割が付与されているのが特徴である。

　NPS や NPG のもとでは，相互に関わりあう数多くのアクターが公共サービ

ス供給に関与しており，政策形成のプロセスが多数存在する。したがって，ネットワーク上のアクター間の契約によりガバナンスが形成されることとなり，意思決定の手続きにおける民主的統制の重要性が，これまで以上に高まっているといっても過言ではない。

　また，2000年代前半に登場したNWSは，伝統的国家装置を改革し，より

図表8-1　メソドロジーとしての行政管理モデルの比較

| モデル | 古典的行政理論 old Public Administration (PA) | ニュー・パブリック・マネジメント New Public Management (NPM) | ネオ・ウェーバー型国家 Neo-Weberian State (NWS) | ニュー・パブリック・ガバナンス New Public Governance (NPG) | ニュー・パブリック・サービス New Public Service (NPS) |
|---|---|---|---|---|---|
| 原理 | 法の支配，規則と政策システムへの焦点 | 内部に向けた(民間部門の)マネジメント技術に対する焦点 | 市民のニーズに対する外部志向 | 外向きの焦点とシステムアプローチ | シェアされた諸価値についての対話 |
| 理論的根拠 | 政治学，公共政策学，組織論 | 合理的，公共選択理論，管理科学 | 制度論，ネットワーク理論 | 制度論，ネットワーク理論，エージェンシー理論 | 民主理論 |
| 作動様式 | 政策立案と実施における官僚機構の中心的な役割 | 入出力の統制 | プロのマネージャーの中心的な役割 | プロセスと結果の管理 | 公的機関，非営利の私的機関の連携の構築 |
| 国家形態 | 単一国家「漕ぐ」政治的に定義された対象に集中した執行 | 断片化された国家「操縦する」市場の力に対する触媒としてのサービス | 単一国家と協働「働きかける」 | 多元主義国家(ネットワーク)「サービスを創る」 | 「サービスする」市民の中における利益をめぐる交渉と仲介 |
| 倫理観 | 公共サービスの提供 | 市場における競争 | 公共サービスの提供 | ネオコーポラティスト | 多中心主義 |
| 正当性 | 代議制民主主義 | 格差是正と市場メカニズムを通じたクライアントのエンパワーメント | 協議と参加による民主主義の補完 | 参加型意思決定 | 参加型意思決定直接民主制 |
| 政治と行政の関係 | 協働関係における政治と行政の分離 | 組織内および(エージェンシー化された)組織間で分離された政治と行政 | 政治行政の分離と行政の専門化を重視 | 政治家と公私に及ぶ経営者の協力関係 | 政治家と公私に及ぶ経営者の協力関係 |

出所) Denhardt and Denhardt（2015：26-27），Table 2.1, Morgan and Shinn（2014：8），Table 1.1, Matei et al.（2010：25-26），Table 1 を基に著者作成

専門的かつ効率的で，外部に対しては市民応答的な性能を持つ。ビジネスライクな手法は副次的役割を負い，国家はその固有の法則・手法を持ったアクターにとどまる。それは公正にして専門的な官僚の規律ある階統制を通じて行使される一定の権威に基づくものであって，その本質がマックス・ウェーバー（M. Weber）の官僚制にあることに相違はない。ただ昨今の潮流である DX 化との親和性を考えるのであれば，NWS の方がより課題解決に資するよう進歩する可能性が高い。

　このように，NPM の後を説明する理論にはいくつかのモデルがあるが，高い市民性を発揮している自治体や地域が，政策領域ごとに部分的には存在していたとしても，依然として汎用的な行政管理モデルが確立されている段階にあるとはいえない（図表8-1）。そこで，メソドロジーとしての完成度を上げるために，ZTCA デザインモデルとの接合を試みる価値が発現してくるといえるのである。

## ⑶　シェアリング・エコノミーの台頭

　さらに，2014 年以降，我が国では地方創生政策期に入り，地域主体の活性化がより一層求められる中で，協働の概念が依然として抽象的であるため，現実的な地域経済が発展するメカニズムの作動には至らず，行き詰まり感を露顕するようになった。そうした閉塞感の中で，インターネットの普及により多元的な情報プラットフォームが構築されることで，新たに共有／シェア（share）のパラダイムが台頭してきたのである。

　この段階での行政は社会的課題を解決し公共の価値を追求するために，地域社会のリーダーシップを他のアクターと共有し，市民の主体的なサービス供給に対するサポートが主たる役割となることが想定されるようになっている。こうしたことから，NPS や NPG の実現可能性を含みつつ，地域ガバナンスのパラダイムは新たな段階を迎えているのである。

　シェアリング・エコノミーは，物やサービスを自分だけで所有・利用するのではなく，インターネットを使って情報を共有することで，必要な人が必要な

タイミングで必要なモノやサービスを利用できる新しい経済概念となっている。

### ⑷　新たな地域ガバナンスを見通す視座

　これまでの理論的変遷を踏まえ，新たな地域ガバナンスをデザインしていくためには，民主的な意思決定を担保するシステムとしての位置づけを図ると同時に，それを機能的に作動させる制度的な視点が重要となる。加えて，これまでも ICT の発展といった科学技術がガバナンスの仕組みに影響を与えている側面は大きく，こうした技術的な視点からどのような可能性があるのかを検討することが重要となっている。

　まず制度的視座であるが，大きく地方自治法等の法制度をはじめとした記述可能な形式知と，公共的課題の解決を図るために，地域において従来実施されてきた経験や慣習等による独自の智慧など形式化した知識を裏づける，あるいは記述不可能な経験などを意味する暗黙知といった２つ視座からのアプローチが考えられる。

　次に，技術的視座であるが，ICT や AI，さらにはデバイスとして拡大している IoT の可能性がガバナンスに大きな影響を与えており，とりわけ行政分野ではさまざまな活用方法が考えられている。また，この視座からのアプローチは，いわゆるデジタル・ガバナンス(digital governance)との親和性が強くなるのである。

### ⑸　次世代の行政管理モデルと ZTCA デザインモデル

　クリストファー・ポリットとヘルト・ブッカート(Politt and Bouckaer, 2017)は，NPM 以降の主要な行政管理のモデルとして，NWS とネットワーク(network)およびガバナンス(governance)の特徴を持つタイプを挙げている。いずれも NPM の代替モデルとして多くの論者が挙げているが，それらの有効性は恐らく限定的であり，問題解決に万能性がないことに留意が必要となる。

　ポリットとブッカート(2017：邦訳 27-31)によれば，階層制そしてあるいは市場機構よりも，むしろ自己組織力のあるネットワークを通じて作動し，政府により多くの情報を与えることで弾力性を持たせ，排他的な要素を希薄化する

ことで，相互依存関係にあるステークホルダーのネットワーク性が特徴的となる。ネットワーク論者に最も共通する点として，ネットワークは柔軟性を持ち，世界の複雑性の拡大にうまく適合するものとして提示されている。ネットワークは，階層制や市場より勝る特性を有しており，NPM への代替が可能となるのである。

　一方，ガバナンスについては，1990 年代前半より膨大な研究実績があり，一定した定義が存在していないのが実態である。予定調和が前提となっているガバナンス論の不確実性の問題と，仮に民主的で合理的な意思決定が可能だとしても，その基底には常に利害対立をはらんだ政治的状況がある不安定性の問題を忘れてはならない。その上で，ガバナンスと政治的な対立状況との相関関係には論理的整合性は存在しないものの，ネットワークとの接合により，新たなモデル構築の可能性が見出せるのである。

　ネットワークとガバナンスに共通する問いかけは，いかなる環境下にあっても「それが機能するのか」ということである。したがって，確実にいえるのは，いかなる環境にあっても，行政管理モデルとしての高度なマネジメントスキルが求められるということである（Politt and Bouckaer, 2017：邦訳30）。そして，いずれの特徴においても，ZTCA デザインモデルが持つ各要素の戦略的組成によって新たな行政管理モデルの創出につながるための十分条件として，何らかの要素が必然的に求められることとなる。

　そこで，先に述べたとおり，NPG 等の新しいガバナンスにおいては，関係者間のコミュニケーションの円滑化と，民主的意思決定の合理化をいかに可能とするかが要諦となる。そして，地域ガバナンスを具体的に作動させるためには，共有／シェアのパラダイムが実践的な試用に耐えられなければならないこととなる。

　そして NPS や NPG では，市民はどのようなサービスが欲しいのかを価値判断しサービスの共同生産者として公共サービス供給に参画をしていくこととなる。その結果，行政と市民とが相互作用を通して価値を生み出すサービスデザインや協働デザインのアプローチが注目されるようになったのである。

こうした視点からも，政策論における行動経済的アプローチの導入や，ZTCA デザインモデルのフレームワークとしての利活用につながっていくのである。

## 第 2 節　シェアリングシティの理論とシェアリング・ガバナンス

　これまでの行政管理モデルの変遷を踏まえ，ここではネットワークとガバナンスといった 2 つのモメントから成り立つ SG の概念を概観する。これに先立ち，SG の淵源となっている共有都市ないしは SC や共同都市経営ないしはコ・シティ（Co-city）の概念を踏まえておくこととする。

　「社会的責任プラットフォームに関する都市資源モデル」（City Resources on Socially Responsible Platform Model, 2020）によれば，プラットフォーム・エコノミー（platform economy：以下 PE），シェアリング・エコノミー，ギグ・エコノミー，コラボレーティブ・エコノミーなどの用語は，同じ現象を説明するために頻繁に使用されている。

　「シェアリングシティ・サミット 2018」の開催までに，42 の大規模都市が PE に対処するための各種の協働事業を開始したが，こうした動きが PE に関する都市のさまざまな視点を統合し，2018 年 11 月バルセロナでのシェアリングシティ・サミットで採択されたデジタル化，労働，社会的包摂，公的保護，持続可能な環境，データ主権と市民デジタル権利，都市主権，経済の振興，一般的な関心の観点からの 10 の原則を含む「シェアリングシティ宣言」につながったのである[1]。

　ところで，庄司・川崎（2016）によれば，SC には担い手の相違によって，3 つのタイプがあるという。すなわち，アメリカは，ウーバー（Uber）やエアビーアンドビー（Airbnb）などが大企業に急成長し行政が追認する形で一般化している企業主導型，韓国は，ソウル市長主導で 2012 年に世界初のシェアリングシティを宣言し，これを共有促進条例で都市政策化した行政主導型，そしてオランダは，アムステルダムの 2013 年に市民により設立された ShareNL などにより

進められた市民主導型である。

SC については，スウェーデンのルンド大学(Lund University)国際産業環境経済研究所(IIIEE)のユリヤ・ヴォイテンコ・パルガンら(Y. V. Palgan et al., 2021)の論考が最新の分析結果を示している。

具体的には，アムステルダム，ベルリン，ヨーテボリ，ロンドン，マルメ，サンフランシスコ，トロントで行われた文献分析，139 の半構造化インタビュー，5 つのワークショップ，3 つのフォーカスグループ，7 つの移動研究ラボからなる混合法アプローチを通して，後述する 5 のメカニズムに即しつつ 11 の役割を提示している。次に，地方自治体がさまざまなメカニズムを通じてシェアリング・エコノミー組織(SEO：sharing economy organization)とどのように肯定的および否定的な相互作用を持っているのかを実証している。この分析では，自治体が果たす機能性に重点の置かれているところが特徴的であり，より一層の経営力が問われることとなる。

しかしながら，シェアリング・エコノミーにおける自治体の役割は断片化されており，地方自治体のガバナンスプロセスの体系的な分析を提供してはいない。都市政策の文献は，他の統治メカニズムよりもむしろガバナンスの規制的側面に焦点を当てる傾向がある。そこで，パルガンら(2021)は SEO と関わるための地方自治体のガバナンスメカニズムと役割の探求，そしてシェアリング・エコノミーにおける自治体ガバナンスの包括的な分析枠組みの提起を論じている。都市化の進展に伴う気候変動対策などの課題に直面しているために，多くの中央・地方政府は，さまざまなガバナンスのモデル構築に取り組んでいるが，その 1 つがシェアリング・エコノミーなのである。

パルガンら(2021)によれば，自治体がシェアリング・エコノミーをマネジメントするための 5 つの主要メカニズム―規制(regulating)，提供(providing)，授権(enabling)，自己統治(self-governing)，協働(collaborating)が抽出できる。そして，それらのメカニズムには，地方自治体がシェアリング・エコノミーに関与し，形成していくための 11 の役割が含まれている。

第 1 に規制にあっては，① 規制者(regulator)の役割があるが，これは従来の

行政の役割であり秩序の維持が主眼となる。第2に提供であるが，② データの提供者(data provider)，③ 投資家(investor)，④ ホスト(host)，⑤ 所有者(owner)の役割がある。これらは行政の従来型活動の一部であるサービス提供活動に該当する。第3に授権であるが，⑥ マッチングの創出者(matchmaker)，⑦ コミュニケーター(communicator)は，現場に任せるための，いわば触媒の役割を果たしている。第4に自己統治であるが，⑧ 共有者(sharer)，⑨ 消費者(consumer)の役割は，いずれも積極的に SG に寄与するものであることから，行政の信用度が前提となる。そして第5に協働だが，これには⑩ パートナー(partner)と⑪ ネゴシエーター(negotiator)の役割がある。

　これらから，自治体はあくまで SG 実現の支援の立ち位置にあるが，同時にゾーンにおける市民や企業と同じ土俵に立つメインプレーヤーでもある。

　次にフォスターとイアイネ(Foster and Iaione, 2022 :.25-26)が提示したコ・シティの5つの基本的な設計原則は，フォスターが共同ディレクターを務めているジョージタウン大学(Georgetown University)とローマのグイド・カルリ社会科学国際自由大学(LUISS Guido Carli)による LAB GOV.City が開示している一連の研究成果が論拠となっている。

　このプロジェクトでは，イタリア国内でのさまざまな実証実験を踏まえ，コ・シティのプロジェクトは，200 以上の都市とこれらの都市内の 500 以上のプロジェクトと政策を調査し，協力的または協調的な都市ガバナンス，包括的で持続可能な地域経済，および地域の商品やサービスの提供における社会イノベーションの新しい形態を綿密に分析している。その結果，原初的な都市の共有財から，共有財としての都市への変遷を測定している。その結果を踏まえ，「シェアされた(shared)」，「多中心的(polycentric)」，「共同的(collaborate)」という3つのガバナンスの実用化スキームを提起し，具体的な実現のための手順(protocol)を一般に開示している。

　そこではガバナンスのシェアについて，5つの原則が挙げられている。まず，ガバナンスを担う①集団または共有ガバナンス(collective governance or co-governance)，②イネーブラーとしての地方政府(enabling state)であり，これらが

本論でいう制度的視座の形式知に当たる。次に、③社会的、経済的な貯蓄(social and economic pooling)、④実証実験主義(experimentalism)であり、これらが暗黙知に相当する。そして、協働を円滑化するデジタルインフラなどの⑤技術的正当性(tech justice)だが、これが技術的視座に該当する。そしてガバナンスのシェアを実現するための具体的ツールとしては、法制度(legal and institutional)とデジタル技術(digital and technological)に加え、経済・財政(economic and financial)3つの側面からのアプローチが挙げられている[2]。

　これらの原則は、コ・シティの枠組みと一致する共通のデジタルリソースの確立に向けた足がかりとみなすことができ、スマートシティの構造設計の開発をより公正で民主的な都市に導くための指標としても使用できるのである。

## 第3節　ネットワークとガバナンスの両立

　これまで述べてきたとおり、SG は、ネットワークとガバナンスといった2つのモメントを持つ概念であり、両者が同時に発現することもあれば、どちらかがより支配的に作動することもあるのが現実的であると考えられる。これらは、ネットワークが作動した事例、すなわちシビックテックと連結培養装置としての ZTCA デザインモデルの可能性を示しているのである。

### (1)　ネットワークが作動した事例—シビックテック

　そこで、ネットワーク性が作動した事例として、シビックテック(Civic Tech)が挙げられる。詳細はすでに原田ら(2022)で検討しているので、ここでは概略だけ示すこととする。

　市民が持つプログラミングスキルやものづくり技術を地域の問題解決や公共サービスの改善などに活かそうとするシビックテックと呼ばれる取り組みが広がっている。シビックテックは、もともとアメリカが発祥の地であり、日本では、2011年3月に発生した東日本大震災が契機となっている。震災発生時、技術者らが被災者や復興を支援するため、自主的に Web サイトなどが開発され、

2013年にはコード・フォー・ジャパン（Code for Japan）が設立されたのであった。

そして，このシビックテックの典型的な事例が，東京都の新型コロナウイルス感染症対策サイトである。ソースコード共有サイトのギットハブ（GitHub）で同サイトのソースコードを公共財の如く公開し，第三者に対して同様のサイトの製作を可能としていることが特徴的である。

## (2) ガバナンスが作動した事例—CBEM

次に，ガバナンスが作動した事例として，地域に根ざした環境マネジメント（CBEM：Community Based Environment Management）について概観しておく。

ライプニッツ農業ランドスケープ研究センター（ZALF：Leibniz Centre for Agricultural Landscape Research）のクラウディア・サトラー（C. Sattler）らは，政府内の垂直および水平方向に権力関係が分散していく多次元ガバナンス（Multi-Level Governance，以下MLG）の概念を用いて，ラテンアメリカにおける4つのケーススタディを分析し，垂直および水平レベルで，さまざまな国家，市場，市民社会のアクターがコミュニティベースの環境管理（CBEM）を成功させるためにどのような役割を果たしているかを評価している（Sattler et al., 2016）。

サトラーら（Sattler et al., 2016）が取り上げたすべてのケースには，少なくとも3つの異なる領域レベル（地域，国，国際）と異なる役割を果たしている複数のアクターがガバナンスの確保に関与している。結論として，サトラーら（2016）はMLGがCBEMを強化できることを示している。

CBEMの成功は，関係するすべてのアクターの水平および垂直の相互作用の合成結果であり，問題に対して最も有効に対処できるのは，あるアクターが単独で最も適切に機能するレベルと同一のものではない。レベル内およびレベルを超えた異なる社会領域からのアクター間の協力が，必要なリソース確保と実践への可能性を担保するのである。

## 第 4 節　連結培養装置としての ZTCA デザインモデルの可能性

　ここでは，これまでの議論を踏まえて ZTCA デザインモデルが新しい行政理論である SG にどの程度，有機的に連関しその実現に寄与することができるのかを検討しておくこととする。

　吉田(2023)は，課題解決モデルとしての現時点における限界と，それを凌駕し得る可能性について，分析的フレームワーク(analytic framework)の観点から，理論的フレームワーク(theoretical framework)と概念的フレームワーク(conceptual framework)の 2 つの要素に着目することで，ZTCA デザインモデルの課題と展望を詳らかにした。特に，その大きな要素として，ゾーン概念の可変性と展張性がモデルの自由度を高めると同時に，マネジメントの難しさを惹起していることを論じた。

　その上で，特に，ZTCA デザインモデルを活用することで地域の公共的課題を解決するという取り組みは，取りも直さずネットワークとガバナンスの両立を図った SG の実現に直結することが看取できる。すなわち ZTCA デザインモデルそのものにアクターズネットワークの要素を軸としたステークホルダー間の機能的な連関性が織り込まれていることは多くの論考が指摘していることである。一方で，このモデルをフレームワークとして作動させるためには，理論とともに概念的な訴求が必須となってくる。したがって，ZTCA デザインモデルによって解が導出された地域において，ガバナンスの状態が保たれていることに蓋然性があるといわざるを得ない。

　しかしながら，SG の概念がより明確になり，地域における行政理論としての主体性を持ち得たとして，ZTCA デザインモデルの具備が必要十分条件となるかといえば，依然として予測困難であることは否めない。その最大の理由は，実証研究とそのメカニズムの解明が進んでいないことに他ならない。そのため，吉田(2023)は「地域デザイン実装ラボ構想」を提起し，実際の課題解決の場面における有効性の検証の必要性を述べていのである。

　そこで，SG のベースとなったコ・シティの原則を振り返ると，集団ガバナ

ンスまたは共同ガバナンスについては，ZTCA の各因子が課題解決に向けて最も効果的な配置で連結することで実現できると考えられる。

　まず，イネーブラーとしての地方政府については，自治体というアクターを指令塔としながらも，メインプレーヤーが自由に活動する座組＝コンステレーションが主導するモデルが考えられる。社会・経済的貯蓄については，起点となる因子は必要となるが，いずれから発現したとしても，最終的には経済的厚生が向上することをストーリー化して着実にトレースすることができるといったモデルが当てはまる。

　技術的正当性については，技術そのものは道具であり手段に過ぎない。ただその道具に正当性を見出すためには，そもそもの目的と価値基準が重要となる。したがって，この場合も，ZTCA の各因子が課題解決に向けて，最も効果的な配置で連結することで実現できると考えられる。その結果として，活用した技術の正しさが論証されることとなる。

　そして，実証実験主義については，ZTCA デザインモデル自体が価値発現のための新たな分析的フレームワークとして稼動し，地域デザインを果たしていくことが重要となる。したがって，常に ZTCA の多様な組成を，対象の状況変化に応じて当てはめていく思考錯誤(try and error)の構えが基本になければならない。

　しかしながら，これらはあくまで仮説に過ぎない。そこで実装ラボなどにおいて，実際に課題解決が迫られている状況をサンプリングし，実践的に SG のスキームを当てはめ実証実験を行うことが次の研究課題となる。そこにこそ，ネットワークとガバナンスの両立を通じて SG を実現する ZTCA デザインモデルの可能性が見出せるのである。


## おわりに

　本章では，ZTCA デザインモデルが新しい行政管理のメソドロジーである SG の実現にいかに寄与するかを念頭に SG の構造を論じてきた。

　特に，NPM 以来のまだ主流とはいえない NPS や NPG と同じ系譜に位置する SC の存立要件や原則などについて，先行研究を踏まえて明確にしてきた。その上で，具体例としてのシビックテックや CBEM などの実例から，新しい行政理論の特徴であるネットワークとガバナンスを抽出し，それらを具備した SG の可能性を示すことができた。また，現時点ではデザイン思考という形で，新しい行政活動を捉える視点が生まれ，地域デザインを考える上での地域の市民や多様なアクターとの関係性についても展望を示した。そして，実際に ZT-CA デザインモデルの各因子がステークホルダー間のネットワークを通じて，培養と連結機能を発揮し，結果としてあるべきガバナンス状態を生み出すメカニズムを仮説的に提示した。

　しかしながら，実際には自治体が主体となってシェアの仕組みをマネジメントするなど，それを実証したエビデンスの数は圧倒的に不足しており，今後は ZTCA デザインモデルの実装ラボや自治体を具体的な実証実験の場として位置づける試みが必須となる。したがって，行政学の視座からの照射は，十分に議論するに値する有効性が認められるとともに，あるべき自治のあり方から現時点では何が不足しているのか，バックキャスティング(backcasting)のアプローチなどによってその要因を抽出し，ZTCA デザインモデルを活用した実践的取り組みを反復することの重要性を指摘しておくこととする。

注
1）シェアリング・シティアクション（Sharing Cities Action, 2018）を参照。
2）共同経営都市／コ・シティの5つの主要な設計原則の説明は，次のとおりである。
　原則1：「集団ガバナンスまたは共同ガバナンス」は，地域社会が都市資源を共同生産，共同統治するために，他の4つのカテゴリーの都市アクター（公的機関，民間の商業団体，市民社会組織，大学・図書館・文化団体・美術館・アカデミーなどの知識機関）と共有，協力，および調整を通じてアクターおよびパートナーとして出現するマルチステークホルダーのガバナンススキームの存在を示している。
　原則2：「イネーブラーとしての地方政府」は，共有都市資源の創出を促進し，これらの資源の管理と持続可能性のための集団的ガバナンスの取り決めを支援する上での自治体の役割を表現している。
　原則3：「社会的および経済的な貯蓄」とは，地域社会に対して透明性があり，協力的で，

説明責任があり，新しい機会の創出に向けて資源と利害関係者をプールする自律的で自立した機関の存在を指し，特に仕事，スキル，教育，サービスの行き届いていない地域や都市の近隣，または脆弱な市民向けの原則である。

原則4：「実証実験主義」とは，集合的に共有された都市資源の共創を可能にする都市計画，法改正，政策革新への適応的，反復的アプローチの存在を意味する。

原則5：「技術的正当性」は，共有都市資源の協力と共創を可能にする推進力として，技術的およびデジタル都市のインフラストラクチャーとデータへのアクセス，参加，共同管理および（または）共同所有の裏付けとなる。技術的正当性のもう1つの重要な側面は，住民が公共政策の形成において，積極的な役割を果たすことを可能とするデジタルプラットフォームの作成である。

## 参考文献

行政情報システム研究所（2018）「行政におけるサービスデザイン推進に関する調査研究報告書」，(https://www.iais.or.jp/wp-content/uploads/2018/03/2017_service_design_report.pdf 2023.5.1 アクセス)。

小沢鋭仁監修，江間泰穂・吉田賢一（2005）『環境ファイナンス―社会的責任投資と環境配慮促進法』環境新聞社。

岡本裕豪・頼あゆみ・矢澤真裕（2003）「わが国における NPM 型行政改革の取組みと組織内部のマネジメント」国土交通省国土交通政策研究所『国土交通政策研究』第17号，pp. 1-46。

工藤裕子（2017）「公共サービス提供のオルタナティブ―多様化の可能性と課題」『都市とガバナンス』Vol. 27，pp. 14-24。

厚生労働省（2010）「平成21年度『離婚に関する統計』の概況―人口動態統計特殊報告」，https://www.mhlw.go.jp/toukei/saikin/hw/jinkou/tokusyu/rikon10/index.html（2023.5.28 アクセス）。

京都大学（2012）「持続可能性指標及び幸福度指標に関する先行事例」『平成23年度内閣府経済社会総合研究所委託調査　持続可能性指標と幸福度指標の関係性に関する研究報告書』，http://www.intergreen.jp/docs/20140331_CAO_full_report.pdf（2023.5.28 アクセス），pp. 7-27。

JAPAN+D プロジェクトチーム（2022）『デザインで変える「行政と私たちの未来」』，https://www.meti.go.jp/policy/policy_management/policy_design/Japanese/assets/pdf/japanplusd_20220331_01.pdf（2023.5.28 アクセス）。

庄司昌彦・川崎のぞみ（2016）「シェアリングエコノミー育成は『大都市のシェアリングシティ化』から」『GLOCOM OPINION PAPER』16-007，https://www.glocom.ac.jp/wp-content/uploads/2016/12/GLOCOM_OpinionPaperNo.7_16-007.pdf（2023.5.28 アクセス）。

砂金信一郎・座間敏如・伊藤豪一・佐藤将輝・鈴木章太郎・東宏一・長谷川敦士（2021）「行政機関におけるサービスデザインの利活用と優良事例」『政府 CIO 補佐官等ディスカッションペーパー』，https://cio.go.jp/sites/default/files/uploads/documents/dp2021_01.pdf（2023.5.28 アクセス）。

富樫重太（2020）「世界で広がる行政府×デザイン―公共サービスのデザインの概観」，
　　https://note.com/siarrot/n/n311dff1ebdd2（2022.1.30 アクセス）。

徳永達己（2017）『地方創生の切り札 LBT―アフリカから学ぶまちづくり工法』大空出版。

内閣府（2018）「シェアリングエコノミー等新分野の経済活動の計測に関する調査研究報
　　告書」，https://www.esri.cao.go.jp/jp/esri/prj/hou/hou078/hou78.pdf（2023.5.28 アク
　　セス）。

中山郁英・水野大二郎（2021）「行政組織におけるデザイン実践とその背景―公共イノベ
　　ーションラボを起点とした行政デザインに関する文献レビュー」日本デザイン学会
　　『デザイン学研究』Vol. 68 No. 2，pp. 43-50。

西尾勝（2001）『行政学［新版］』有斐閣。

仁木崇嗣（2022）「『デジタル・ガバナンス』を考える―デジタル・デモクラシーの可能性」
　　早稲田大学公共政策研究所編『地域から公共政策を考える―現場の実践知をいかし
　　た課題解決』早稲田大学出版部，pp. 219-247。

野澤慎太朗（2016）「NPM からポスト NPM への学術的変遷」『ECO-FORUM』Vol. 31
　　No. 4，pp. 17-22。

原田保・西田小百合・吉田賢一（2022）「地域デザインモデルの進化に向けた圏概念の戦
　　略的活用―ゾーンとしてのエリアとカテゴリーの連携視点から捉えた活動圏の可能
　　性」地域デザイン学会誌『地域デザイン』第 20 号，pp. 49-91。

諸富徹（2011）「持続可能な発展と新しい指標開発の必要性」，公益財団法人日立財団季刊
　　『環境研究』第 161 号，pp. 192-200。

矢野経済研究所（2022）『2021 シェアリングエコノミー市場の実態と展望（概要版）』矢
　　野経済研究所。

吉田賢一（2020）「『ポスト地方創生期』におけるシェアリングガバナンスの展開可能性に
　　関する研究」『筑波学院大学紀要』第 15 集，pp. 17-31。

吉田賢一（2023）「地域社会の課題解決に向けた ZTCA デザインモデルの適用可能性に関
　　する省察」地域デザイン学会誌『地域デザイン』第 21 号，pp. 113-134。

吉田賢一・百武仁志（2021）「地方安全保障論―泉州地域における観光産業の危機対応を
　　事例として」『筑波学院大学紀要』第 16 集，pp. 19-34。

吉田賢一・江間泰穂（2005）『環境ビジネス論』環境プランニング学会。

Berner, M., J. M. Amos and R. S. Morse（2011）"What Constitutes Effective Citizen Par-
　　ticipation in Local Government?: Views from City Stakeholders", *Public Adminis-
　　tration Quarterly*, 35(1), pp. 128-163.

Cappa, F., S. Franco and F. Rosso（2022）"Citizens and cities: Leveraging citizen science
　　and big data for sustainable urban development", *Business Strategy and the Envi-
　　ronment*, 31(2), pp. 648-667.

Cohen, B. and P. Muñoz（2016）"Sharing Cities and Sustainable Consumption and Pro-
　　duction: Towards an Integrated Framework", *Journal of Cleaner Production*, 134
　　(Part A), pp. 87-97, http://eprints.whiterose.ac.uk/89480/（2022.12.28 アクセス）。

Denhardt, J. V. and R. B. Denhardt (2015) "The Roots of the New Public Service," *The New Public Service: Serving, Not Steering*, Routledge, pp. 23–43.

Denita, C. and C. Mititelu (2010) "Public Administration reforms in Albania and Romania: between the Weberian Model and the New Public Management," *Transylvanian Review of Administrative Sciences*, June, pp. 1–23, https://www.researchgate.net/publication/254438907 (2022.2.4 アクセス)

Design and Architecture Norway (DOGA), The Norwegian Smart City Network and Nordic Edge (2021) *Roadmap for smart and sustainable cities and communities in Norway: guide for local and regional authorities: Project timeframe, June 2020 to April 2021*, Nordic Edge Expo, https://doga.no/globalassets/pdf/smartby-veikart-19x23cm-eng-v1_delt.pdf (2023.5.28 アクセス).

Eskelinen, J., A. G., Robles, I., Lindy, J., Marsh and A., Muente-Kunigami eds. (2015) *Citizen-Driven Innovation: A guidebook for city mayors and public administrators*, International Bank for Reconstruction and Development / The World Bank and European Network of Living Labs.

Foster, S. R. and C. Iaione (2022) *Co-Cities: Innovative Transitions Toward Just and Self-Sustaining Communities*, The MIT Press.

Holmes, B. (2011) "Citizens' engagement in policymaking and the design of public services", Parliament of Australia Department of Parliamentary Services, *Research Paper*, (1), pp. 1–62.

Kiss, B., F. Sekulova, K. Hörschelmann, C. F. Salk, W. Takahashi and C. Wamsler (2022) "Citizen participation in the governance of nature-based solutions", *Environment Policy and Governance*, 32(3), pp. 247–272.

LAB.GOV.City, LUISS and Georgetown University (2019) *Co-Cities Open Book: The Co-Cities Protocol*, http://commoning.city/wp-content/uploads/sites/18/2019/02/Protocol-.pdf (2023.2.10 アクセス).

LAB.GOV.City, LUISS and Georgetown University (2020) *The Co-Cities Report: Buildimg a Co-Cities Index' to measure the implementation of the EU and UN Urban Agenda*, https://labgov.city/wp-content/uploads/sites/19/Co-Cities_report_2020.pdf (2023.2.1 アクセス).

Mahmoud, I. Hanafi., E., Morello, D., Ludlow and G., Salvia (2021), "Co-creation Pathways to Inform Shared Governance of Urban Living Labs in Practice: Lessons from Three European Projects", *Frontiers in Sustainable Cities*, (3), pp. 1–17, https://www.frontiersin.org/articles/10.3389/frsc.2021.690458/full (2022.12.28 アクセス).

Mclaren, D. and J. Agyeman (2017) *Sharing Cities: A Case for Truly Smart and Sustainable Cities*, The MIT Press.

Meijer, A. J., M. Lips and K. Chen (2019) "Open Governance: A New Paradigm for Understanding Urban Governance in an Information Age," *Frontiers in Sustainable Cities*, (1), pp. 1–9.

Wismer, S. and B. Mitchell (2005) "Community-based Approaches to Resource and Environmental Management," *Environments Journal*, 33(1), pp. 1-4.

Morell, M. F. ed., Dimmons Research Group (2018) *Sharing Cities: A worldwide cities overview on platform economy policies with a focus on Barcelona*, Editorial VOC, https://www.researchgate.net/publication/332396251 (2023.5.28 アクセス).

Morell, M. F. and M. R. Cano (2020) *City Resources on Socially Responsible Platform Models*, Sharing Cities Action, Cities Action on Challenges and Opportunities of Platform Economy.

Morgan, D. F. and C. W. Shinn (2014) "The foundations of New Public Governance", Morgan, D. F. and Craig W. Shinn eds. *New Public Governance: A Regime-centered Perspective*, Routledge, pp. 3-12.

Morozov, E. and F. Bria (2018) "Rethinking the Smart City: Democratizing Urban Technology", The Rosa Luxemburg Stiftung, https://sachsen.rosalux.de/fileadmin/rls_uploads/pdfs/sonst_publikationen/rethinking_the_smart_city.pdf (2023.2.1 アクセス).

OECD (2020) *Innovative Citizen Participation and New Democratic Institutions: Catching The Deliberative Wave*, OECD.

Palgan, Y. V., O. Mont and S. Sulkakoski (2021) "Governing the sharing economy: Towards a comprehensive analytical framework of municipal governance", *Cities*, 108, pp. 1-13.

Pollitt, C. and G. Bouckaert (2017) *Public Management Reform: A Comparative Analysis into the Age of Austerity, 4th ed.*, Oxford University Press.（縣公一郎・稲継裕昭監訳（2022）『行政改革の国際比較—NPM を超えて』ミネルヴァ書房）

Quattrone, G., N. Kusek and L. Capra (2022) "A global-scale analysis of the sharing economy model: an AirBnB case study," *EPJ Data Science*, 36, pp. 1-29, https://doi.org/10.1140/epjds/s13688-022-00349-3 (2022.12.28 アクセス).

Salvia, G., E. Morello (2020) "Sharing cities and citizens sharing: Perceptions and practices in Milan," *Cities*, 98, pp. 1-15.

Sattler, C., B. Schröter, A. Meyer, G. Giersch, C. Meyer, and B., Matzdorf (2016) "Multilevel governance in community-based Environmental management: A case study comparison from Latin America", *Ecology and Society*, 21(4), Art. 24, https://doi.org/10.5751/ES-08475-210424 (2023.2.1 アクセス).

Schaminée, A. (2019) *Designing With and Within Public Organizations: Building Bridges Between Public Sector Innovators and Designers*, BIS Publishers.（白川部君江訳（2019）『行政とデザイン—公共セクターに変化をもたらすデザイン思考の使い方』ビー・エヌ・エヌ新社）

Schröter, C., B. Sattler., A. Meyer, G. Giersch, C. Meyer and B. Matzdorf (2016) "Multilevel governance in community-based Environmental management: a case study comparison from Latin America," *Ecology and Society*, 21(4), https://doi.

org/10.5751/ES-08475-210424（2023.1.1 アクセス）.

Sharable eds.（2018）"Introduction," *Sharing Cities: activating the urban Commons*, Sharable, pp. 20-37.

Sharing Cities Action（2018）*Declaration of Sharing Cities*, http://www.sharingcitiesaction.net/declaration/（2023.2.1 アクセス）.

The Create Initiative（2020）*Sharing in the Benefits of a Greening City: A Policy Toolkit in pursuit of Economic, Environmental, and Racial Justice"*, the University of Minnesota.

United Nations, Department of Economic and Social Affairs, Division for Public Economics and Public Administration（2000）*Public Sector Reform Revisited in the Context of Globalization. For the Seminar on Public Administration Reform in Asia, Beijing*, United Nations.

## 第9章

# 地域価値発現に向けた連結培養の推進力としての資源ネットワーキング能力

福田　康典

## はじめに

　資源を連結しこれまでにない新たな価値を生み出すというフローは，地域デザインに限らず多くのアーティファクト・デザインの根幹にある基本原理であるといえよう。無論，地域デザイン研究でもこうした資源連結の重要性は広く共有されている（例えば，原田・西田，2020：64-66）。一方で，連結がなされるプロセスや連結に必要な能力に目を転じると，そこには地域デザイン独自の特性を見出すことができる。企業における経営資源の連結が，整った組織と戦略のもとで調和的に展開されていく面を持つのに対して，地域資源の連結は，多種多様なステイクホルダーが複雑に絡み合い干渉しあう文脈，リッテルとウェバー（Rittel and Webber, 1973：160-167）がいうところのいわゆる「手の掛かる（wicked）問題」のなかで展開されるものである。

　連結対象となる資源の所有先も多様であり，公共財のように特定の主体の独占的な所有や使用が認められていない資源も混在している。連結を行う主体が誰なのかという点もそれほど明確ではなく，個人の行為というよりも組織や協同組合，あるいは各種のコミュニティなどの中での合議を通じて展開されるものも多くみられる。このように，地域デザインの文脈では，地域資源の連結の

重要性は十分に認識されているものの，そのプロセスや連結に必要な能力については，いまだに整った研究枠組みが用意されているとはいえない状況である。

　こうした点を踏まえ，本章では，地域デザインにおける資源連結の推進力について概念的な精緻化を試みる。より具体的にいうと，資源に関するダイナミック・ビューやオペランド－オペラント資源分類といった基礎的な概念や考え方を簡潔にレビューしつつ，オペラント資源の1つの側面としてネットワーキング能力という概念を抽出する。そのうえで，このネットワーキング能力の概念的特徴についてさらなる検討を加え，黒川温泉の事例を通じてこうしたネットワーキング能力が実際の地域デザイン事象の中でどのように現れてくるのかを確認する。また，ネットワーキング能力の中の「社会的に付与される正統性」の部分に着目し，地域資源とそれを連結する主体である地域アクターを1つの枠組みの中で論じ得るようなモデルの模索も行っている。こうした考察を通じて，地域デザインのメソドロジーの1つとしての連結培養装置が地域アクターのネットワーキング能力の観点から論述されることになる。

## 第1節　資源とアクターのネットワーク―ZTCA デザインモデルにおけるネットワーク描写

　地域デザインに関する研究の中では，ネットワークという概念が多様な文脈で取り上げられている。地域デザインモデルの中核として原田（2020：11-27）が提唱した ZTCA デザインモデルでは，地域資源を構成要素とするネットワークと地域に関わる人や組織を構成要素とするネットワークの2種類が取り上げられることが多い[1]。

　前者は，地域価値の発現のために個々の地域資源を結びつけているネットワークであり，ここでの地域資源には，その地域の自然環境や歴史的な建造物のような物理的存在だけでなく，歴史や伝統・慣習，法令あるいはその地域に根差した考え方といった非物理的なものも含まれる。また，アニメの「聖地巡礼」などにみられるように，地域との本質的なつながりを持たない仮想の存在であ

っても，人のイメージの中でその地域とのつながりがある場合は，地域資源とみなされるようになってきている。

　ZTCAデザインモデルでは，こうした各種の地域資源を地域価値の発現の文脈において結びつけるネットワークのことをコンステレーション（constellation）と呼んでいる。このネットワークは，地域資源の物理的なつながりというよりも意味上のつながりを指すことが多く，1つひとつの星が星座によってその位置づけや意味を与えられるように，地域価値の発現において個々の地域資源に一定の意味を付与する役割を果たしている（原田・古賀，2016：18-21）。

　一方，後者は，地域価値の発現を担う主体や地域デザインによって影響を受ける主体で構成されるネットワークであり，ZTCAデザインモデルではアクターズ・ネットワーク（actors network）と表現されることが多い。地域デザインの文脈におけるアクターとは何かについての明確な定義はいまだ得られていないが，原田・板倉（2017：16；28-29）では，自らの専門的な能力や技術を通じて地域資源間の関係や組み合わせを組み替えたり，追加したり，新たに考え出したりすることで地域価値の発現を担う主体をアクターと定義している。ZTCAデザインモデルと直結する形で表現しなおすとすれば，設定されたゾーン（zone）においてトポス（topos）やコンステレーション（constellation）を駆使して地域価値を発現する主体がアクター（actor）であり，それによって構成されるネットワークがアクターズ・ネットワークであるといえる（原田ら，2020：9）。また，アクターにはその地域の住民や出身者といったローカル・アクターだけでなく，域外から影響力や能力を持ったアクターが地域プロデューサーとして参画する場合も想定されている（原田・板倉，2017：31-32）。

　このように，ZTCAデザインモデルにおいては，主として，地域デザインに関わるネットワークが地域資源のつながりやアクターのつながりとして描写されており，デザインされる対象として中核的な位置づけがなされている。また，アクターは資源を連結する主体であり，時として資源そのものでもあるという点から，地域資源のネットワークとアクターのネットワークは本来的に分離が不可能な，いわば1つの事象を異なった相で切り取ったものとして相互補

完的に扱うことが可能であるといえよう。

## 第2節　地域資源ネットワークに関わる基礎概念―地域資源の捉え方と基本的類型

　本章では，地域デザインにおける地域資源の連結を推進する力の概念化に主眼を置いている。この推進力は，資源統合研究の分析枠組みに依拠するならば，それ自体が一種の資源であり，資源統合者であるアクターの属性や能力でもある。そこで，本節では，資源統合研究にみられる基礎概念の整理を通じて，第3節以降の考察の準備を整えることとしたい。

### (1)　地域資源のダイナミック・ビュー

　まずは，資源という概念の捉え方について，その基礎的な部分を押さえておきたい。一般用語としての資源は，例えば石油資源といったように，固有の価値ある特性を有した対象物のことを指すことが多い。「きれいな白浜」も「歴史ある街道」も固有の価値を持つ資源であり，「あの地域は観光資源が豊富にある」といった表現は日常の会話のなかでよく聞かれる。

　一方で，資源とは「ある」のではなく「なる」ものであり，対象物が本来的にまた不変的に有している固有の特性というよりも，特定の状況下において他の要因と結びつくことで資源としての性質を帯びるようになるのであるとする立場がある(Löbler, 2013：423-424)。つまり，何らかの対象物が資源であるかどうかは可変的であり，資源を固有の性質ではなく動態的な性質として捉える必要があるという考え方が採用されている。もちろん，資源の捉え方に正解があるわけではなく，双方にメリットとデメリットがあるが，資源統合研究という文脈でいえば，こうした「資源に関するダイナミック・ビュー(dynamic view on resources)」をとる研究は近年多く見られるようになってきている(Edvardsson et al., 2014：294)。

　地域資源を動態的存在として捉えた場合，豊かな自然や由緒ある建造物，地

域の歴史や伝統工芸品といったものはどれも，他と独立した形で固有に存在する資源とみなされるのではなく，他とのつながりの中でその資源としての可能性が開かれるものとみなされるようになる。これをネットワークとの関連で表現すると，さまざまなものが資源として独自に存在しておりそれらが結びつけられてネットワークが形成されるというよりも，ネットワークに入ることで結びついた他の要素とともに資源としての性格を帯びるようになるといったイメージになるのかもしれない。

　さらにいえば，連結されるネットワークが異なれば，同じ対象物がまったく異なる資源として発現することになるし，1つの対象物が複数のネットワークと結びついていることでそれぞれにおいて異なった資源性を帯びるということもあり得る。山間に立つ古いお寺を例にその資源の可能性を考えてみよう。この古寺は，有名な歌人の旅の足跡をたどるというコンステレーションの中に組み込まれることで，そこに至るまでの険しい山道やその地域独自の慣習，あるいは歌にも出てくる大岩といったものとともに，その時代に生きた歌人を追体験するという価値を提供するかもしれない。その寺の古びた本堂も苔のはった古い井戸も，修繕コストのかかる問題点としてではなく，この古寺の資源としての可能性をさらに高めるものとして位置づけられ得る。一方，同じ古寺が，マインドセットの再構築を目指すアクティビティといった意味的ネットワークの中に組み込まれるのであれば，スマートフォンがつながらず，コンビニもない都会の便利さから隔絶された古寺の環境は，自分をみつめ直す場としての資源性を強く帯びることになるだろうし，近くの滝や雑草の生い茂った雑木林は体を使った修練の場としての古寺の資源性をより高めているかもしれない。

　こうした地域資源に関するダイナミック・ビューは，地域デザイン研究においてもすでにいくつか試みられている。例えば，原田・石川(2019：11-15)の提唱する「リボーンビジネス」という枠組みは，ある時点で誰かにとって無用・不要であるコンテンツやトポスをコンテクスト転換によって価値発現できるものに転換していくメソドロジーであり，主体転換や価値転換という仕組みを通じて，対象物が資源になる瞬間を描いている。

　資源のダイナミック・ビューは，今風の表現でいえば，「資源ガチャ」に一喜一憂するのではなく，組み合わせ方や訴求対象を工夫することによって資源は作り出したり作り変えたりすることができるということを示唆している。「地域はデザインを行うことでこれまでにない新たな地域価値を発現することができる」ということが地域デザインの基本テーゼであるとするならば，こうした資源に関する動態的な捉え方は地域デザインに関する言説の根幹を構成しているロジックの1つであるといえるだろう(Peters et al., 2014：253-255；福田，2020：107)。

## (2)　オペランド資源とオペラント資源

　資源をオペランド資源とオペラント資源に区分する分類法は，先に述べた資源に関するダイナミック・ビューと並んで，資源統合という考え方を理解するためには，不可欠な要素であるといえる。これは，ヴァーゴとラッシュ(Vargo and Lusch, 2004：1-17)がサービス・ドミナント・ロジック(以下，SDロジック)という考え方を提唱した際に採用されたことで多くの注目を集めるようになった資源の類型である。コンスタンティンとラッシュ(Constantin and Lusch, 1994)の定義によると，オペランド資源(operand resource)とは価値や効果を生み出すために操作や働きかけがなされる資源のことを指し，またオペラント資源(operant resource)とはオペランド資源や他のオペラント資源に適用されることでそれらの価値発現を導く知識や能力といった資源のことを指している(Vargo and Lusch, 2004：2-3)。自動車はオペランド資源であり，運転技能などのオペラント資源が適用されることで移動という価値を生み出すことができるようになる。先の例の古寺も大岩もオペランド資源であり，それらに物語性やイベント性を付与する企画者の能力や，それらを体験しながら歌人の気持ちや時代背景を感じ取ることのできる参加者の能力がオペラント資源として作用することで，価値の発現がなされる。

　資源の分類方法にはさまざまなものが提唱されており，またオペランド資源かオペラント資源かといった単純な区分には問題点も指摘されている。しかし，

それでも多くの研究が資源連結や統合を操作的に捉える際に，有益な類型としてこの類型を採用している。また，本研究のように ZTCA デザインモデルで描かれているネットワークを概念化する際には，この類型を採用することにメリットがあるといえる。特に，資源の中にオペラント資源という知識や能力のカテゴリーが設けられていることにより，地域資源とその連結の担い手であるアクターを別々の枠組みではなく1つの枠組みの中で概念化できる点は有益であるといえよう。換言すれば，この類型を使うことによって，地域資源のネットワークとアクターズ・ネットワークとが本来有している接合面において，オペラント資源というアクターの能力が中核的な役割を担っているということを確認することができるのである。

　こうした点を踏まえ，次節では，地域資源の連結を考える際のカギとなるオペラント資源概念をさらに深堀りし，本研究の焦点であるネットワーキング能力という概念の抽出を試みることとする。

## 第3節　オペラント資源としてのネットワーキング能力

　地域価値の創発性やその根幹におけるコンテクスト転換といった点をより強く意識した場合，地域資源の新たなつながりを構想する局面とそうした新たなつながりを実装する局面の双方において，卓越した推進力が存在していなければならないと考えられる。特に，明確に規定された権限関係のもとで共有された目標に向かって戦略立案からその実行に至るプロセスがモデル化され得る単一組織の資源統合に比べると，地域デザインの文脈では，地域資源のインベントリーが用意されているわけでもなく，また地域資源に関わる主体は各々の立場と目標のもとで地域デザインと関わることを求めている。そうした状況下で継続的なコンテクスト転換とその実装を達成していくためには，卓越したアクターとアイデアの偶発的な出現に依存するのではなく，連結培養装置として地域資源の連結能力を構築していくためのメソドロジーが確立される必要がある。この装置の確立は，ZTCA デザインモデルをはじめとするさまざまな地域デ

ザインモデルをリアルな地域価値の発現へと橋渡しする研究テーマの中核の1つであるといえよう。そこで，本節および次節では，こうした連結培養装置の中核をなすネットワーキング能力の概念化に向けた考察を行っていく。

## (1) オペラント資源の重要性

知識や能力などのオペラント資源は，現在の社会経済的事象を理解し，我々のウェルビーングを高めるために，オペランド資源以上に重要な役割を果たしていると考えられている（Akaka and Vargo, 2014：372）。また，ミクロな視点から資源に関して考察を行っている経営研究や戦略研究でも，オペラント資源の重要性は強調されている。例えば，プラハラードとハメル（Prahalad and Hamel, 1990：82）は，コアコンピタンス（core competence）概念を提唱するなかで，時とともに消耗し他から模倣されやすい物的資源よりも，知識や技術の調整と統合を可能にするための組織的な学習能力のほうが，より強力な競争優位性の源泉となり得る点を示唆している。また，ハントとモーガン（Hunt and Morgan, 1995：11-13）は，企業の資源としての市場志向（market orientation）概念について言及しながら，顧客や競争相手に関する知識を獲得し使いこなす能力が組織の競争優位の源泉として極めて重要な資源であると指摘している。

では，こうしたオペラント資源にはどのようなタイプの知識や能力が含まれているのか。オペラント資源のタイプについてはさまざまな類型が提唱されている。例えば，マダハブラムとハント（Madhavaram and Hunt, 2008：69-71）は，資源優位理論（resource-advantage theory）の考え方に基づきながら，企業の保有する資源を財務的（現金，金融市場へのアクセスなど），物的（工場や設備など），法的（商標やライセンスなど），人的（個々の従業員のスキルや知識など），組織的（組織の能力，統制，方針，文化など），情報的（消費者や競争相手の知識など），関係的（供給者や顧客との関係など）という7つの基礎的資源に分類している。その上で，オペラント資源をこうした基礎的資源の結合水準という観点から，基本的なオペラント資源，複合的なオペラント資源，相互接続されたオペラント資源の3つの階層に整理している[2]。一方，消費者や使用者といったアクターが保

有するオペラント資源については，アーノルドら（Arnould et al., 2006：94-97）が３つのカテゴリーに整理している。身体的オペラント資源とは個人が生まれながらにして保有している肉体的精神的な資質や能力を指しており，社会的オペラント資源とは家族や友人グループ，ブランドコミュニティといった他者とのつながりの強さや他者への影響力を，そして文化的オペラント資源とは専門的な文化資本，スキル，目標など，文化的スキーマに関する知識の量や種類の豊富さを表している。

　こうした分類は，オペラント資源を，企業や消費者といった個々のアクターが競争優位性の確立や生活の充実といった目的を達成するために利用する戦略的手段と位置づけた場合の類型を示しているため，本章の主たる関心にそのまま利用することは難しいと思われる。そこで次項では，資源の連結という側面に焦点を置きながら，オペラント資源が有する２つの側面を抽出していく。

## ⑵　オペラント資源の２つの側面―オペレーション能力とネットワーキング能力

　先の定義にもあるように，オペラント資源は価値や効果を生み出すために他の資源に行為を施すことができる資源と概念化されている（Lusch and Vargo, 2014：邦訳 146-147）。例えば，フォークリフトは誰かが操縦することによって，プレゼンテーション・ソフトはその内容の作成や操作が付与されることによって，価値を創出することになる。これを非常に単純化して示したものが，図表9-1(a)である。第１フェーズでは，オペランド資源とオペラント資源は連結されておらず，価値の発現はみられないが，第２フェーズでオペラント資源がオペランド資源に適用されることによって価値が発現している。ここでのオペラント資源，つまり知識や能力は，オペランド資源のオペレートのために適用されることで価値発現に寄与しているので，オペラント資源のこの側面をここでは「オペレーション能力」と呼ぶことにする。

　図表9-1(a)に示されるオペランド資源とオペラント資源の結合，つまり何らかの物的資源が稼働して価値を生み出している状態は，原基的な資源ネット

図表9-1　資源連結における各種資源の役割と結合のタイプ

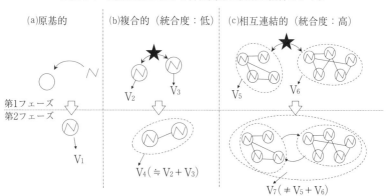

凡例　○：オペランド資源　／\：オペラント資源（オペレーション能力）
　　　$V_n$：発現される価値　★：オペラント資源（ネットワーキング能力）

出所）著者作成

ワークの状態であると考えられるが，サービスエコシステムやサービス・サイエンスの研究では，資源間のより複雑で広範な結合にみられるオペラント資源の働きに対してより高い注目がなされている。

　例えば，SD ロジックでは，知識，技能，能力といったオペラント資源同士を統合したり，あるいはすでに形成されているオペランド－オペラント資源ネットワーク同士を結合したりすることで，より広範な資源ネットワークを作り上げることが，複雑な問題の解決やサービスイノベーションの創発の中核になるという主張がなされている（Akaka and Vargo, 2014：372-374）。また，サービス・サイエンスの分野においても同様の点が指摘されている。例えば，マグリオとスポーラー（Maglio and Spohrer, 2008：18-19）は，サービスを他者の利益のためになされる能力の活用，つまりオペラント資源による資源統合と捉えた上で，サービス・サイエンスとは，存在する多くの種類のサービスシステムを分類・説明するとともに，サービスシステムがどのように相互作用し進化して価値を共創していくか，その動態的な構成を研究することであるとしている。

　このように，オペラント資源には，そのオペレーション能力の側面よりもさ

らに注目されている側面，つまりより高度な問題解決の実現やイノベーションの創発につながるようなこれまでにない価値を生み出すために，資源ネットワーク同士を連結させるという側面が存在している。ここではこれをオペラント資源の「ネットワーキング能力」と呼ぶことにする。このネットワーキング能力を簡潔に図示したものが，図表9-1(b)と(c)である。

　図表9-1(b)の第1フェーズでは，2組のオペランド−オペラント結合した原基的な資源ネットワークがそれぞれ独立して価値を創出している。これらのネットワークが，第2フェーズにおいてオペラント資源を通じて連結され，複合的な資源ネットワークが形成されると，第1フェーズにみられた価値がより効果的，効率的に生み出される。こうした複合的ネットワークは，図表9-1(c)で描かれているように，オペラント資源を通じてさらに大きな複合的ネットワークを形成し，それまでにない価値を創出することも可能である[3]。なお，図表9-1(b)と(c)の間にみられる統合度の違いについては項を改めて説明を行うので，ここではあくまでも資源のネットワーク同士を連結するという点で(a)に記載されているオペレーション能力との違いを示すにとどめる。

　いずれにせよ，単にオペランド資源を稼働させるという能力ではなく，資源ネットワーク同士を連結させ新たな価値を生み出すという能力を指すネットワーキング能力は，地域資源の連結プロセスを議論する際の中核的な概念であると考えられる。本節の最後の項では，このネットワーキング能力についてその定義と概念的特徴に関する探索的な考察を行っていく。

## (3)　ネットワーキング能力の定義と概念的特徴

　オペラント資源の類型に関する既存研究の中にネットワーキング能力というカテゴリー名を見出すことはできないが，参照可能な概念はいくつか挙げることができる。例えば，先述したアーノルドら（Arnould et al., 2006：94-97）の研究では，アクターのオペラント資源の1つとして社会的オペラント資源という概念が提示されており，他者との関係性ネットワークの中で指揮権を行使する能力，あるいは社会的なつながりの広さや深さなどで示される能力と定義され

ている。また，資源優位理論の中では，供給業者や流通業者，顧客といった他の主体との関係の中で活用される資源のことを関係的資源という概念で捉えている。(Madhavaram and Hunt, 2008：69-71)。

　しかし，本章の問題意識との関係でいくと，ムゥとディベネデット(Mu and Di Benedetto, 2011：5-7)が提示しているネットワーキング能力(networking capability)概念の定義は非常に有益である。それによると，ネットワーキング能力は「市場が出現し，衝突し，分裂し，進化し，消滅する中で，資源(再)構成と戦略的競争優位を達成するために，企業が既存のつながり(強いものも弱いものも)を活用し，外部組織との新しいつながり(強いものも弱いものも)を模索する能力」(Mu and Di Benedetto, 2011：5)であり，「ネットワーク関係を見つけ，管理し，活用し，同じネットワーク内の強い関係や橋渡し的な関係などさまざまな関係を統合する能力」(Mu and Di Benedetto, 2011：7)と定義されている。

　この定義は，個別組織の新製品開発力との関わりの中でなされたものであるが，これを参考にすると，地域デザインにおけるネットワーキング能力とは，地域問題の解消や新たな地域価値の発現のために，地域資源の古いつながりの影響を受けながら新しいつながりの構想と構築・管理を行い，ネットワーク全体として，強固な相互的つながりや橋渡し的つながりなどの多様な関係をさまざまな水準で統合する能力と定義することができる。

　この定義では，地域資源のネットワーキング能力の特徴としていくつかの点が示唆されている。1つは，地域の問題解決や地域価値の発現のために使われる能力であり，個々のアクターの戦略的目的を達成するために使われるものではないという点である。もちろん，結果として個々のアクターのミクロな成果が高まることはあるかもしれないが，あくまでも地域価値の発現が主であり，特定のアクターにとっての価値の最大化を主たる目的とするような資源連結に向けられる能力はこれに含まれない。

　2つ目は，地域資源をつなげる能力にある種の継続性や経路依存性を想定している点である。これは地域やそこでの暮らしという連結の対象や舞台にみられる連続性や継続性を念頭においているためである。企業が新事業や新ブラン

ドを立ち上げる場合のように，古い資源のつながりがまったく新たな資源のつ
ながりにガラリと取って代わられてしまうようなことは，地域デザインの文脈
では想定しにくい。新しいつながりが前景化するときでさえ，後景化した古い
つながりはすぐには消滅しないし，古いつながりを構成した場所も建造物も人
もその地域から消えてなくなるわけではない。地域資源のネットワーキング能
力もまた，これまでの経緯から完全に独立した能力ではなく，過去に基づきつ
つも過去を乗り越えていく能力であるという点が示唆されている。

　第3に，地域資源のネットワーク能力とは，資源間の強固で密なつながりを
作る能力だけではないという点である。定義内の「強固な相互的つながり」と
は，密度の高い相互作用や高水準の相互適応といった特性を持つネットワーク
内の中核的な結合部分を指し，「橋渡し的つながり」とはグラノベッター(Gra-
novetter, 1973：1361-1363；1373-1376)の「弱い紐帯の強み(the strength of weak
ties)」でも指摘されているようなネットワーク内に革新性をもたらす距離のあ
る資源との結合を指している。もちろん，中核となる連結を強固にする能力は
非常に重要であるが，一方で，比較的距離のある資源ネットワークとの橋渡し
的なつながりが作れる能力は，そのネットワークに新たな価値体系と方法論を
もたらしコンテクスト転換が生じる可能性を高めると思われる。

　最後に，ネットワークを1つの全体として連結する際に多様な統合度が想定
されているという点である。図表9-1(b)および(c)で示したように，ネットワ
ーキング能力には，比較的統合度の低い連結を生み出すものもあれば，統合度
の高い連結を生み出すものもある。この統合度は単に連結される資源の数を指
しているわけではない。ここでの統合度の違いとは，マダハブラムとハント
(Madhavaram and Hunt, 2008：70-71)が提唱しているオペラント資源の階層構
造の考え方と分類方法を参考にしている。

　これに基づくと，(b)に低い統合度として示されている複合的なネットワー
クとは，構成要素となる資源ネットワークがそのまま足し合わされた集合体で
あり，要素となるネットワーク内の価値創出の方法論は連結後も保持されたま
まである。したがって，生み出される価値も，連結によって効率性が高まるな

ど多少のプラスアルファはあるものの基本的には連結前に創出されていた価値の総和に近いものになる。例えば，旅行会社の発案でバス会社の運行時刻や観光地付近の土産店の営業時間を調整するような場合はこの旅行会社が複合的ネットワーキング能力を発揮した例に当たると思われる。

　一方，（c）に高い統合度として示されている相互連結的ネットワークとは，連結される資源ネットワーク間に相互規定関係がみられ，相互作用を通じて新しい方法論が採用されるようになるようなつながりである。連結される前のそれぞれのネットワークには共有された目的やパターン化された行為を反復的に生み出す制度が備わっていることが多いが（Edvardsson et al., 2014：294-295），相互連結的ネットワークの中では他のネットワークとの相互作用を繰り返す中で新たなルールや方法論が確立されていき，発現される価値に高い相乗効果や部分総和以上の創発性がみられるようになる。例えば，第5節でも紹介する黒

**図表 9-2　地域資源ネットワーキング能力の定義と概念的特徴**

| 項目 | | 内容の要点 |
|---|---|---|
| 定義 | | 地域問題の解消や新たな地域価値の発現のために，地域資源の古いつながりの影響を受けながら新しいつながりの構想と構築・管理を行い，ネットワーク全体として，強固な相互的つながりや橋渡し的つながりなどの多様な関係をさまざまな水準で統合する能力 |
| 概念的特徴 | 能力が向けられる目的 | 地域の問題解決や地域価値の発現のために使われる能力であり，特定のアクターにとっての価値最大化に向けられる能力ではない。 |
| | 能力の継続性 | これまでの経緯から完全に独立した能力ではなく，過去に基づきつつ過去を乗り越えていく能力である。 |
| | 能力の多様性(つながりの強弱) | 密度が高く相互適応がみられるような連結の構築能力だけでなく，弱い紐帯を創り出す能力も含まれる。 |
| | 能力の多様性(統合度の高低) | 単純に資源ネットワークの合成を行う能力（統合度の低いネットワーキング能力）もあれば，要素間の相互作用を通じて創発性の高いネットワークを構築する能力（統合度の高いネットワーキング能力）も含まれる。 |
| | 能力が発揮される局面 | 知識を中心に構成される「構想」局面でのネットワーキング能力だけでなく，実際の統合に必要な社会的承認を含む「実現・管理」局面でのネットワーキング能力も含まれる。 |

出所）著者作成

川温泉の「入湯手形」の導入は，それまでの温泉郷内での競争の仕方や考え方を大きく転換するネットワーク構築であり，統合度の高いケースの1つであるといえよう。

　図表9-2は，ここで検討してきたネットワーキング能力の定義と概念的な特徴をまとめたものである。なお，最後の「能力が発揮される局面」の項目については次節で検討を行うので，詳しくはそちらを参照されたい。

## 第4節　地域資源ネットワークの概念化—2つのネットワークの連動として

　これまで，地域資源の連結を生み出す主要な推進力として，ネットワーキング能力に着目しその概念的な特徴について検討を行ってきた。一方，このネットワーキング能力は，地域資源とその連結の担い手であるアクターのネットワークとを概念的に橋渡ししているキー概念としての役割も期待できる。そこで本節では，こうした点を踏まえた上で，「社会的に付与されるネットワーク能力」という概念を導入し，地域資源とその統合者である地域アクターを1つの枠組みの中で論じ得るようなモデルを模索してみることとする。

### (1)　社会的に付与されるネットワーキング能力—正統性の問題

　先述したムゥとディベネデット(2011：5-7)は，ネットワーキング能力がネットワークパートナーの探索と発見，ネットワーク関係の管理，そしてネットワーク関係の活用といった局面で構成されている点を指摘している。同様に，カリダら(Carità et al., 2019：69-71)も資源が結合されていくプロセスをいくつかのサブプロセスで概念化しており，その中には，資源の連結がなされる準備段階として組み合わせ可能な資源の模索や仮合わせ作業がなされるマッチングフェーズや，実際に連結やその後の調整作業がなされる資源化フェーズなどが取り上げられている。こうした考察が示唆していることとは，地域資源のネットワーキング能力に，ネットワークを「構想」する局面だけでなく，構想した

つながりを実際に構築し維持・発展させていくというネットワークの「実現と管理」の局面も含まれているという点である。

　着想や構想の局面でのネットワーキング能力は，その地域に関わる宣言的知識や手続き的知識が重要な要素となるであろう。宣言的知識(declarative knowledge)とは「AはBである」といった命題の形で記憶されている知識であり，手続き的知識(procedural knowledge)とは何かを行う際のやり方に関する知識を指している(Peter and Olson, 1990：55-57)。地域の自然環境や特産物，歴史やその地域が抱えている問題などについての知識は宣言的知識であり，地域の問題を解決したり新たな地域価値を生み出したりするために何をどういう手順でどのように行うかについて知っていることは手続き的知識となる。地域資源のネットワークを構想するためには，その地域に関するこうした認知的能力の高さが不可欠であり，換言すれば，構想局面でのネットワーク能力はその地域に関わる宣言的知識や手続き的知識の関数として捉えることができる。

　しかし，単に構想するだけでなく，それに基づき実際に地域資源同士を連結したり，つながりを発展させたりする局面でのネットワーク能力には，上述した地域に関する知識だけでなく，自らが所有していない資源にアクセスする能力やそうした資源をコントロールする能力が備わっていなければならない(Lusch and Vargo, 2014：邦訳149-150)。地域デザインの文脈で統合される資源には，多種多様な主体が保有する資源や公共財のように特定の主体による独占的な所有や使用が認められていない資源などが混在していることが多い。つまり，他のだれかが持っている資源(所有物や知識，労力など)や社会的に共有されている資源を実際にネットワーク化していくためには，単に資源の特徴やその最適な連結方法について知識を持っているだけでは不十分であり，そうしたものにアクセスし，コントロールする能力も備わっていなければならないのである。

　もちろん，場合によっては，そうした資源の所有権や使用権を市場で調達することもできるかもしれない(Lusch and Vargo, 2014：邦訳150-152)。しかし，地域資源となり得るものの多くは，市場取引による所有権や使用権の取得にな

じまないものが多い（例えば，歴史的な建造物や地域の文化など）。そのため，地域資源にアクセスしたりコントロールしたりすることの正統性が市場取引とは別の形で獲得されなければならない。公的に認められている資格（「医師」や「保健士」など）や組織の役割（「市役所」や「消防署」など）を通じてそうした正統性が得られる場合もあるが，特に統合度が高い場合や，強固なつながりの構築を目指すような場合には，そうしたネットワークに関わるアクターが総じて「あの人であれば」「あの組織であれば」資源をどう連結するかを決めるのに十分な正統性を持っているという「社会的に付与される正統性」が重要になると思われる。

　この社会的に付与される正統性の問題は，地域デザインの文脈ではまだほとんど研究がなされていないが，福田（2020：112-116）は，レイヴとウェンガー（Lave and Wenger, 1991：邦訳1-12；15-19）が提唱する正統的周辺参加（legitimate peripheral participation）という概念を参考にしながら，実践的コミュニティの中で参加者の資源アクセスの範囲が広がっていくプロセス，あるいはコミュニティ内で特定の役割を果たすことについて社会的な同意が形成されるプロセスを概念的に検討している。正統的周辺参加とは，徒弟制度のようにいわゆる新参者と呼ばれるアクターが実践的な共同体の中で自らのネットワークポジションを変化させていくプロセスを描いたものである。ここで強調されている点は，新参者から熟練者や親方へとポジションが変化している際の決め手が，必ずしもその人の知識や技能といった内的な認知的状態ではなく，他のコミュニティ参加者の承認や納得といった社会的に構築される関係資産であるという部分である。日本料理店の「板前」というポジションは，その人が板前の役割を果たすために必要とされる知識や技能を習得できているから就けるのではなく，その人がこれまでにやってきたことが板前と呼ぶのにふさわしいものであると周囲が認めているから就けるのである。

　一般に，能力というと認知的な側面が強調されがちであるが，地域資源のネットワーク能力に関していえば，特にその「実現・管理」局面においては，他者の所有物や公共財をコントロールすることの正統性という社会的に付与され

る能力のウェイトが非常に大きくなる。そして，統合度が高くなるほど，また強固なつながりを目指すほど，その傾向がさらに強まると考えられる。この社会的に埋め込まれたネットワーキング能力という特性が，地域デザインに関わる2つのネットワークを橋渡しする際の重要なポイントとなる。これを踏まえ，次項ではその概念図を提唱していく。

## (2) ネットワーキング能力を介した2つのネットワークの結合

　資源とその統合者のネットワークを結合する際のよくみられる方法は，オペラント資源にアクターをそのまま置き換える方法であろう。オペレーション能力であれネットワーキング能力であれ，一般にオペラント資源は人や組織であるアクターが保有するものである(Lusch and Vargo, 2014：邦訳146-147)。そのため，オペラント資源とアクターを代替可能なものと位置づけ，オペランド資源とアクターが混在するネットワークとして描かれる場合がある。この場合，アクターは個性や履歴を持った個別の行為主体というよりも，「医師」「バス会社」「行政機関」といった代表的な役割や機能を果たす主体として，つまり当該オペラント資源を保有する典型例として描かれることになる。

　一方で，アクターを典型的な役割と等値とみなすのではなく，個性や履歴を有した行為主体として連結するようなアクターズ・ネットワークの描き方も可能であろう。人や組織には個性や名声，履歴や実績があり，他者からの評価というものもその属性に含まれている。コンタクトをとることができたり，意思疎通が図れたり，協力し合ったり，時には反目したりといったアクター同士の関係性は，実際にはこうしたアクターが個別に保有する属性要素によって強く規定される。これを踏まえると，アクターズ・ネットワークは，「○○さんのネットワーク」や「△△機関のネットワーク」といった形で，個性と履歴を持った個別の行為主体同士のネットワークという捉え方も可能になると考えられる。

　前項で考察したように，資源へのアクセスやコントロールが正統であると認められるかどうかは社会的に与えられるものであるとすると，それはそのアク

**図表9-3　ネットワーキング能力を媒介項とする2つのネットワークの統合図**

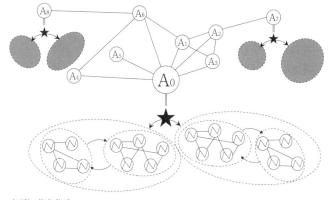

出所）著者作成

ターの社会的関係性のネットワークによって強く規定されると考えられる。こうした社会的に付与されるネットワーキング能力を考慮に入れると，アクターズ・ネットワークは，個性と履歴が反映されたアクター同士のネットワークとしてネットワーキング能力の背景に位置づけられ，その能力の根拠と潜在性を示すものとして概念化され得る（図表9-3参照）。例えば，$A_0$ が $A_1$，$A_2$ や $A_3$ と形成しているネットワークは，$A_0$ のネットワーキング能力の根拠を示唆しているかもしれない。また，$A_7$ は $A_0$ にとって直接的なつながりを持たない遠い存在であるが，$A_2$ が介在することで $A_7$ が有するネットワーキング能力は $A_0$ の資源連結の対象になりうる可能性を示していると考えられる。

　こうした捉え方は，役割や典型性に基礎づいた従来のアクターズ・ネットワークの捉え方と概念化の焦点や実存性の水準が異なるだけであり，それを否定するものではなく相互補完的な関係にある。特に，地域デザインモデルの実装を考慮すると，構想された資源統合がうまく実現できないといったことも多くあり，そこではよりリアルな人間関係が強い影響力を及ぼしていることも多い。構想されたつながりを受け入れるかどうかは，ネットワーク構築を試みるアクターがそれを主導する立場にあると周囲から承認されるかどうかであり，それ

を規定する個性と履歴を含んだアクターズ・ネットワークの把握は，地域デザインの実装において重要な情報を提供してくれるといえる。

## 第5節　ネットワーキング能力の立ち現れ方―「黒川温泉」の事例を参考とした探索的考察

　資源のダイナミック・ビューに立脚すると，地域資源の連結を作り出そうとするすべての試みは，地域価値の発現に結びつき得る。本章では，こうした連結を生み出し展開する推進力としてネットワーキング能力とその概念的な特性を検討してきた。そこで，最後の節では，広く知られた「黒川温泉(熊本県)」の事例を下敷きとしながら，これまで考察してきたネットワーキング能力の諸次元が事例の中の具体的な事象にどのように現れているのかを探索的に考察していく。なお，ここでの目的は，黒川温泉の事例をより深く解釈することではなく，実際の事象の中でのネットワーキング能力の現れ方を確認することであるため，事例自体の掘り下げは行わず，いくつかの既存研究や資料で示されている描写と解釈に基づきながら考察を進めていく。

　黒川温泉は，これまでさまざまな問題を「つながる」ことで克服してきた事例の1つであると解釈できる。光永・田中(2019：431)は，エピソード記述法を使って黒川温泉にこれまで関わってきた人たちへのインタビュー調査を行い，それをもとに黒川温泉がこれまでに直面してきた課題とその対応について時系列的に整理を行っている。

　これによると，そもそもアクセスの悪さや土地の狭さといった点で悩まされてきた黒川温泉郷は，1961年の組合発足を契機に，旅館同士でマイクロバスを共有したりや大型バス脱輪対策を共同で行ったりするなど旅館間でのつながりを作っていった(光永・田中，2019：433)。こうした資源の共同利用や問題への共同対応は，先の考察でいうところの統合度の低い複合的ネットワーキングの例であるといえる。

　一方，より統合度の高い相互連結型のネットワーキング能力が発揮されたと

解釈できるシーンもみられる。黒川温泉の代名詞ともなっている「入湯手形」の導入(1986年)はその1つであろう。すでに多くの書籍やウェブページなどで紹介されているので詳細な説明は割愛するが，この手形を購入することで宿泊先以外の旅館のお風呂も楽しむことができるというサービスを指している(小倉，2008：44)。この手形の導入は，単なるサービス開発の一例ではない。それまでお風呂のよさで集客を競い合っていた各旅館のビジネスのスタイルから，黒川温泉という単位で他の温泉と競争し，得たものはその中で平等に配布するというやり方へと価値体系と方法論が大きく変更されたことを意味している。のちに「黒川一旅館」という理念の下で，温泉内の個人看板を撤去して共通の案内板に変更するなども行われているが(光永・田中，2019：434-435)，これも，同様のネットワーキング能力の現れであるといえるだろう。

　また，最近の新たな試みの中にもつながりの構築を意識したものを見出すことができる。2016年に発生した熊本地震などを契機に，地域理念を「黒川一旅館」から「黒川一ふるさと」へと拡張している(黒川温泉HP，2023a)。震災による業績の落ち込みを通じて，観光業がこれまであまり意識してこなかったさまざまなものと連動している点を強く感じ，黒川温泉だけでなく他の産業(例えば農業や林業など)や行政，地域外のアクターとも広く連携する必要性を示したものがこの理念であり，これに基づく形で「上質な里山の温泉地づくり」プロジェクトを展開している(黒川温泉HP，2023a)。これらは外を志向したネットワークの拡張であり，先に指摘したような黒川温泉内での密で強固なつながりの形成だけでなく，異質な資源や異なった方法論を持つやや距離のあるアクターとの橋渡し的なつながりをつくるネットワーキング能力を持つことの重要性を示唆している。

　また，先の入湯手形や黒川一温泉の理念のもとでのつながりのように，統合度の高いネットワークの構築の際には，社会的に付与された正統性の存在が重要であった点も読み取れる。いわゆるカリスマと呼ばれるアクターや他に抜きんでて成功している旅館の存在，あるいは露天風呂が無いことで悔しい思いをした記憶などが，実際に今までの方法論を変えてでもつながることに正統性を

与えた一因なのかもしれない。また，最近では「黒川塾」という黒川温泉の次世代リーダー育成プログラムが展開されており（黒川温泉 HP，2023b），こうしたプログラムに参加するアクターのネットワークポジションの変化は，資源へのアクセス範囲を拡大し，社会的に付与されるネットワーキング能力の育成にもつながっていると考えられる。

## おわりに

　本章では，地域資源連結の推進力として，また地域資源とその連結主体であるアクターを 1 つのネットワークとして概念化するときのキー概念として，ネットワーキング能力という概念を抽出しその基本的特徴を議論してきた。本研究の内容は概念的なレベルでの議論にとどまっており，今後，この能力の先行変数や結果変数との関連性については実証的な研究を含め展開されていく必要がある。また，地域デザインの一環として地域資源を連結するということは，企業のビジネスデザインの文脈とは異なり，ことさら属人的な要因の影響を受けやすいと思われる。地域デザイン活動は，その地域に深く埋め込まれているという特徴がみられるため，そうした埋め込みの状態を理論化することが地域デザイン研究のオリジナリティを示す重要な作業になるのかもしれない。そうした意味では，ネットワーキング能力の中でも，社会的に付与される部分の能力については，さらなる考察が必要であると思われる。こうした点への対応を今後の課題とすることで，本研究の結びにかえたい。

　　注
　1）なお，ZTCA デザインモデルについては，その提唱がなされた原田（2020）の研究をはじめすでに多くの優れた論考がなされているため（原田・古賀，2016；原田ら，2020），その詳細についてはそれらを参照されたい。
　2）この 3 つの水準については，地域資源のネットワーキング能力における統合度を説明するベースとして第 3 節第 3 項で若干の考察を行っているので，ここでの説明は省略する。
　3）もちろん，ここでの原基的ネットワークやその複合体としてのネットワークは概念的なものであり，かつ相対的なものである。例えば，バスの部品を原基的レベルに置きつ

つバスを複合的レベルに置くべきか，それともバスを原基的レベルに置きつつ地域交通システムを複合的レベルに置くべきかといった議論は実質的な意味はなく，ここでは，原基－複合という関係性の入れ子状態がその時々の研究関心に合わせて適用され得ることが強調されている。

## 参考文献

Akaka, M. A. and S. L. Vargo（2014）"Technology as an Operant Resource in Service（Eco）Systems", *Information Systems and e-Business Management*, 12, pp. 367-384.

Arnould, E. J., L. L. Price and A. Malshe（2006）"Toward a Cultural Resource-Based Theory of the Customer", in Lusch R. F, and S. L. Vargo eds., *The New Dominant Logic in Marketing*, Armonk, M. E. Sharpe, pp. 91-104.

Caridà, A., B. Edvardsson and M. Colurcio（2019）"Conceptualizing Resource Integration as an Embedded Process: Matching, Resourcing and Valuing", *Marketing Theory*, 19(1), pp. 65-84.

Constantin, J. A. and R. F. Lusch（1994）*Understanding Resource Management: How to Deploy Your People, Products, and Processes for Maximum Productivity*, Irwin Professional Publishing.

Edvardsson, B., M. Kleinaltenkamp, B. Tronvoll, P. McHugh and C. Windahl（2014）"Institutional Logics Matter When Coordinating Resource Integration," *Marketing Theory*, 14(3), pp. 291-309.

Granovetter, M. S.（1973）"The Strength of Weak Ties", *American Journal of Sociology*, 78(6), pp. 1360-1380.

Hunt, S. D. and R. M. Morgan（1995）"The Comparative Advantage Theory of Competition", *Journal of marketing*, 59(2), pp. 1-15.

Lave, J. and E. Wenger（1991）*Situated Learning: Legitimate Peripheral Participation*, Cambridge University Press.（佐伯胖訳（1993）『状況に埋め込まれた学習―正統的周辺参加』産業図書）

Löbler, H.（2013）"Service-Dominant Networks: An Evolution from the Service-Dominant Logic Perspective", *Journal of Service Management*, 24(4), pp. 420-434.

Lusch, R. F. and S. L. Vargo（2014）*Service-Dominant Logic: Premises, Perspectives, Possibilities*, Cambridge University Press.（井上崇通監訳，庄司真人・田口尚史訳（2016）『サービス・ドミナント・ロジックの発想と応用』同文舘出版）

Madhavaram, S. and S. D. Hunt（2008）"The Service-Dominant Logic and a Hierarchy of Operant Resources: Developing Masterful Operant Resources and Implications for Marketing Strategy", *Journal of the Academy of Marketing Science*, 36(1), pp. 67-82.

Maglio, P. P. and J. Spohrer（2008）"Fundamentals of Service Science", *Journal of the Academy of Marketing Science*, 36(1), pp. 18-20.

Mu, J. and A. Di Benedetto（2011）"Networking Capability and New Product Development", *IEEE Transactions on Engineering Management*, 59(1), pp. 4-19.

Peter, J. P. and J. C. Olson (1990) *Consumer Behavior and Marketing Strategy, 2nd ed.*, R. D. Irwin, Inc.

Peters, L. D., H. Löbler, R. J. Brodie, C. F. Breidbach, L. D. Hollebeek, S. D. Smith, D. Sörhammar and R. J. Varey (2014) "Theorizing about Resource Integration through Service-Dominant Logic", *Marketing Theory*, 14(3), pp. 249-268.

Prahalad, C. K. and G. Hamel (1990) "The Core Competence of the Corporation", *Harvard Business Review*, 68(3), pp. 79-91.

Rittel, H. W. and M. M. Webber (1973) "Dilemmas in a General Theory of Planning", *Policy Sciences*, 4(2), pp. 155-169.

Vargo, S. L. and R. F. Lusch (2004) "Evolving to a New Dominant Logic for Marketing", *Journal of Marketing*, 68(1), pp. 1-17.

小倉龍生 (2008)「地域資源活用による地域活性化の発展段階―黒川温泉と都農ワインの事例から」『地域と経済』第 5 号, pp. 43-53。

黒川温泉 HP (2023a)「黒川温泉『第二村民』構想」, https://www.kurokawaonsen.or.jp/dainisonmin/ (2023.5.28 アクセス)。

黒川温泉 HP (2023b)「地域プロジェクト」, https://www.kurokawaonsen.or.jp/tanoshimu/category.php?c=4 (2023.5.28 アクセス)。

原田保 (2020)「地域デザイン理論のコンテクスト転換―ZTCA デザインモデルの提言」地域デザイン学会誌『地域デザイン』第 4 号改訂版, pp. 11-27。

原田保・石川和男 (2019)「"無用"と"不要"から価値を生み出す"リボーンビジネス"―コンテンツとトポスに新たな価値を吹き込むためのコンテクスト転換」地域デザイン学会誌『地域デザイン』第 14 号, pp. 11-44。

原田保・板倉宏昭 (2017)「地域デザインにおけるアクターズネットワークデザインの基本構想―アクターズネットワークデザインの他のデザイン要素との関係性を踏まえた定義付けと体系化」地域デザイン学会誌『地域デザイン』第 10 号, pp. 9-43。

原田保・古賀広志 (2016)「地域デザイン研究の定義とその理論フレームの骨子―地域デザイン学会における地域研究に関する認識の共有」地域デザイン学会誌『地域デザイン』第 7 号, pp. 9-29。

原田保・西田小百合 (2020)「地域デザイン理論のロードマップとモデル形成」原田保・三浦俊彦・古賀広志編著『地域デザインモデルの研究―理論構築のための基本と展開』学文社, pp. 64-79。

原田保・三浦俊彦・西田小百合 (2020)「デザイン理論の地域への活用」原田保・三浦俊彦・古賀広志編著『地域デザインモデルの研究―理論構築のための基本と展開』学文社, pp. 1-14。

福田康典 (2020)「地域デザイン実践におけるアクター学習」地域デザイン学会誌『地域デザイン』第 16 号, pp. 101-119。

光永和可・田中尚人 (2019)「黒川温泉の観光まちづくりにおける協働に関する研究」『土木学会論文集 D3 (土木計画学)』75(5), pp. I_429-I_439。

# 第10章

# 小売業である移動販売の視点から捉えたメソドロジーの進化

佐藤　正弘

## はじめに

　コロナ禍を経験した日本において，リモートワークの普及とともに，移動販売車の出店ゾーンにも変化がみられるようになった。以前から出店されているオフィス街だけではなく，住宅街でも移動販売車をみかけるようになった。しかも，キッチンカー以外の移動販売車も住宅街を中心に展開されはじめている。

　このように移動販売車の出店ゾーンが変化した大きな理由は，先述したようにコロナ禍によるリモートワークの普及にある。リモートワークが普及したことによって，かつてはオフィス街に集中していたビジネスマンたちが，自宅（住宅街）にも分散するようになった。それに合わせて，移動販売車はタワーマンションを中心とした住宅街にも出店するようになったのである。

　例えば，三井不動産はコロナ前の2019年7月から，マンションの空き地を使ったキッチンカー「月夜のキッチン」を始めている。もともとは共働き世帯を応援する目的だったが，新型コロナで外出自粛が強まると，住民らの支持を集めるようになった。キッチンカーの1店舗当たりの売上高は約2倍に急増し，2020年7月時点で9物件に導入しているが，順次拡大する予定である（日本産業新聞，2020）。

　また，大手の外食産業も挙って移動販売業界に参入し始めている。ファミリーレストランのデニーズは，宅配・持ち帰り専門店「デニーズ幡ヶ谷店」にキッチンカーを配置し，オフィス街やイベント会場に出向いている(日本産業新聞，2021)。モスバーガーを展開するモスフードサービスも移動型店舗のキッチンカー事業を始めると発表した。1号車は2020年1月29日に「洋服の青山　大田久が原店」の駐車場内で営業を始め，2022年度中に複数台の展開を目指している(日経MJ，2022)。他方，帝国ホテル東京は，ホテル内のレストランの味をテイクアウトで楽しめるサービスを始めた。東京国際フォーラム敷地内にキッチンカーを出店し，ホテルで人気の高いメニューを販売している(日経MJ，2021a)。

　オフィス街に店舗を構えていた従来の飲食店に客が集まらないで苦戦する一方，移動販売車は人流に合わせて出店ゾーンを自由に変更することが可能であり，コロナ禍でも順調に成長を続けることができた。この人流に合わせて柔軟に出店ゾーンを変更できる点が，移動販売車の最大の利点である(図表10-1)。

　本章では，小売業(移動販売)の視点から，新たな地域デザインへのフィードバックについて論じていく。より具体的に説明すると，本章の目的は従来の店舗型ビジネスとは異なり，移動販売が展開しているプラットフォーム・ビジネスが可変的に地域をデザインする可能性について理論的に説明し，これからの地域デザインの可能性について論じることである。そのため，本章でははじめ

図表10-1　コロナ禍による出店ゾーンの変化

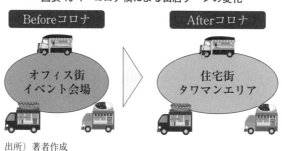

出所）著者作成

に移動販売の歴史についてその概観を整理し，移動販売には「第1次移動販売革命」と「第2次移動販売革命」の2つの転換期があったことを明らかにする。その後，移動販売の視点から捉えた地域デザインについて論じていく。

　結論を先取りすると，移動販売が展開しているプラットフォーム・ビジネスは，多様な移動販売車のなかから地域のニーズを汲み取ることで，地域にとっての新しい組み合わせ(新結合：イノベーション)を生み出すことを目指しているものであり，本書ではフィードバック装置としての連結培養装置と呼んでいるものである。さらに，地域のニーズに合わせてノード(トポス)の組み合わせの最適解を導き出すだけではなく，地域の最適解を曜日ごとに変えていくこと(流動的結合)によって，可変的な価値発現装置となる。

## 第1節　移動販売の歴史 [1)]

　石原(2002)によれば，近代以前の移動販売としては，行商や振り売りなどが存在していた。行商とは，天秤棒を担いだ近江商人や，大きな荷物を背中に背負った富山の薬売りなどが代表的である。それに対して，農家の人たちが野菜を大八車に乗せて近隣の住宅地を回っていた姿は振り売りと呼ばれている。振り売りは，鐘を振って合図としたことからこの呼び名が付けられているが，合図自体はラッパでも呼び声でも構わなかった。豆腐も長い間，この方法で販売されていた。両者を比較すると，行商の場合，行動半径が比較的広く不定期であるのに対して，振り売りは定期的に消費者に近づいていった。このように，移動販売の歴史を紐解いてみると，そのはじまりは行商や振り売りと呼ばれる業態である。

　江戸時代に入ると，江戸に夜鳴きそばや握り寿司など，いわばこの時代のファーストフードである食べ物の屋台が出現し，天秤棒を使って売り歩く飴売りや金魚売りが子供たちの間で人気を呼んでいた。この時代に入ると屋台という業態が登場し，移動販売を行っていたようである。また，天秤棒を使って飴や金魚を売り歩く業態は，行商と振り売りを掛け合わせたような業態であったと

思われる。

　大正時代になると，日本人によりリヤカーが発明され，今ではおなじみのラーメン，たこ焼き，そして石焼き芋などが販売されるようになった。これらのリヤカーは，移動販売の基礎として使用されていた。後にリヤカーから自動車に姿を変えていくことになる。

　第二次世界大戦後に多くの都市が焦土と化したなか，各地にバラック建ての移動式屋台が次々に現れ，主に戦災で店舗を失った人たちが生活のために，人々に日々の食料や物資を販売するようになっていった。昭和30年代に入ると，ロバのパン屋が人気を呼んだ。当初はけん引に動物のロバを使用していたが，1964年の東京オリンピック後にモータリゼーションが急速に進んだことに伴い，自動車での販売に移行した。その他，自転車を利用したアイスキャンディー，豆腐，冷やし飴，ポン菓子，わらび餅，綿菓子，そしてサービスとして靴磨きや鍋包丁研ぎが住宅地にてよく見受けられるようになった。

　昭和40年代になると自動車の一般普及が進行し，竿竹やチャルメラなどが軽トラックにて巡回販売を始めた。また，都市部では徐々にスーパーが台頭しはじめたが，普及の遅れた地方都市では，移動スーパーが人気を集めていた。昭和後期になると，ラーメンやクレープなどの軽食系をはじめ，灯油の巡回販売が徐々に一般的になりはじめた。また，女性の社会進出が進み，オフィス街では昼食時に固定店舗に比べ安価に提供される弁当の移動販売が人気を呼んだ。

　平成不況の時代になると，行楽地やイベント会場などで，たこ焼き，ホットドッグ，アイスクリーム，そしてケバブなどの多種多様なケータリングカーが見受けられるようになり，徐々に移動販売が一般に浸透し始めていった。そして現在では，オフィス街の遊休地を利用し，多種多様なケータリングカーを出店させたランチ営業が人気を集めている。また，過疎地においては移動コンビニの巡回販売が開始し，移動手段のない高齢者たちの生活の一助となっている。

　このように移動販売の歴史を振り返ってみると，移動販売は近世以前の行商や振り売りからはじまって，その後，屋台，リヤカー，そして自動車へと形態を変えながら進化してきたことがわかる。また，このように販売するモノを運

ぶ装置は進化しているが，ターゲット顧客の下に自ら出向いて販売するという移動販売のコンセプトそのものは基本的に変わっていない。

## 第 2 節　第 1 次移動販売革命 [2)]

　現在のコロナ禍以前から東京都内を中心としたオフィス街などでランチタイムに移動販売車を集めて営業を行っているのが，株式会社ワークストア・トウキョウドゥ（以下トウキョウドゥ）の展開するネオ屋台村である。ネオ屋台村とは，オフィス街などの広場に複数台の移動販売車（ネオ屋台）を集めてランチ営業を行っているスペースのことである。

　ネオ屋台村は，いわゆるフランチャイズ方式を採用しているわけではない。すべてのネオ屋台は，それぞれが腕によりをかけたこだわりの専門店の味を持っている起業家たちである。彼らのそういった個性を尊重することによって，ネオ屋台村を利用するお客はより多くのメニューから好みのランチを選ぶことが可能になる。

　また，ネオ屋台での営業は，お客様の注文を受けてから，目の前で調理・盛り付けし，出来立てのランチを提供するという販売スタイルを徹底している。これによって，お客は通常の飲食店では考えられないほどの間近で調理が行われることとなり，「ここでしか食べられない」という喜びを，そしてネオ屋台店主との間に生まれるコミュニケーションを楽しむことができる。これらが，ネオ屋台村の魅力の 1 つである。

　さらに，ネオ屋台は 1 台だけがあってもあまり意味がない。複数台集まることでネオ屋台村となり，1 台 1 台の彩りをより一層引き立て合う。ランチタイムという特別な時間に，ただ飲食店としてその需要を満たすためではなく，訪れる客の笑顔と，そのスペースの賑わいを結びつける「場」を提供するというものである。

　それでは次に，ネオ屋台村の効果について考察してみると，トウキョウドゥは，スペースの提供者と移動販売車との間に入って，両者の仲介役を行ってい

る。いわば，卸売業者のような役割を担っているのがトウキョウドゥである。彼らが存在することによって，スペースの提供者はわざわざ移動販売車を集めるという煩雑な作業から解放されて，毎日違った移動販売車がスペースにやってくるようになる。そして，毎日やってくる違った移動販売車たちがスペースに賑わいを演出してくれるようになる。一方，移動販売車のオーナーたちも，いちいち出店場所を確保するために，スペースの提供者に営業をかけて，日々の出店場所を確保するという煩わしさから解放される。

　従来であれば，スペースの提供者と移動販売車のオーナーたちが直接出店交渉を行わなければならなかったが，トウキョウドゥが卸売業者のように両者の仲介役として介在することによって，出店交渉の総数が大幅に減少することになる。例えば，以前は，スペースの提供者が5か所存在し，移動販売車のオーナーが5人いたとすると，それぞれが出店交渉し，出店を成立させるためには5 × 5 = 25回の交渉が必要であった（図表10-2）。しかし，スペースの提供者と移動販売車のオーナーの間にトウキョウドゥが介在し，それぞれの情報を縮約してマッチングを行うことによって，交渉の回数は5 + 5 = 10回に減少するこ

**図表 10-2　従来のスペース提供者と移動販売車オーナーとの交渉**

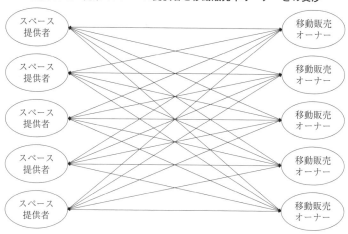

出所）佐藤（2015：160），図表 8-1 より引用

図表 10-3　株式会社ワークストア・トウキョウドゥが介在した場合の交渉

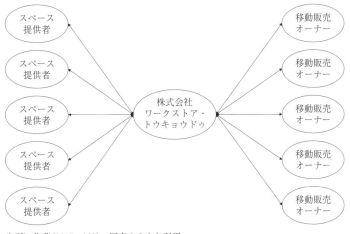

出所）佐藤（2015：160），図表 8-2 より引用

とになる（図表 10-3）。これは，流通論のなかで卸売業者の存立意義としていわれている「取引総数最小化の原理」と同じ論理である。つまり，トウキョウドゥが卸売業者のように情報縮約機能を持つことによって，スペースの提供者と移動販売車のオーナーたちがそれぞれトウキョウドゥと 1 回の交渉を行うだけで，ネオ屋台村という「場」が成立するようになるのである。

　また，トウキョウドゥがネオ屋台村でもたらした，もう 1 つの効果についても考察する。例えば，図表 10-4 のように，1 から 5 までの 5 か所のネオ屋台村と A から O までの 15 台のネオ屋台があるとする。この場合，ネオ屋台を 3 台ごとのグループにして，1 から 5 までのネオ屋台村にそれぞれ配置することにする。これだけでは，通常の設置型店舗と変わらず，消費者が選択することができる店舗の数が 3 つに増えただけである。しかし，ネオ屋台のグループを曜日ごとにローテーションさせることによって，消費者は毎日異なる 3 店舗から選択を行えるようになるのである。図表 10-4 のように，ネオ屋台村 1 には，月曜日にネオ屋台 A・B・C，火曜日にネオ屋台 M・N・O，水曜日にネオ屋台 J・K・L，木曜日にネオ屋台 G・H・I，金曜日にネオ屋台 D・E・F がやっ

図表 10-4　ローテーションの経済

| | 月 | 火 | 水 | 木 | 金 |
|---|---|---|---|---|---|
| ネオ屋台村 1 | A,B,C | M,N,O | J,K,L | G,H,I | D,E,F |
| ネオ屋台村 2 | D,E,F | A,B,C | M,N,O | J,K,L | G,H,I |
| ネオ屋台村 3 | G,H,I | D,E,F | A,B,C | M,N,O | J,K,L |
| ネオ屋台村 4 | J,K,L | G,H,I | D,E,F | A,B,C | M,N,O |
| ネオ屋台村 5 | M,N,O | J,K,L | G,H,I | D,E,F | A,B,C |

出所）佐藤（2015：162），図表 8-3 より引用

て来て，1週間の選択肢が15店舗に増加することになる。

　このように，移動販売店舗の組み合わせをローテーションさせることによって消費者の効用を増加させることを，佐藤（2015：161）は「ローテーションの経済」と呼んでいる。ローテーションの経済の定義は，「商品・サービス・店舗などの組み合わせをローテーションさせることによって，消費者の効用が増大すること」である。このようなローテーションの経済は，移動販売だからこそ可能な戦略であって，通常の設置型店舗では不可能な戦略である。

　以上のように，トウキョウドゥがネオ屋台村というプラットフォームを構築し，総合プロデューサーの役割を果たしたことによって，移動販売業界は急激に成長していった。このことを「第1次移動販売革命」と呼ぶことにする。

## 第3節　第2次移動販売革命

　ネオ屋台村の登場によって，急激に発展を遂げた移動販売業であるが，2016年に新たなプラットフォーム企業が創業した。それが，株式会社 Mellow（以下 Mellow）である。Mellow も創業当初はネオ屋台村と同じように，キッチンカーを集めたプラットフォーム・ビジネスである「TLUNCH」を展開していたが，「コロナ禍でリモートワークが浸透して自宅に巣ごもりする人が増えた結果，オフィス街から住宅地へと昼間人口の分散化が起きた。こうして住宅地の強化を図ると，「キッチンカーだけでは捉えきれないニーズが見えてきた」」

(松元ら，2022)という。そこで，Mellow はトウキョウドゥのネオ屋台村とは異なる「SHOP STOP」というモビリティビジネス・プラットフォームを展開していった。

　例えば，トラック内で肩こりや体の張りをほぐす施術が受けられる移動型リフレッシュサロンを展開している。「トラック内には簡易ベッドとクイックチェアが設置してあり，上半身のケアを中心とした施術を 10 分 1,000 円(税込)からという料金設定で受けられる」(勝俣，2018)。

　また，自転車の修理・買い取り販売を行う移動型店舗の「CYCLE PIT」は，2021 年 4 月から 2 台展開している。マンションや公園など，いつもの行動エリアに移動型店舗が来ることで，「近くに自転車店がなくて運ぶのが面倒」といった理由から放置されていた自転車の修理や買い替えが促進された。都内のマンションで「CYCLE PIT」は 1 日で最高 26 万円もの売り上げをたたき出したという。キッチンカーの売上平均が 1 日 3 万円だから，8 倍以上の実績である(松元ら，2022)。

　Mellow はこうしたキッチンカー以外の移動型店舗を今後も増やしていく予定で，「「2025 年を目途にキッチンカー以外で 10 業種，それぞれ 200〜300 台規模で稼働し，『会いたいお店が近くにやってくる』状態を一般化していきたい」」と計画している。そして彼らは，「『今後生まれる様々な業種の移動型店舗を組み合わせれば，地域のニーズに応じた商店街も形成できる』」(松元ら，2022)と述べている。

　実際に，彼らは「地方創生支援事業」を展開している。Mellow は，「人口減少・少子高齢化による社会のあり方の変化のなか生まれる新しいビジネスの仕組みを生み出し，魅力のあるコンテンツが生まれ続ける地域社会の創造を支援していきたいと考えています」とこの事業を定義している。さらに，「ビジネスモデルとして，都市部のランチ難民や地方のシャッター商店街化による買い物困難者という課題にアプローチする上で，人の移動を助ける MaaS と同様に，サービスを移動して届けることも重要です。店舗型モビリティを活用して来場動機につながるコンテンツを都市に関わるステークホルダーおよび自治体と共

に創出することで持続的なまちづくりを支援します。そんな願いに対し，店舗型モビリティを通じて新たな可能性を広げていく取り組みを各自治体や地元企業，地元住民のみなさまとともに進めています」(Mellow HP)とビジネスモデルの概要について説明している(Mobility as a Service：モビリティ・アズ・ア・サービス)3)。

そして，実際に Mellow は大阪府堺市，兵庫県神戸市，広島県，京都府京都市，そして大阪府吹田市などで地方創生支援事業を展開している(Mellow HP)。

このように，第1次移動販売革命でトウキョウドゥがスペース提供者とキッチンカーの仲介役として「移動型飲食店街」というプラットフォームを構築したのに対して，Mellow が新たに展開しはじめた「SHOP STOP」というモビリティビジネス・プラットフォームは，スペース提供者と様々な業種の移動型店舗を結びつけて，「移動型商店街」というより進化したプラットフォームを構築している。このことを「第2次移動販売革命」と呼ぶことにする。

図表 10-5　モビリティビジネス・プラットフォーム「SHOP STOP」

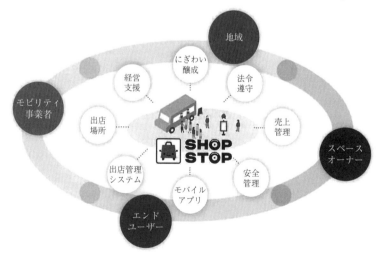

出所）mellow.jp/shopstop

## 第 4 節　移動販売の視点から捉えた地域デザイン

　最後に，移動販売の視点から地域デザインについて考察する。地域デザイン論では，ZTCA デザインモデルを理論の中核として，その理論が進展している。原田・古賀(2013)，原田(2020)，原田・古賀(2016)によると，ZTCA デザインモデルにおいては，地域価値の発現は以下の 4 つの要素の掛け合わせによって現出するという。現実的には，4 つの要素のいずれかが牽引して地域価値の発現を効果的に実現することになる。

　第 1 要素はゾーンデザインであり，これはデザイン対象になるゾーンの選択に関わるデザインである。通常，ゾーンは大きく 2 つに分類することができる。1 つは地域行政の単位である都道府県や市町村のような法律によって公式に設定された地域をそのまま採用したゾーンであり，もう 1 つは現在の行政単位ではなく歴史的背景や文化的背景が最大限の地域価値を現出できると想定される独自のゾーンである。

　第 2 要素のトポスデザインは，ゾーンがトポス(ゾーンにある場所や構築物)の価値に影響を与えるとともに，トポスもゾーンの価値発現に対して影響を与えるというものである。そして，トポスには人に対してイメージや記憶を強く定着させるという特徴がある。

　第 3 要素のコンステレーションデザインは，「何らかの意味のあるつながり」を意味する言葉であるが，地域デザイン論では長期記憶という概念として捉えてられている。また，コンステレーションをデザインする行為は，ゾーンデザインから読み取れるイメージを創造させる地域ブランディングに関する心理面での営みである。つまり，ゾーンに存在する諸々の資源を磨きあげることによって，既存の資源から新たな価値を導出するためのコンテクストとしての物語(ストーリー)を創造することになる。

　第 4 要素のアクターズネットワークデザインは，設定されたゾーンにおいてトポスやコンステレーションを駆使して地域価値を発現するアクター自体やアクターズネットワークの組織化に関わる概念である。この構成員には，地域の

外部のアクターと内部のアクターの双方が含まれている。そこで，地域が集合的なポジションを確立するためには，地域内部のアクターが主体性を持った地域デザインのプロデューサーになることが求められている。

このアクターズネットワークデザインについては，ゾーンデザイン，トポスデザイン，そしてコンステレーションデザインの主体であるという理由から，モデルの外側に置かれた時期もあった（原田・板倉，2017）。しかし，デザインの行為の主体そのものに関するデザインをも地域デザインの要素として，すなわち他の3要素と同レベルの要素として扱うべきであるとすれば，アクターズネットワークを含めた4要素のすべてを捉えたデザインこそが地域デザインにおける望ましい対応となる。そこで，現在では4要素によって地域デザイン理論が語られている。つまり，アクターズネットワークも，他の3要素と同様に，地域を捉えたデザイニングという行為において，相互に主体にも客体にもなれる連携要素として存在する関係にあると考えられている（原田・板倉，2017）。

それでは，移動販売業界をZTCAデザインモデルに当てはめて考察してみると，第1次移動販売革命では，スペース提供者が提供する「ゾーン」に移動販売車というノード（トポス）が連結してコンステレーションを描く（移動型飲食店街）ことで，ネオ屋台村の価値を高めている。一方の第2次移動販売革命では，「SHOP STOP」に参加する多業種の移動販売車というノード（トポス）が連結してコンステレーションを描く（移動型商店街）ことでその価値を高めている。

また，Mellowのビジネスはあらゆるサービスをモビリティと組み合わせ，最適配車するプラットフォームであり，「移動販売車を使って，個々人の才能をどこに配車すると社会にとって最適なのか」という問いに答えを出そうとしている（勝俣，2018）。

上記のことを地域デザイン論の枠組みに当てはめて考察すると，移動販売車というノード（トポス）を単純につなげるのではなく（ノード連結），さまざまなノードの最適な組み合わせ（最適解）を導き出すことで，地域にとってのイノベーションが発生する。イノベーションとは，シュンペーター（1912）が『経済発展の理論』で提唱した経済発展の基本動因のことである。シュンペーターのい

うイノベーションとは，経済に発展をもたらす企業家の創意，すなわち「新機軸」のことであって，具体的には新結合を遂行することである。

　したがって，Mellow は多様な移動販売車のなかから地域のニーズを汲み取ることで，地域にとっての新しい組み合わせ（イノベーション）を生み出すことを目指している。このことを，第 1 章ではフィードバック装置としての連結培養装置と呼んでいる。

　さらに，Mellow の「SHOP STOP」は，地域のニーズに合わせてノード（トポス）の組み合わせの最適解を導き出すだけではない。地域の最適解を曜日ごとに変えていくこと（流動的結合）によって，可変的な価値発現装置となる。このことは，先述した「ローテーションの経済」と同じ論理であるが，「ネオ屋台村」が飲食店の組み合わせだけでの効用増大であったのに対して，「SHOP STOP」では，さまざまな店舗を組み合わせた効用増大をもたらすものであり，「ネオ屋台村」よりも高い効用を消費者に提供している（図表 10-6）。

　最後に，物流の視点から Mellow の新たなビジネスについて考察する。Mellow はパン屋の取り置きサービス「sacri」との共同プロジェクトで，2021 年12 月に「Marché Bakery」の展開を始めた。

　販売場所となる都内マンションや公園へ移動する途中で，参加するお店のパ

**図表 10-6　フィードバック装置としての連結培養装置**

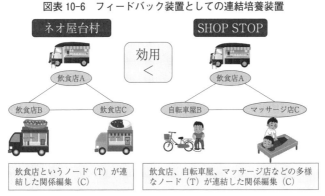

出所）著者作成

ンをピックアップして販売場所へと向かう。1回の販売で，3店舗から集めた30種類のパンを並べている。利用者はサクリのアプリからマルシェベーカリーを探して，買いたいパンの取り置きを依頼するか，出店場所に直接行って購入するという仕組みである。これまで，移動販売車の待機所から販売場所までは単なる移動に過ぎなかったが，そこに集荷の役割をプラスしたものがマルシェベーカリーである（日経クロストレンド，2022；日経MJ，2021b）。

「Marche Bakery」によって，消費者側には普段行けない遠くのパン屋の商品が自宅近くの1か所で手に入るというメリットが生まれる。また，参加するパン屋側は，配送コストや販売コストを負担することなく新たな販路を開拓することが可能となる（日経クロストレンド，2022）。さらに，「Marche Bakery」自体も販売場所に向かう途中で複数のパン屋の商品を集荷することで，物流コストを削減することが可能となる。

現状はパン屋のビジネスとして展開されているものであるが，今後はこの仕組を他の業種にも活用することで，今まで以上に移動型商店街「SHOP STOP」の効用を高めることが可能となるだろう。

図表 10-7　マルシェ・ベーカリーの集荷イメージ

出所）PR TIMES HP（2021）より引用

## おわりに

　本章では，小売業である移動販売の視点から捉えたメソドロジーの進化について論じてきた。本章では，移動販売の歴史を整理することで，移動販売には「第 1 次移動販売革命」と「第 2 次移動販売革命」の 2 つの転換期があったことを明らかにした。

　次に，Mellow を事例として取り上げ，彼らが新たに展開しはじめた「SHOP STOP」というモビリティビジネス・プラットフォームが，スペース提供者とさまざまな業種の移動型店舗を結びつけて「移動型商店街」というより進化したプラットフォームを構築していることを解明した。また，Mellow は多様な移動販売車のなかから地域のニーズを汲み取ることで，地域にとっての新しい組み合わせ(新結合)を生み出すことを目指しているが，これは地域デザイン論ではフィードバック装置としての連結培養装置と呼ばれているものである。

　さらに，Mellow の「SHOP STOP」は地域のニーズに合わせてノード(トポス)の組み合わせの最適解を導き出すだけではなく，地域の最適解を曜日ごとに変えていくこと(流動的結合)によって，可変的な価値発現装置となることも明らかにした。

### 注

1 ) 本節は全面的に佐藤（2015）に依拠している。
2 ) この節は全面的に佐藤（2015）に依拠している。
3 ) 日本では，国土交通省（2019）が日本版 MaaS を「都市と地方，高齢者・障がい者等を含む全ての地域，全ての人が新たなモビリティサービスを利用できる仕組み」と定義づけている。

### 参考文献

Schumpeter, J. (1912) *The Theory of Economic Development*, Harvard University Press.（塩野谷祐一・中山伊知郎・東畑精一訳（1977）『経済発展の理論』岩波書店）
石原武政（2002）「流通論で何を学ぶのか」大阪市立大学商学部編『ビジネス・エッセンシャルズ⑤流通』有斐閣，pp. 1-21。
加護野忠男（2005）「新しい事業システムの設計思想と情報の有効利用」，神戸大学経済経営学会『国民経済雑誌』第 192 巻第 6 号，pp. 19-33。

勝俣哲生（2018）「ランチ難民を救う『フードトラック』，社会も変える」『日経デザイン』2018年9月号，pp. 14-15。

国土交通省HP（2019）「日本版MaaSの実現に向けて」，https://www.mlit.go.jp/common/001287842.pdf（2023.2.24アクセス）。

佐藤正弘（2015）「移動フード販売のスタイルデザイン」原田保・庄司真人・青山忠靖編著『食文化のスタイルデザイン―"地域"と"生活"からのコンテクスト転換』大学教育出版，pp. 151-164。

日経MJ（流通新聞）（2021a）「帝国ホテル，有楽町にキッチンカー」2021年10月25日，7ページ。

日経MJ（流通新聞）（2021b）「『会いたいお店』がやって来る」2021年12月17日，14ページ。

日経MJ（流通新聞）（2022）「モスがキッチンカー展開」2022年2月2日，11ページ。

日経産業新聞（2020）「三井不，住居のコロナ対応」2020年8月24日，10面。

日経産業新聞（2021）「デニーズが移動販売車」2021年3月30日，13面。

（一般社団法人）日本ケータリングカー協会HP「移動販売の歴史」，https://jcca.gr.jp/history.html（2023.2.24アクセス）。

原田保（2020）「地域デザイン理論のコンテクスト転換―ZTCAデザインモデルの提言」地域デザイン学会誌『地域デザイン』第4号改訂版，pp. 11-27。

原田保・板倉宏昭（2017）「地域デザインにおけるアクターズネットワークデザインの基本構想―アクターズネットワークデザインの他のデザイン要素との関係性を踏まえた定義付けと体系化」地域デザイン学会誌『地域デザイン』第10号，pp. 9-43。

原田保・古賀広志（2013）「『海と島』の地域ブランディングのデザイン理論」原田保・古賀広志・西田小百合編『海と島のブランドデザイン―海洋国家の地域戦略―』芙蓉書房出版，pp. 49-76。

原田保・古賀広志（2016）「地域デザイン研究の定義とその理論フレームの骨子―地域デザイン学会における地域研究に関する認識の共有―」地域デザイン学会誌『地域デザイン』第7号，pp. 9-29。

原田保・鈴木敦詞（2017）「ZTCAデザインモデルにおけるコンステレーションの定義と適用方法に関する提言」地域デザイン学会誌『地域デザイン』第9号，pp. 9-31。

松元英樹・勝俣哲生・森岡大地・福島哉香・安村さくら・根本佳子（2022）「未来の市場をつくる100社―2022年度版」『日経クロストレンド』2022年3月号，pp. 2-14。

PR TIMES HP（2021）「日本初，複数の店舗から予約購入ができる『パンマルシェカー』稼働開始。Mellow × sacriの連携で，街の名店パンがマンション下に一挙集結！」，https://prtimes.jp/main/html/rd/p/000000089.000031879.html（2023.2.24アクセス）。

MellowHP，「SHOP STOP」，https://www.mellow.jp/shopstop（2023.9.9アクセス）。

ワークストア・トウキョウドゥHP「ネオ屋台村」，https://www.w-tokyodo.com/neostall/（2023.2.24アクセス）。

# 終章

# 地域デザインによる地方創生に対する
# コンテクスト転換の推進

原田　　保
西田小百合

## はじめに

　本書では，地域デザイン学会の主たる目的である地域価値の発現のために，地域デザイン研究という視点から方法論としてのデザインメソドロジーの活用によって，他の関連分野との差別化を図ることを指向してきた。つまり，我々が行うのは単なる目的の提示に重点をおくことではなく，手段に重きをおくことが主張されたわけである。

　また，地域デザインという研究領域は，多様な領域との連動による展開が期待される融合型研究分野であるため，外に開かれた研究姿勢が強く要請される分野になる。これは，他の研究領域の成果を最大限活用することが望ましいということでもある。したがって，他の研究領域に敬意を払いつつ，共同研究を行うことが不可欠となる。

　本書では，地域デザイン学会の会員のうち，特に共同研究ができそうな研究者を選定しながら，開かれた研究指向の成果を求めた。今後は多様な分野の研究者との連携が深まることになり，より多様な視点からの地域デザイン研究が可能になるとともに，他分野との相互交流が進展することにもなるだろう。

　また，連携を考察する際に不可欠な要素として，主体と客体に関係があると

考えれば，これらの関係によって連携にも作為が生じることになる。地域デザインの枠組みで連携について考察する必要があるのは，コンテクストとコンステレーションに関わる事項になると考えられる。そこで，本章ではこのようなことを踏まえた議論を展開することにしたい。

## 第1節　関係編集による価値発現─主体＆客体の能力を固定要素とした場合

　著者の原田は，自身を長らくコンテクストデザイナー（context designer）としている。原田によれば，主体や客体はある種のコンテンツ（contents）であるが，関係についてはある種のコンテクストになる。つまり，地域価値の発現を関係形態から現出させようというのが，まさに著者の地域デザインの展開において根本に横たわっている考え方である。主体や客体はいわばある種のアクター（actor）であるが，これについてはコンテクストデザイナーの立場からの発言が可能であると考える。何らかの関係編集によって，地域が主体や客体になる場合には，これらの対象が例えばゾーン（zone）であり，またこのゾーンのための構成要素がトポス（topos）ということになるわけである。

　こう考えると，原田が構想した ZTCA（zone, topos, constellation. actors network）デザインモデル（原田，2020）は，まさに主体＆客体関係に関わるモデルであるといえる。このように，ゾーンの範囲やトポスの選定は，主体と客体の関係形態によって影響を受ける。

　そこで，本節では以下のような4点に関する議論が展開されることになる。具体的には，イノベーションを可能にするメソドロジーの紹介，メソドロジーの構想者としての地域デザイナー，さらなるメソドロジーの紹介，著者が構想した価値増幅装置に関する戦略の今後の展開である。

### (1)　イノベーションを可能にするメソドロジーの紹介

　主体と客体の関係，そして主体と主体の関係や客体と客体の関係がまさに関

係編集の対象になるのだが，著者はこれらのすべてを活用できるメソドロジー（methodology）を関係編集という概念によって説明することにしている（原田，2000）（図表終-1）。

　ここでの関係主体は，行為客体の従属的なプレイヤーではなく，価値発現のための対象としてそれなりに創造的で政治的，経済的，あるいは文化的な側面におけるある種のプロデューサーとして機能することができる。また，プロデューサーにとって，デザインの対象であるゾーン，トポス，コンステレーション，そしてアクターズネットワークは，すべて操作デザインの対象になる。つまり，関係編集デザイナーとは，いかなる対象からでも何らかの価値を引き出すことができるある種の錬金術師的な能力を保持するスーパーエージェント（super agent）であるということができよう。

　彼らはこのような関係編集の多様な能力を保持しているが，これらの中で特に大事なものとして，以下のようなものを挙げることができる。例えば，トリガー（trigger）イノベーション能力，レバレッジ（leverage）イノベーション能力，トランス（trans）イノベーション能力，ワープ（warp）イノベーション能力である。当然ながら，地域デザインにおいても，このようなプロデュース能力は大いに

**図表終-1　場と関係のコンテクスト転換**

有効であると考えられる。

### ◇ 関係編集のためのイノベーション能力 ◇
①トリガーイノベーション能力
②レバレッジイノベーション能力
③トランスイノベーション能力
④ワープイノベーション能力

　第1のイノベーションツールであるトリガーとは，かねて産業におけるイノベーションのカテゴリーとして活用されてきた概念であるが，これは関係編集のためのツールとしても有効に機能する。このトリガーとは，イノベーションなどの大きな変化を誘発するために期待される対応であり，全体の中から特定の部分を抽出し，そこに行って集中して大きなパワーをかけることで，全体を動かそうとする際，つまり大きな前進や大きな転換を指向する際のいわば突破口である。

　これは，何らかの新たなムーブメントやイノベーションを引き起こそうとする際に，最初に集中して展開するのに適切な場所やモノであると考えられる。これは，少ないリソースで新たなことを始める際には不可欠なものであり，これによって効果的なイノベーションが可能になる。

　第2のレバレッジは梃子であるが，小さな力で大きな動きを現出しようとする際に使用されるコンテクストになる。これは，スタートアップ企業や若者が新規事業を立ち上げようとする場合には有効なコンテクストになり，成長や状況の変化を誘発する際に欠かせないものである。つまり，新たなことをスタートするための特別な対応を可能にするものがレバレッジである。

　例えば，何らかの関連する事業者を集中させた産業集積地域，地域に低金利で投資資金や運転資金を提供してくれるベンチャーキャピタル，若い有能な人材を提供してくれる人材供給会社などは，このような役割を担っている。これは，才能が花開くにはこれを支援する何らかの価値増大装置が必要であること

を示している。

　第3のトランスは，基準が異なる対象との関係を構築するために調節する機能であり，これによって多様な相手とのシームレスな関係が構築できることになる。これは，直訳すれば変換機ということになるが，異なるルールによって運用されている主体が共同作業を展開するためには不可欠なものである。これは，いわば機能転換装置のようなものであると考えられるが，これによって活動の範囲は格段に増大することになる。

　著者は，この概念を音楽のユーロトランス（Euro Trance）から想起したのだが，この場合は次に紹介するワープに類似的なトランスの事例であると考えられる。もちろん，これが同次元の異なる分野への転換による新たな分野の創造であると考えれば，トランスということでよいだろう。いずれにしても，トランスの活用によって活動や地域デザインの範囲は格段に増大することになり，これは連携の効果が期待できるツールであると考えられる。

　第4のワープは，異次元の空間に入り込む行為であるが，特に空間のみならず時間の壁を乗り越えて移送が可能になるために，連携の対象が無限大に広がることになる。著者はSF（science fiction）のスペースオペラ（space opera：宇宙を舞台としたSF作品）から想起したが，現在では現実的にも可能性が見えつつある。それは，トランスは2次元突破装置であるのに対して，ワープはいわば3次元突破装置であると考えられる装置になっているからである。

　こうなると，例えば宇宙空間やサイバー（cyber）空間が戦略の対象になってくるし，そこでのアクターやリソースへのアクセスも可能になってくる。また，戦略の展開にあたって，最適な時空間を選択できるようになることから，共創の場も多様に拡大することになる。つまり，連携の相手は無限に拡大していくことになるのである。

## ⑵　メソドロジーの構想者としての地域デザイナー

　地域デザインは地域に価値を増大させるための手法であるが，これは地域デザインモデルとこれを実装していくためのメソドロジーから構成されている。

前者の地域デザインモデルには，前述したZTCAデザインモデルに加えて，ISET（make identity design, make symbol design, make episode design, make tribe design）デザインモデル，地域マーケティングモデルから援用されたSSR（sign create, story select, resonance act）デザインモデルがある。これらのデザインモデルは概念的なものであるため，実装のためのデザインメソドロジーがセットされた展開が期待されることになる。

　なお，この実装化に向けては，現在学会内に実装ラボという組織を構築し，対応しているところである。このように，地域デザイナーは地域デザインモデルのみならず，実装化のためのデザインメソドロジーについても能力を発揮することが期待されることになる。そこで，今回は特にデザインメソドロジーに関する考察を行ったわけである。今後においては，このような研究を推進していくことが求められるが，モデルの実装化に向けた活動への関心を高めることが必要である。

　こう考えると，地域デザイナーに期待される領域はさらに大きくなってくるが，これについては1人の力だけで対応するには限界がある。そこで，さらなる連携の推進を多面的に展開することが不可欠になってくることから，今後においても開かれた組織の構築を推進していきたい。

## (3)　さらなるメソドロジーの紹介

　ここでは，特に場と関係を捉えた価値創造のための概念についての紹介を試みる。場の価値は関係によって現出し，関係の価値は場によって現出するが，その意味で両者は価値発現において相互に不可分な要素として存在しているわけである。このような価値を発現するための概念として，ここにおいては3つのS，つまりシンセサイズ（synthesize），シンジケート（syndicate），そしてシンクロナイズ（synchronize）を取り上げることにする。

　第1のシンセサイズについては増幅装置であると捉えられているが，実際にある状態よりも誇張して表現するためのツールであると考えればよい。これは便利な概念であり，小さな対応で大きな成果を追求するためには有効なもので

あるが，前述したレバレッジとは大きく異なる概念であるといえよう。

　これは，例えば，冨田勲（シンセサイザー音楽作家・奏者）がシンセサイザーを使って演奏した際に流布した概念であった。これは，増幅することによって，またその方向性によって，我が国で従来とは異なるオリジナリティのあるものが創出されることを教えてくれた概念である。これはオリジナルなものだけではなく，既存のものに対しても新たな価値を付与できることに大きな価値が見出せる。このような元のものとは異なる装置は，コンテンツの多様な展開を可能にしている。

　さらに，これに新たなリズミックな処理を付加してまったく新しいコンテンツであるテクノポップを作ったのがかのYMO（イエロー・マジック・オーケストラ）であったといえよう。これは，料理の仕方によって，まったく異なるコンテンツを創造できることを示した好事例である。さらに，これは技術革新が多様な芸術の展開を可能にすることを示している。

　第2のシンジケートはパートナー獲得のために組織化されるものであり，連携指向が強くあり，イニシアチブが発揮できるような連合指向の組織であると考えられる。これは，バブル期において海外企業の買収名で活用されることもあったように，拡張指向性が強い組織化の方法論である。我が国における再成長を模索するためには，リソースの規模とパワーを結集するためのメソドロジーとして活用範囲の広い概念であると思われる。

　また，これはある種の非合法的なにおいはするものの，パワーパラダイムを転換するための武器として期待できる組織戦略である。しかし，これにはリスクを伴うことから，覚悟と後悔を伴う対応になるということも承知しておくことが不可欠である。

　第3のシンクロナイズは，現在のアーティスティックスイミング（artistic swimming）のかつての名称であったシンクロナイズドスイミング（synchronized swimming）によって広く知られた概念である。これは，異なる分野の何かが一体になることであるが，これによって新たな領域が生まれてくる。もちろん，何と何がシンクロするのかを探索するには，それなりの探索行為が不可欠にな

図表終-2　モデル転換要素による文化デザインモデルの地域デザインモデルへの転換

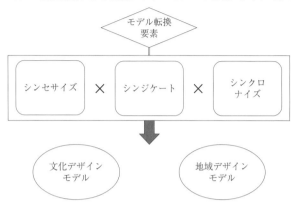

る。

　とはいえ，異なる要素自体は存在し続けることになるため，主体が喪失したり，融合したりはしないような関係が現出する概念であると考えられる。もう少し精神的な領域にまで拡張して考えるならば，シンクロニシティ(synchronicity：共時性)というような概念まで広げて考えてもよいだろう(図表終-2)。

## (4)　著者が構想した価値増幅装置に関する戦略の今後の展開

　これらに加えて，今後地域価値の発現に向けて対応するにあたっては，多様な展開を行っていくことがまさに急務の課題になっている。地域課題の解決のためには，アクターである主体と客体に関する今後の展望をしっかりと把握しながら対応策を構築することが大事になってくる。

　このような状況においては，優先的に対応を行うべきはデジタル化の進展に伴って現出したアバター(avatar：分身)への素早い対応である。これについては，主体が複数化すること，および主体が客体化することを表していることに留意する必要がある。こうなると，主体の活動領域は多様に拡張し，これに伴ってこれまで以上に多大なリスクを抱えることもありうる。

　また，主体のどれがイニシアチブを発揮するのかによって，私(I)の総体が

図表終-3　アバターから現出した We による空間の現出と主客混在化

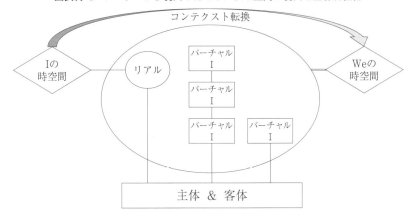

大きく変化してしまう恐れも生じてくる。すなわち，私による私たち，つまり I による We に対するガバナンスが必要になってきたことを示している。これは，主体である客体としての多くの私をしっかりと制御することが大事であることを意味する。今後は，主体と客体の関係が複雑になり，また多様に変化しうることを考慮しておく必要があるだろう（図表終-3）。

　このように，アクターズネットワークデザインの有り様についてはこれまでとは大きく異なるものになってくることは自明であり，これまでと異なるコンテクストによるアイデンティティの保持が必要になっている。そうでなければ，自身が知らない間に自身が喪失したり，他者から支配されてしまったりすることになるだろう。


## 第2節　地方創生から地域デザインへのコンテクスト転換と地域政策のコンテクスト転換

　地域デザインにおける研究上の課題は以上のとおりであるが，このような状況の変化は国家戦略としての地域政策にも大きな影響を与えることになる。これは，これまでの地方創生という概念を根本的に変えなければならない局面が

到来したということである。具体的には，国家政策を地方創生から地域デザインへとコンテクスト転換すべきであるということになる。そこで，これらを踏まえて地域政策のコンテクスト転換に関して言及しておきたい。

◇ 国家の急務の課題である国家政策 ◇

**政策の対象＝地方⇒地域**

＋

**政策の性格＝創生⇒デザイン**

## (1) 地方の正しい理解とリソースの地方移転に対する批判

　昨今，多くの政治家が地方を地盤としていることもあり，東京から地方へのリソースの移転が主張され，またこれが国民からの一定の支持を受けているように感じられる。地方についてはいくつかの捉え方があるが，首都がある東京以外の道府県であるとか，1都6県といわれる地域，あるいは東京都に神奈川県，埼玉県，千葉県を加えた1都3県以外であることが一般的であろう(図表終-4)。

　そうなると，地方創生の対象である地方とは，少なくとも東京以外の地域を表していると考えられる。また，創生とは発展とか繁栄させること，すなわち

**図表終-4　中央と地方の関係概念**

地域価値を発現するということである。このような考え方にみられる問題は，地方が自身の力で活性化を指向するというより，東京などからのリソースの移転によって，地方を創生させようというような考え方が読み取れることにある。すなわち，ある種の移転や委譲によって地方を創生しようということであり，自身の努力によって地域を成長させようという姿勢が感じられない方法である。

　また，昨今加熱気味のふるさと納税についても，東京などの大都市から税金を地方に流そうという姿勢から導出された仕組みであると考えることができる。これでは，地方の自立的な発展が望めなくなるだけでなく，グローバルな競争に打ち勝つ必要がある東京の競争力が弱くなってしまう懸念が生じる。このような問題からの脱却を図るためには，移転から連携へのコンテクスト転換が必要になってくる。それには，前述した多様な連携方法を駆使して，東京と地方との連携価値を増大していくことが求められる。すなわち，関係価値の発現のための東京と地方の連携である。

◇　**東京と地方の関係**　◇

東京から地方へのリソースの移転

↓

東京と地方の連携によるシナジー効果の発現

## (2)　東京を中心にした7大都市圏の確立に向けた対応

　このような方向性にもとづき，まさに関係による地域価値の発現を指向することが求められる。それは，生産性の低い地域にリソースを移転させるよりも，生産性の高い地域のパワーを活用することで生産性の低い地域の活性化を図る方が合理的であると考えられるからである。

　こうなると，文化庁の京都への移転も誤りであると考えられる。もちろん，そのような対応を推進した主体もそのことを知っていながら，政治的な対応として行ったと考えるのが妥当であろう。大切なのは，文化は観光立国のためのリソースではなく，国家がグローバルな競争力を獲得するためのリソースだと

いうことを忘れないことである。また，現在の京都に求められるのは遺産都市としての大都市ではなく，グローバルなユニークシティとしてのポジショニングである。残念ながら，バブル崩壊前には新たな産業を生み出す地域として名をはせた京都だが，近年ではそのような評価は後退しているようである。今京都がやるべきは，伝統に根差した現代的な産業を構想することである。

### ◇ リソースの地方への移転に関する誤謬 ◇
国家→文化庁を遺産管理であると捉えた誤謬
京都→ベネチアのような過去の遺産に依拠する地域であるとする誤謬

このような考え方を基盤に据えれば，国家政策の転換が不可欠になってくることは当然である。これは，これまでの主張を踏まえた国家政策の転換であり，移転政策ではなく連携政策を基盤にした政策への転換を意味している。これは，大都市をエンジンにして地方の活性化を図ろうというデザインからの展開方法になっている。また，当然ながら交通機関の高速化やデジタル化の進展を踏まえた政策転換である。

いま求められるのは，東京から地方へのリソースの移転による東京の一極集中の是正ではなく，大阪，名古屋，そして札幌，仙台，広島，福岡のグローバル性を指向した拠点の強化によって大都市の多拠点化を指向することである。

**図表終-5　クリエイティブシティネットワークとローカルリンク**

出所）原田ら（2022：40），図表6より引用。

そして，これらの大都市が広大な後背地に対する波及効果を発揮できるような
構造を構築することが不可欠になっている（原田ら，2022）（図表終-5）。

◇　**国家政策のコンテクスト転換**　◇
東京の一極集中から地方への分散
↓
多拠点化を指向した7大都市圏の確立

　このような考え方を政策モデルとしてまとめると，以下のようになる。つま
り，東京，名古屋，大阪のような3大都市に札幌，仙台，広島，福岡を加えた
7大都市を中心にした複数の地域リンクの設定と育成である。このようなネッ
トワークとリンクのシナジー効果によって，全国の活性化を展開することが望
ましい。なお，このような政策構想が現出した理論的な背景は，場と関係を捉
えた著者の考え方である（原田，2001）（図表終-6）。
　人が暮らしているすべてのエリアやゾーンには，必ず中心と周縁がある。こ
れは，中心から周縁の外側に境界が生まれる，つまり中心があるから境界が生

**図表終-6　ネットワークにおけるノードとリンクのイメージ**

○はノード
―はリンク

まれるということを示している。また，境界は中心がないところには存在しないとも考えられる。そして，中心と周縁の間には力学的な均衡がもたらされているわけである。ここでは，遠心力と求心力のバランスが重要になる。このバランスが構築できなければ，中心も周縁も，また境界も存在することは困難になってくる。

　こう考えると，リンクも複数の既存の地域を捉えた新たなバランスによる1つの広域ゾーンになっていると考えることができる。しかし，現実にはバランスのとれた形態での広域化を指向した市町村合併が成功する場合は極めて少ない。ただ単に地域を擁護しただけでは，新たなゾーンとしての求心力と遠心力のバランスがとれたゾーンにはならないからである。つまり，このバランスが構築できる形態の合併を行えば，それはリンクの構成に結びつくことになる。

## おわりに

　本書では，パワーや性能を上げるためには，デザインに加えてメソドロジーの投入が不可欠であることを強調してきた。我が国が停滞から脱却するには，国や企業の政策や戦略を根本的に変えることが不可欠だと考えたからである。自治体は自身の力で地域戦略を展開することが求められるが，その際開かれたモデルと他者活用のメソドロジーが欠かせない。これまで，前進する余地がなかった我が国の経済には，これをエンジンにした地域政策や地域デザインの遂行が期待されることになる。

　国家政策においては，観光立国とあわせて，科学技術立国という柱を立てることが重要になり，地域政策においては NL（network and link）政策による大都市と地方との連携を指向した連携価値の獲得を進展させることも求められる。

　また，そうなると，経済セクターの中心に存在する企業の経営戦略も根本から転換することが不可欠になる。そのためには，コストカットによる資金の内部化から投資と経費の拡大による拡張戦略への転換を急がなければならない。経費削減と投資の縮小は，企業を滅ぼしてしまうというフェーズに我々は突入

しているのである。これを要約するならば，おおむね以下のようになる。

◇　**今後の戦略の方向性**　◇

①国家戦略⇒観光立国と科学技術立国の同時展開

②地域戦略⇒大都市と地方との連携

③企業戦略⇒投資と経費の戦略的拡大

**参考文献**

原田保（2000）『関係編集　知識社会構築と組織革新』日科技連出版社。

原田保（2001）『場と関係の経営学―組織と人材のパワー研究』白桃書房。

原田保（2020）「地域デザイン理論のコンテクスト転換―ZTCA デザインモデルの提言」地域デザイン学会誌『地域デザイン』第 4 号改訂版，pp. 11-27。

原田保・福田康典・西田小百合（2022）「ニューノーマルからメジャーノーマルへのコンテクスト転換とクリエイティブシティをコアにした我が国の地域デザインに関する試論的研究」地域デザイン学会誌『地域デザイン』第 20 号，pp. 11-47。

## 【監修】

一般社団法人 地域デザイン学会 (理事長 原田保)

　2012 年 1 月設立。2015 年 6 月一般社団法人化。日本学術会議協力学術研究団体。

　地域振興や地域再生を，産品などのコンテンツからではなく知識や文化を捉えたコンテクストの開発によって実現しようとする学会である。地域デザインを知行合一的に展開することで，インテグレイティッド・スタディーズとしての地域デザイン学の確立を指向している。

地域デザイン学会叢書 10

### 地域デザイン研究のイノベーション戦略
　―フィードバック装置としての多様なメソドロジーの開発

2023年9月30日　第1版第1刷発行　　　　　　　　　　〈検印省略〉

監　修　一般社団法人 地域デザイン学会

編著者　原田　　保
　　　　西田小百合

発行者　田中　千津子

〒153-0064　東京都目黒区下目黒3-6-1
電話　03（3715）1501（代）
FAX　03（3715）2012
https://www.gakubunsha.com

発行所　株式会社 学文社

ISBN 978-4-7620-3267-7